Überreicht vom Verfasser.

Nicht im Handel.

Nachlaßwesen.

Von

Landrichter **Dr. Max Nadler**, Charlottenburg.

Sonderabdruck aus dem Sammelwerk:

Die Gerichtspraxis.

Unter Mitwirkung namhafter praktischer Juristen herausgegeben von Kammergerichtsrat **Dr. Ernst Pape.**

(Berlin 1914. J. Guttentag, Verlagsbuchhandlung, G. m. b. H.)

Nachlaßwesen.

Von

Landrichter Dr. Max Nadler in Charlottenburg.

§ 1.

Allgemeines. Nachlaßgericht.

Die Nachlaßsachen gehören zu denjenigen Angelegenheiten der freiwilligen Gerichtsbarkeit, welche durch Reichsgesetz den Gerichten übertragen sind.[1]) Es finden deshalb auf sie die allgemeinen Vorschriften des Gesetzes über die Angelegenheiten der freiwilligen Gerichtsbarkeit Anwendung (§§ 1—33). § 1 FGG. Ihre besondere Regelung erfahren die „Nachlaß- und Teilungssachen" im 5. Abschnitt des FGG. (§§ 72—99). Für die dem Nachlaßgericht obliegenden Verrichtungen werden in § 72 FGG. die Amtsgerichte für zuständig erklärt. Die örtliche Zuständigkeit ist in § 73 FGG. geregelt. Sie bestimmt sich nach dem Wohnsitze, den der Erblasser zur Zeit des Erbfalls hatte; in Ermangelung eines inländischen Wohnsitzes ist das Gericht zuständig, in dessen Bezirk der Erblasser zur Zeit des Erbfalls seinen Aufenthalt hatte (§ 73 Abs. 1 FGG.). Die Absätze 2 und 3 beziehen sich auf den Fall, daß der Erblasser zur Zeit seines Todes im Inlande weder Wohnsitz noch Aufenthalt hatte, und unterscheiden hierbei, ob der Erblasser ein Deutscher (Abs. 2) oder ob er ein Ausländer ist (Abs. 3). Im ersteren Falle ist das Gericht des letzten inländischen Wohnsitzes zuständig; in Ermangelung eines solchen wird das zuständige Gericht, falls der Erblasser zur Zeit des Erbfalls einem Bundesstaate angehörte, von der Landesjustizverwaltung, anderenfalls von dem Reichskanzler bestimmt. Trifft letzteres zu, so ist, sofern es sich um eine vom Nachlaßgericht nur auf Antrag zu bearbeitende Angelegenheit handelt, dem Antragsteller aufzugeben, die Bestimmung des zuständigen Gerichts durch die Landesjustizverwaltung oder den Reichskanzler herbeizuführen. Eine hilfsweise eintretende Zuständigkeit des Amtsgerichts Berlin-Mitte, wie sie auf Grund des § 961 ZPO. und der Anordnung der Preuß. Landesjustizverwaltung für das Aufgebotsverfahren zum Zwecke der Todeserklärung in Ermangelung eines inländischen Wohnsitzes begründet ist, ist für Nachlaßsachen nicht gegeben. Wenn der Erblasser ein Ausländer ist, der zur Zeit des Erbfalls im Inlande weder Wohnsitz noch Aufenthalt hatte, so ist jedes Gericht, in dessen Bezirke sich Nachlaßgegenstände befinden, in Ansehung aller im

[1]) Von der durch Art. 147 EG.BGB. gewährten Befugnis, für die dem Nachlaßgericht obliegenden Verrichtungen andere als gerichtliche Behörden für zuständig zu erklären, hat Preußen keinen Gebrauch gemacht.

Inlande befindlichen Nachlaßgegenstände zuständig. § 73 Abs. 3 FGG. Seine Zuständigkeit hat das Nachlaßgericht in jedem Falle von Amts wegen zu prüfen, die von einem örtlich unzuständigen Nachlaßgericht vorgenommenen gerichtlichen Handlungen sind aber nach § 7 FGG. nicht unwirksam. Wieweit die Prüfung der Zuständigkeit zu gehen hat, läßt sich für die verschiedenen dem Nachlaßgericht obliegenden Verrichtungen nicht einheitlich bestimmen; in manchen Fällen kann sich das Nachlaßgericht auf die bloßen Angaben des Antragstellers verlassen, in anderen muß es die seine Zuständigkeit begründenden Tatsachen in zuverlässiger Weise feststellen. Die Nachlaßsachen gehören zu denjenigen Angelegenheiten der freiwilligen Gerichtsbarkeit, in denen sich die Gerichte nach § 2 FGG. Rechtshilfe zu leisten haben. Im übrigen wird auf die §§ 1—33 FGG. verwiesen.

§ 2.

Inventarfrist. Inventarerrichtung. Offenbarungseid.

A. Inventarfrist.

I. Antragsvoraussetzungen.

a) Das Recht zur Stellung des Antrages.

Eine Frist zur Errichtung des Inventars (Einreichung eines Verzeichnisses des Nachlasses) wird dem Erben vom Nachlaßgericht nur auf Antrag bestimmt. Antragsberechtigt ist nur ein Nachlaßgläubiger (§ 1994 Abs. 1 BGB.). Wer zu den Nachlaßgläubigern gehört, ergibt sich aus § 1967 Abs. 2 BGB. Hiernach gehören zu den Nachlaßgläubigern insbesondere auch der Pflichtteilsberechtigte und der Vermächtnisnehmer. Dagegen ist ein Miterbe nicht zu den Nachlaßgläubigern zu rechnen und daher — sofern er nicht gleichzeitig Nachlaßgläubiger ist — nicht berechtigt, einem anderen Miterben eine Inventarfrist bestimmen zu lassen.

b) Der Inhalt des Antrages.

Der einer besonderen Form nicht bedürfende Antrag hat den Erblasser, den Erben (auch dem einzelnen Miterben kann die Frist gesetzt werden KGJ. 25 A 329, 33 A 97), dem die Frist bestimmt werden soll, und die Forderung des Nachlaßgläubigers zu bezeichnen.

Der Angabe, daß der Erbe die Erbschaft angenommen habe, bedarf es nicht, da die Frist dem Erben schon vor der Annahme der Erbschaft bestimmt werden kann (vgl. § 1995 Abs. 2 BGB.). Der Erblasser muß so genau bezeichnet werden, daß Zweifel über die Identität ausgeschlossen sind. Die Angabe des Todestages des Erblassers kann das Nachlaßgericht nicht verlangen, da ein solches Verlangen im Gesetze keine Stütze findet, insbesondere eine zeitliche Begrenzung des Antragsrechts im Gesetze nicht enthalten ist. Da aber die Angabe des Todestages in der Fristbestimmung üblich ist, wird das Nachlaßgericht, wenn der Antragsteller seinen Antrag in dieser Beziehung nicht ergänzt, ihn von Amts wegen zu ermitteln suchen. Zur Prüfung der Zuständigkeit des Gerichts ist der letzte Wohnsitz oder Aufenthaltsort des Erblassers (§ 73 FGG.) anzugeben. Verweigert der Antragsteller diese Angabe — nicht ihre Glaubhaftmachung —, so ist der Antrag abzulehnen.

Der Erbe muß nach Namen und Adresse angegeben werden. Es genügt nicht der Antrag, „den Erben“ eine Inventarfrist zu bestimmen. Es ist Sache des Gläubigers, die Erben, denen er eine Inventarfrist bestimmen lassen will, zu ermitteln, nicht Sache des Nachlaßgerichts. Das Nachlaßgericht kann sich auf die Angabe, daß der Antragsgegner Erbe des Schuldners des Antragstellers sei, verlassen und ohne Nachprüfung der Erbeneigenschaft die Frist bestimmen. Zu einer solchen Nachprüfung von Amts wegen liegt umsoweniger ein Anlaß vor, als dem Nichterben durch die Bestimmung der Frist ein Nachteil nicht erwachsen kann. Dem Antragsgegner steht überdies auch die sofortige Beschwerde zu, um die Aufhebung des Beschlusses zu erwirken, die das Nachlaßgericht nicht verfügen darf, auch wenn es erkennt, daß der Beschluß nicht hätte erlassen werden dürfen (vgl. SeuffertA. 57, 187).

c) Glaubhaftmachung von Angaben des Antrages.

Der Antragsteller hat lediglich seine Forderung glaubhaft zu machen (durch Vorlegung vollstreckbarer Titel, Rechnungen, eidesstattlicher Versicherungen und dergl.) § 1994 Abs. 2 BGB. Eine Glaubhaftmachung weiterer Angaben, insbesondere des Todes des Erblassers und der Erbeneigenschaft des Antragsgegners, wird ihm vom Gesetz nicht auferlegt. Das Nachlaßgericht ist hiernach nicht berechtigt, die Vorlegung der Sterbeurkunde des Erblassers, sei es zum Nachweise des Todes des Erblassers, sei es zur Prüfung seiner Zuständigkeit, zu verlangen (KGJ. 40 A 43). Hat das Nachlaßgericht in irgend einer Beziehung Bedenken, so muß es diese durch Ermittelungen von Amts wegen (§ 12 FGG.) beseitigen (vgl. KGJ. 25 A 329), es kann zu diesem Zwecke auch den Antragsgegner anhören.

II. Die Bestimmung der Inventarfrist (§ 1995 Abs. 1 BGB.).

Die Inventarfrist, die mindestens einen Monat, höchstens drei Monate betragen soll, wird durch einen Beschluß bestimmt, der dem Erben und dem Antragsteller von Amts wegen zuzustellen ist. Welchen Inhalt der Beschluß haben muß, sagt das Gesetz nicht. Es ist selbstverständlich, daß in dem Beschlusse der Antragsteller, der Erblasser, der Erbe und die Dauer der Frist anzugeben sind. Zweckmäßigerweise wird in den Beschluß eine kurze Belehrung über die Bedeutung der Inventarfrist und der Inventarerrichtung sowie über die Bewerkstelligung der Inventarerrichtung aufgenommen. Die Praxis verwendet meist Formulare.

Wird die Inventarfrist einer Ehefrau bestimmt, so ist sie ohne dahingehenden Antrag, also von Amts wegen, auch dem Ehemanne zu bestimmen. Nach § 2008 BGB. ist dies zwar nur erforderlich, wenn die Erbschaft zum eingebrachten Gute oder zum Gesamtgute der Ehefrau gehört. Daß dies der Fall ist, muß aber zunächst, sofern nicht der Antragsteller das Gegenteil angibt, angenommen werden.

Steht der Erbe unter elterlicher Gewalt oder unter Vormundschaft, so ist nach § 1999 BGB. dem Vormundschaftsgericht von der Bestimmung der Inventarfrist Mitteilung zu machen, was am besten durch Übersendung einer Ausfertigung des Beschlusses geschieht. Das Nachlaßgericht hat das zuständige Vormundschaftsgericht von Amts wegen zu ermitteln. Nähere Mitteilungen an den Vormundschaftsrichter sind nicht erforderlich; es ist Sache des Vormundschaftsrichters, sich aus den von ihm einzufordernden Inventarakten über die Sachlage zu unterrichten.

Das Nachlaßgericht kann die Frist auf Antrag des Erben nach seinem Ermessen verlängern (§ 1995 Abs. 3 BGB.). Der Antrag muß gestellt werden, solange die Frist noch nicht abgelaufen ist.

Eine Verkürzung der Frist durch das Nachlaßgericht ist unzulässig. Der Antragsteller hat aber die Möglichkeit, mit der sofortigen Beschwerde eine Verkürzung der Frist herbeizuführen.

Das Nachlaßgericht hat dem Erben auf seinen Antrag eine neue Inventarfrist zu bestimmen, wenn die Voraussetzungen des § 1996 Abs. 1, 2 BGB. vorliegen. Vor der Entscheidung soll der Nachlaßgläubiger, auf dessen Antrag die erste Frist bestimmt ist, wenn tunlich, gehört werden (§ 1996 Abs. 3 BGB.).

Eine neue Inventarfrist kann dem Erben ferner zur Ergänzung des Inventars durch das Nachlaßgericht bestimmt werden, wenn die Angabe der Nachlaßgegenstände unvollständig ist, aber nicht ein Fall des § 2005 Abs. 1 vorliegt. Der Antrag kann sowohl von einem Nachlaßgläubiger als auch von dem Erben gestellt werden. Für diese Inventarfrist gelten die Bestimmungen der §§ 1995 ff. BGB. Die Frist muß daher mindestens einen Monat betragen. Die Antragsvoraussetzungen müssen vom Nachlaßgericht festgestellt werden, Glaubhaftmachung genügt nicht (§ 2005 Abs. 2 BGB.).

Gegen die Verfügungen, durch die dem Erben eine Inventarfrist bestimmt wird, und durch die über die Bestimmung einer neuen Inventarfrist oder über den Antrag des Erben, die Inventarfrist zu verlängern, entschieden wird, findet die sofortige Beschwerde statt (§ 77 FGG.).

Das Nachlaßgericht verfügt keine Frist, um festzustellen, ob ein Inventar während der Frist errichtet wird, sondern ordnet sofort nach Erlaß und Zustellung des Beschlusses die Weglegung der Akten an. Verfügungsbeispiel siehe unten.[1])

III. Fälle der Unzulässigkeit der Fristbestimmung.

Die Fristbestimmung ist unzulässig und ein dahingehender Antrag eines Gläubigers abzulehnen:

1. Während der Dauer der Nachlaßverwaltung oder des Nachlaßkonkurses (§ 2000 BGB.).
2. Wenn die Frist dem Fiskus als gesetzlichem Erben bestimmt werden soll (§ 2011 BGB.).
3. Wenn die Frist dem Nachlaßpfleger oder Nachlaßverwalter bestimmt werden soll (§ 2012 BGB.).
4. Ist bereits ein den Vorschriften des § 2002 oder des § 2003 BGB. entsprechendes Inventar eingereicht, so kann weder demjenigen Erben, von dem oder auf dessen Antrag das Inventar errichtet ist, noch seinen Miterben, noch, falls Ehefrauen zu den Erben gehören, ihren Männern eine Inventarfrist bestimmt werden (KGJ. 34 A 92).

Das Gleiche gilt in den Fällen der §§ 2144 Abs. 2, 2383 Abs. 2 BGB. Hat der Mann das Inventar freiwillig eingereicht, so kann der Frau eine Inventarfrist nicht bestimmt werden (Planck Bem. 2c zu § 2008, Bem. 5 zu § 2144).

---

[1]) 1. Beschluß besonders.
2. Beschluß dem Antragsteller und dem Erben zuzustellen.
3. Anlagen des Antrages (vollstreckbarer Titel) an Antragsteller zurücksenden.
4. Ausfertigung des Beschlusses der Vormundschaftsabteilung übersenden.
5. Akten weglegen.

Die Fassung der Verfügung zu 5 ist unbedenklich, wenngleich nicht die einzelne Blattsammlung, sondern der ganze Jahrgang weggelegt wird.

B. Inventarerrichtung.

Der Erbe kann das Inventar aus eigenem Antriebe (§ 1993 BGB.) oder nach vorheriger Bestimmung einer Inventarfrist errichten. Die[1]) Errichtung des Inventars erfolgt in beiden Fällen in gleicher Weise. Das BGB. kennt zwei Arten der Aufnahme des Inventars.

1. Der Erbe kann das Inventar selbst aufnehmen, muß aber in diesem Falle eine zuständige Behörde oder einen zuständigen Beamten oder Notar zuziehen (§ 2002 BGB.). Zuständig zur Aufnahme von Vermögensverzeichnissen sind in Preußen allgemein die Amtsgerichte (Art. 31 Pr. FGG.). Auf die Mitwirkung gerade des Nachlaßgerichts ist der Erbe nicht angewiesen. Das Amtsgericht verfährt dann wie zu 2. Das vom Amtsgericht oder in dessen Auftrage oder vom Notar aufgenommene Inventar kann der Erbe entweder selbst einreichen oder durch das Amtsgericht oder den Notar einreichen lassen (KGJ. 34 A 92). Wesentlich ist im Falle des § 2002 für die Rechtswirksamkeit des Inventars dessen Unterschrift durch den Erben — oder gegebenenfalls seinen Bevollmächtigten —, weil sonst von einer Aufnahme durch den Erben nicht die Rede sein kann (RG. v. 24. Okt. 1911, JW. 1912 S. 40).

2. Der Erbe kann beim Nachlaßgericht die Aufnahme des Inventars beantragen, das entweder das Inventar selbst aufzunehmen oder die Aufnahme einer zuständigen Behörde oder einem zuständigen Beamten oder Notar zu übertragen hat (§ 2003 BGB.).

Das Nachlaßgericht macht im allgemeinen von dem Rechte der Übertragung Gebrauch. In Preußen kann es mit der Aufnahme den Gerichtsschreiber, den Gerichtsvollzieher oder das Dorfgericht beauftragen (Art. 38 Pr. FGG., §§ 70, 74 AG.GVG.). Der Erbe ist verpflichtet, die zur Aufnahme des Inventars erforderliche Auskunft zu erteilen. Das Inventar ist von der Behörde, dem Beamten oder dem Notar bei dem Nachlaßgericht einzureichen (§ 2003 Abs. 3 BGB.). Aus dem Recht und der Pflicht des Nachlaßgerichts, für eine möglichst sorgfältige, sachgemäße und zweckentsprechende Aufnahme des Inventars Sorge zu tragen, ergibt sich die Befugnis des Nachlaßgerichts, die Zuziehung dritter Personen zur Inventaraufnahme anzuordnen, wenn deren Anwesenheit oder Mitwirkung sachdienlich erscheint (KGJ. 42 A 94).

Nur der Erbe — nicht der Pflichtteilsberechtigte — kann den Antrag stellen, auch der einzelne Miterbe. Ein Zwang gegen die übrigen Miterben, bei der Aufnahme mitzuwirken oder sie zu dulden, findet nicht statt. Verweigern sie die Mitwirkung, so hat die Aufnahme so vollständig, als es ohne sie möglich ist, zu erfolgen (KGJ. 33 A 92). Auch der einzelne nicht im Besitze der Nachlaßgegenstände befindliche Miterbe kann hiernach wirksam das Inventar errichten, auch den Offenbarungseid leisten.

Das Nachlaßgericht hat zu prüfen, ob das in seinem Auftrage aufgenommene Inventar den gesetzlichen Bestimmungen entspricht (§ 2001 BGB.), insbesondere ist darauf zu achten, daß das Inventar nicht, wie es häufig geschieht, die zur Zeit der Aufnahme vorhandenen, sondern die zur Zeit des Erbfalls vorhanden gewesenen Nachlaßgegenstände aufführt und daß, falls inzwischen Veränderungen eingetreten sind, diese nachrichtlich vermerkt werden (vgl. § 105 Nr. 12 der Gerichtsvollzieher-Geschäftsanweisung vom 1. Dez. 1899).

---

[1]) Das Recht des Erben, bei dem Nachlaßgericht ein Inventar einzureichen oder die Aufnahme des Inventars durch das Nachlaßgericht zu beantragen, besteht auch während der Dauer der Nachlaßverwaltung. KGJ. 42 A 94.

Der Regelfall ist die Übertragung der Aufnahme des Inventars auf den Gerichtsvollzieher. Der Gerichtsvollzieher hat bei der Aufnahme die Vorschriften der Geschäftsanweisung für die Gerichtsvollzieher vom 1. Dez. 1899 zu beachten. Ein diesen Vorschriften nicht entsprechendes Inventar muß das Nachlaßgericht dem Gerichtsvollzieher zur Ergänzung zurückgeben. Der GV. hat nach § 102 der Gesch.-Anw. Nachlaßinventare nur im Auftrage des Gerichts aufzunehmen. Hat ein GV. dieser Vorschrift zuwider ein Inventar im unmittelbaren Auftrage des Erben aufgenommen und dem Gericht eingereicht oder ist ein solches Inventar vom GV. eingereicht, so ist es nicht als ein dem § 2002 BGB. entsprechendes anzusehen.

Das Nachlaßgericht bestimmt, in welcher Art und in welchem Umfange der GV. das Inventar aufnehmen soll und welche Personen bei der Aufnahme zuzuziehen sind; im übrigen sind für den GV. die Vorschriften des § 105 GVollz.GeschAnw. maßgebend. Insbesondere ist darauf zu achten, daß der GV. nicht nur das Verzeichnis, sondern, was oft übersehen wird, stets auch ein Protokoll über die Aufnahme des Inventars aufzunehmen hat, daß Protokoll und Inventar vom GV., nicht vom Erben einzureichen sind, daß in Ansehung der Titel 1, 2, 3, 4 und 20 (Grundstücke, Geld mit Einschluß des Papiergeldes, Banknoten, Wertpapiere, Forderungen mit Einschluß der Hypotheken-, Grundschuld- und Rentenschuldforderungen, Verbindlichkeiten) stets besonders zu vermerken ist, ob etwas vorhanden ist. Die einfache Anzeige des Gerichtsvollziehers, daß ein Nachlaß nicht vorhanden ist, genügt in keinem Falle.

Der vom Nachlaßgericht mit der Aufnahme des Inventars beauftragte Gerichtsvollzieher ist berechtigt, die Erledigung des Auftrages von der Zahlung eines Vorschusses durch die Erben abhängig zu machen. Der Auftrag gilt nach § 24 Abs. 1a Pr. Gerichtsvollzieherordnung in Ansehung der Gebührenerhebung als Parteiauftrag. Das Nachlaßgericht wird deshalb, wenn ein Antrag auf Inventaraufnahme eingeht, die Einzahlung eines Vorschusses vom Antragsteller verlangen. Der Antragsteller kann für die Inventaraufnahme die Bewilligung des Armenrechts beantragen, muß aber diesen Antrag nicht nur mit Armut des Nachlasses, sondern auch mit eigener Armut begründen, da die Kosten der Inventaraufnahme zwar eine Nachlaßverbindlichkeit, aber zugleich eine Eigenverbindlichkeit des Erben sind (KGJ. 42 A 99).

Der Erbe hat jedoch ein Mittel, um die persönliche Haftung für die Kosten abzuwenden. Die Kosten der Inventaraufnahme, wenn diese durch das Gericht bezw. den vom Gericht beauftragten Gerichtsschreiber erfolgt, gehören nach § 3 des Pr.GKG. vom 25. Juli 1910 zu den Kosten, für deren Zahlung die Erben nach den Vorschriften über Nachlaßverbindlichkeiten haften. Es empfiehlt sich deshalb für den Erben, bei Unzulänglichkeit des Nachlasses die Aufnahme des Inventars durch das Gericht selbst zu beantragen. Einen Antrag des Erben aus § 2003 BGB. in dieser Weise zu erledigen, erscheint bei glaubhaft gemachter Unzulänglichkeit als eine Amtspflicht des Gerichts, da dieses auf das Kosteninteresse der Beteiligten billigerweise Rücksicht zu nehmen hat (KGJ. 42 A 99).

Befindet sich beim Nachlaßgericht schon ein den Vorschriften der §§ 2002, 2003 BGB. entsprechendes Inventar, so braucht der Erbe, dem eine Inventarfrist bestimmt ist, nicht selbst ein neues, diesen Vorschriften entsprechendes Inventar zu errichten, sondern es genügt, wenn er vor dem Ablaufe der Frist dem Nachlaßgericht gegenüber erklärt, daß das Inventar als von ihm eingereicht gelten soll (§ 2004 BGB.). Nach Art. 104

Pr. FGG. kann ein vom Dorfgericht nach Art. 104 Abs. 2 aufgenommenes Verzeichnis nicht nach § 2004 als Nachlaßinventar benutzt werden. Die Erklärung gemäß § 2004 bedarf nicht einer besonderen Form. Derjenige, dem das von einem anderen eingereichte Inventar zustatten kommt, wie der Ehefrau das vom Ehemann (§ 2008), dem Miterben das vom Miterben (§ 2063), dem Nacherben das vom Vorerben (§ 2144), dem Erbschaftsverkäufer das vom Erbschaftskäufer und umgekehrt (§ 2383) errichtete Inventar, braucht diese Erklärung nicht abzugeben.

Ob das Inventarrecht durch Versäumung der Frist erloschen ist, hat das Nachlaßgericht nicht zu prüfen, sondern ist im Streitfalle vom Prozeßgericht zu entscheiden (KGJ. 34 A 94). Das Nachlaßgericht hat jedes vorschriftsmäßig errichtete Inventar zu den Akten zu nehmen und auf den Antrag des Erben, auch wenn er nach Ablauf der Frist eingeht, die Aufnahme des Inventars in die Wege zu leiten. Geht dagegen, was sehr häufig geschieht, ein privates Inventar ein, so erscheint es als nobile officium des Nachlaßrichters, dem Einreichenden die erforderliche Belehrung zukommen zu lassen. Dasselbe gilt in dem Falle, daß der Erbe einfach anzeigt, daß ein Nachlaß nicht vorhanden oder der vorhandene Nachlaß wertlos sei. Das Nachlaßgericht wird dem rechtsunkundigen Publikum, dem es — begreiflicherweise! — nicht in den Kopf will, daß, wenn ein Nachlaß nicht vorhanden ist, ein formelles Inventar aufgenommen werden muß, seinen Rat nicht versagen dürfen, insbesondere wenn man berücksichtigt, daß die Rechtseinrichtung der Inventarfrist in der Praxis fast nur von Geschäften bestimmter Art benutzt und ausgenutzt wird, um rechtsunkundigen Leuten die Wohltat der beschränkten Haftung zu entziehen.

Häufig wird die Bestimmung einer Inventarfrist von Personen beantragt, die nach §§ 2027, 2028, 2314 BGB. berechtigt sind, die Erteilung von Auskunft über den Nachlaß zu verlangen, in dem Glauben, auf diese Weise die gewünschte Auskunft erzwingen zu können. Ist dies erkennbar, so wird das Nachlaßgericht den Antragsteller zur Zurücknahme des Antrages veranlassen und darauf hinweisen, daß die Vermittelung der Auskunftserteilung nicht Sache des Nachlaßgerichts ist, daß vielmehr der Antragsteller den Auskunftspflichtigen unmittelbar um Erteilung der Auskunft angehen und im Falle der Weigerung auf Erteilung der Auskunft beim Prozeßgericht verklagen muß. Weder die Inventarerrichtung noch die Leistung des Offenbarungseides sind im Wege der Klage und Zwangsvollstreckung erzwingbar (vgl. OLG. 10, 296).

Der Erbe und die nach § 2027 BGB. auskunftspflichtigen Personen können zwar, wenn sie ihrer Verpflichtung durch Vorlegung eines Nachlaßverzeichnisses nachkommen wollen, die Aufnahme des Nachlaßinventars durch das Amtsgericht beantragen (Art. 31 Pr. FGG.). Die auf diesen Antrag hin erfolgende Inventaraufnahme ist aber ihrem Wesen nach von der nach §§ 2002, 2003 BGB. bewirkten verschieden. Zu ihrer Aufnahme ist auch nicht das Nachlaßgericht als solches, sondern das für die Aufnahme von Urkunden der freiwilligen Gerichtsbarkeit zuständige Gericht, das Urkundsgericht (Art. 31 Pr. FGG.). zuständig. Das in diesem Falle aufgenommene Inventar bleibt auch nicht wie das nach §§ 2002, 2003 BGB. aufgenommene bei den Gerichtsakten, sondern ist dem Antragsteller auszuhändigen, der es dem Auskunftsberechtigten vorzulegen hat. Dieser Unterschied ist auch für die Kostenfrage von Bedeutung.

Die Befugnis zur Einsicht des Inventars sowie der Inventarfristbestimmung und zum Erfordern von Abschriften ist in den §§ 2010 BGB., 78 FGG. geregelt.

C. Offenbarungseid.

Nach § 2006 BGB. hat der Erbe auf Verlangen eines Nachlaßgläubigers vor dem Nachlaßgericht den Offenbarungseid dahin zu leisten, daß er nach bestem Wissen die Nachlaßgegenstände so vollständig angegeben habe, als er dazu imstande sei. Mit der rechtswirksamen Ausschlagung der Erbschaft fällt die Verpflichtung zur Leistung des Eides weg (KGJ. 20 A 256).

Zu dem Verlangen ist jeder Nachlaßgläubiger befugt, nicht nur derjenige, auf dessen Antrag eine Inventarfrist bestimmt ist. Der Nachlaßgläubiger hat seine Forderung, wie in entsprechender Anwendung des § 1994 BGB. anzunehmen ist, glaubhaft zu machen, sofern die Glaubhaftmachung nicht schon bei Stellung des Antrages auf Bestimmung einer Inventarfrist erfolgt ist.

Die Eidesleistung kann nur von dem Erben verlangt werden, der, sei es aus eigenem Antriebe, sei es nach Bestimmung einer Inventarfrist, ein den §§ 2002, 2003 BGB. entsprechendes Inventar errichtet oder von dem Rechte des § 2004 BGB. Gebrauch gemacht hat oder dem das von einem anderen errichtete Inventar zustatten kommt. Ist von einem Erben nur ein privatschriftliches Inventar eingereicht oder soll ein Erbe die Richtigkeit eines von einem Nachlaßpfleger oder Nachlaßverwalter aufgestellten Nachlaßverzeichnisses beschwören (vgl. KGJ. 28 A 27), so ist der Antrag des Gläubigers, den Erben zur Leistung des Offenbarungseides vorzuladen, abzulehnen. Dagegen kommt es nicht darauf an, ob das Inventar rechtzeitig errichtet ist. Auch wenn aus den Akten die Versäumung der Frist ersichtlich ist, ist dem Antrage, des Gläubigers, Termin zur Leistung des Offenbarungseides anzuberaumen, stattzugeben. Wegen der Eidesleistung im Falle des § 2008 BGB. wird auf Planck Bem. 4c zu § 2008 BGB. verwiesen.

Während der Dauer der Nachlaßverwaltung (vgl. KGJ. 28 A 27) oder des Nachlaßkonkurses sowie nach der Beendigung des letzteren durch Verteilung der Masse oder durch Zwangsvergleich ist der Erbe zur Leistung des Offenbarungseides auf Grund des § 2006 BGB. nicht verpflichtet, da nach § 2000 BGB. in diesen Fällen keine Verpflichtung zur Inventarerrichtung besteht.

Der Offenbarungseid bezieht sich nur auf die Nachlaß *aktiven* und zwar auf die zur Zeit des *Erbfalls* vorhandenen Gegenstände.

Der Erbe kann vor der Leistung des Eides das Inventar *vervollständigen*. Diese Vervollständigung erfolgt vielfach auf Fragen des Richters oder des Gläubigers im Eidesleistungstermin und ist dann in das Protokoll aufzunehmen. Hat der Erbe nach Anberaumung des Termins in einem Schreiben an das Nachlaßgericht das Inventar vervollständigt, so ist in dem Protokoll auf die in dem Schreiben enthaltene Ergänzung Bezug zu nehmen. Die Vervollständigung gemäß § 2006 Abs. 2 BGB. braucht also nicht den §§ 2002 2003 zu entsprechen, ist vielmehr formlos zulässig und wohl zu unterscheiden von der formellen Ergänzung des Inventars, die nach § 2005 Abs. 2 BGB. nach Bestimmung einer neuen Frist statthaft ist, und derjenigen, die allgemein bis zum Ablaufe der Inventarfrist für zulässig zu erachten ist.[1])

Der Offenbarungseid aus § 2006 BGB. ist vor dem *Nachlaßgericht* zu leisten. Verlangt ein Gläubiger die Leistung des Eides, so kann die Bestimmung des Termins zur Leistung des Eides sowohl von dem Nachlaßgläubiger als von dem Erben beantragt

---

1) Vgl. Staudinger Bem. 4 zu § 2005, a. M. Planck Bem. 2c zu § 2005.

werden. Zu dem Termin sind beide Teile zu laden. Die Anwesenheit des Gläubigers in dem Termin ist nicht erforderlich. (§ 79 FGG.) Im Termin hat der Nachlaßrichter den Erben auf die Möglichkeit, das Inventar zu vervollständigen, hinzuweisen.

Erscheint der Erbe nicht, so hat das Nachlaßgericht auf Antrag des Gläubigers einen neuen Termin anzuberaumen. Auch einen weiteren Termin hat das Nachlaßgericht auf Antrag des Gläubigers anzuberaumen, ohne den Nachweis oder auch nur die Angabe eines Grundes, durch den das Nichterscheinen des Erben im Termin genügend entschuldigt wird, verlangen zu können (vgl. § 2006 Abs. 3 Satz 2 BGB.). Erscheint der Erbe in diesem Termin, so hat ihm das Nachlaßgericht den Eid abzunehmen. Ob bereits vorher, weil für das Nichterscheinen des Erben ein genügender Entschuldigungsgrund nicht gegeben war, die unbeschränkte Haftung eingetreten war, hat der Prozeßrichter zu entscheiden (vgl. OLG. 4, 118).

Nach § 2006 Abs. 4 BGB. kann derselbe Gläubiger oder ein anderer Gläubiger eine wiederholte Leistung des Eides nur verlangen, wenn Grund zu der Annahme besteht, daß dem Erben nach der Eidesleistung weitere Nachlaßgegenstände bekannt geworden sind. Ob ein solcher Grund vorliegt, entscheidet das Nachlaßgericht. Es genügt nicht die Angabe oder die Glaubhaftmachung der Tatsachen, die die Annahme eines solchen Grundes rechtfertigen sollen, sondern diese Tatsachen müssen vom Nachlaßgericht, ebenso wie vom Prozeßgericht in den Fällen der §§ 260, 2028 BGB., festgestellt werden.[1]) Können solche Tatsachen vom Antragsteller nicht nachgewiesen oder auf Grund der an der Hand der Angaben und der Beweismittel des Gläubigers von Amts wegen nach § 12 FGG. angestellten Ermittelungen des Nachlaßgerichts nicht festgestellt werden, so ist der Antrag abzulehnen.

Der Offenbarungseid aus § 2006 BGB. ist der einzige Offenbarungseid, der vor dem Nachlaßgericht zu leisten ist. Alle anderen Offenbarungseide, die auf Grund erbrechtlicher Bestimmungen (§§ 2027, 2028, 2314 BGB.) zu leisten sind, mögen sie auch im Laufe eines Nachlaßverfahrens z. B. eines Auseinandersetzungsverfahrens, geschworen werden sollen, sind nicht vor dem Nachlaßgericht als solchem, sondern vor dem nach § 261 BGB. zuständigen Gericht, in der Regel also dem Amtsgericht des Wohnsitzes des Eidespflichtigen zu leisten.[2]) Ist letzteres zugleich das Nachlaßgericht, so ist für die Abnahme dieser Eide nicht die Nachlaßabteilung, sondern die mit der Bearbeitung der Angelegenheiten der freiwilligen Gerichtsbarkeit im allgemeinen betraute Abteilung zuständig.

§ 3.

Erbschaftsausschlagung.

Das Nachlaßgericht hat sich mit Erbschaftsausschlagungen im wesentlichen in zwei Beziehungen zu befassen. Es bearbeitet einmal reine Ausschlagungssachen, in welchem Falle die Tätigkeit des Nachlaßgerichts in der Hauptsache in der Entgegennahme der Ausschlagungserklärungen und der Benachrichtigung der Nachberufenen besteht, und es hat ferner im Erbscheinsverfahren die Ausschlagungen zu berücksichtigen und ihre Rechtswirksamkeit zu prüfen. In der Praxis pflegt die Sache, sofern es sich nicht

[1]) A. M. Planck Bem. 5 zu § 2006, der Glaubhaftmachung, und Staudinger Bem. 3 zu § 2006, der Bescheinigung für ausreichend erklärt.

[2]) Für diese Ansicht spricht auch die Vorschrift des § 163 FGG.

um eine reine Ausschlagungssache handelt, als Ausschlagungssache zu beginnen, an die sich dann eine Erbscheinssache anschließt. Die in der Praxis sich von selbst ergebende Trennung der beiden Behandlungsarten kann jedoch im Nachstehenden nicht eingehalten werden.

I. Die Befugnis zur Ausschlagung der Erbschaft.

Jeder Erbe, auch der Erbeserbe, sowohl der Kraft Gesetzes als der auf Grund einer Verfügung von Todes wegen Berufene, ist berechtigt, eine ihm angefallene Erbschaft auszuschlagen. Nur der Fiskus kann die ihm als gesetzlichem Erben angefallene Erbschaft nicht ausschlagen (§ 1942 Abs. 2 BGB.).

Die Ausschließung der Ausschlagung gilt auch für eine Körperschaft, Stiftung oder Anstalt des öffentlichen Rechts, welche auf Grund des Vorbehalts in Art. 138 EG.BGB. nach landesgesetzlichen Vorschriften an Stelle des Fiskus gesetzlicher Erbe ist (vgl. Planck Bem. 1 zu Art. 138 EG.BGB.). Die Armendirektion der Stadt Berlin ist hiernach nicht berechtigt, die ihr auf Grund des Privilegiums vom 27. Dez. 1508 angefallene Erbschaft Unehelicher usw. (vgl. S. 925) auszuschlagen. Dies ist eine Änderung gegenüber dem früheren Rechtszustande, in welchem der Fiskus wie die Armendirektion zur „Entsagung" befugt waren (Dernburg Pr. Privatrecht Bd. 3 § 194 S. 552).

Handelt es sich dagegen um ein Erbrecht, das dem Fiskus oder einer anderen juristischen Person auf Grund des Vorbehalts in Art. 139 EG.BGB. nach landesgesetzlichen Vorschriften in Ansehung des Nachlasses einer verpflegten oder unterstützten Person zusteht, so kann der Fiskus — und ebenso eine sonstige juristische Person — die Erbschaft ausschlagen. Die Armendirektion der Stadt Berlin ist daher zur Ausschlagung einer Erbschaft, die ihr auf Grund der §§ 50—75 II 9 ALR. zufällt, befugt.

II. Form und Inhalt der Ausschlagungserklärung.

Die Ausschlagung erfolgt durch Erklärung gegenüber dem Nachlaßgericht, die in öffentlich beglaubigter Form abzugeben ist (§ 1945 Abs. 1 BGB.).

1. Erklärung gegenüber dem Nachlaßgericht.

Auch für die Ausschlagung gegenüber dem Nachlaßgericht gilt die Vorschrift des § 130 BGB.: Eine Willenserklärung, die einem anderen oder einer Behörde gegenüber abzugeben ist, wird, wenn sie in Abwesenheit des Empfängers abgegeben wird, in dem Zeitpunkte wirksam, in welchem sie ihm zugeht (Abss. 1 Satz 1, 3). Sie wird nicht wirksam, wenn dem Emrfänger vorher oder gleichzeitig ein Widerruf zugeht (Abs. 1 Satz 2).

Die Bestimmung in Satz 2 gilt trotz der anerkannten Unwiderruflichkeit der Ausschlagung; denn diese Unwiderruflichkeit setzt eine wirksam gewordene Ausschlagungserklärung voraus. Der Widerruf kann formlos erfolgen, z. B. auch durch mündliche Erklärung gegenüber dem Nachlaßrichter; er bedarf auch nicht der Genehmigung des Vormundschaftsgerichts, wenn diese auch zur Ausschlagung erteilt war.[1])

Die Ausschlagungserklärung, die vor einem vom Nachlaßgericht um Vernehmung der Beteiligten im Wege der Rechtshilfe ersuchten Gericht abgegeben wird, ist nicht im Zeitpunkte dieser Beurkundung als gegenüber dem Nachlaßgericht abgegeben zu betrachten, sondern wird erst mit ihrem Eingange beim Nachlaßgericht wirksam.[2])

---

[1]) Beschluß des KG. vom 12. Juli 1912. 1a X. 607/12.

[2]) Streitig (vgl. Staudinger Bem. 2a zu § 1945).

Das Nachlaßgericht hat im allgemeinen keine Aufforderung an die Erben zu richten, sich über Annahme oder Ausschlagung der Erbschaft zu erklären. Es ist Sache der Erben, die Ausschlagungserklärung unaufgefordert dem Nachlaßgericht zugehen zu lassen. Das Nachlaßgericht kann ein anderes Amtsgericht um Vernehmung der Erben über Annahme oder Ausschlagung der Erbschaft im Wege der Rechtshilfe ersuchen (RG. 69, 271), wird hierzu aber nur ausnahmsweise Anlaß haben, z. B. wenn der Erbe selbst es beantragt hat oder wenn ein Erbe, der die Erteilung eines Erbscheins beantragt hat, zur Förderung des Verfahrens darum bittet.

Die gegenüber einem örtlich unzuständigen Amtsgericht abgegebene Ausschlagungserklärung ist unwirksam. Hierüber kann nach dem klaren und unzweideutigen Wortlaute des Gesetzes (§ 1945 Abs. 1 Satz 1) kein Zweifel obwalten. Die Ansicht des RG. Bd. 71 S. 380, daß die einem örtlich unzuständigen Amtsgericht gegenüber abgegebene Ausschlagungserklärung dann für rechtswirksam zu erachten sei, wenn dieses sich für zuständig halte und die Erklärung entgegennehme und Bescheinigung über die erfolgte Ausschlagung erteile, läßt sich mit dem Gesetze nicht vereinen. Das Kammergericht hat sich auch gegen die Auffassung des RG. erklärt (KGJ. 39 A 57).

Das in einer Ausschlagungssache als Nachlaßgericht angegangene Amtsgericht hat von Amts wegen seine Zuständigkeit zu prüfen. Lassen die zu den Akten eingereichten Angaben der Beteiligten die Zuständigkeit als gegeben erscheinen, so kann es sich auf diese Angaben verlassen und braucht nicht amtliche Ermittelungen über ihre Richtigkeit anzustellen. Hierzu hat es nur dann Anlaß, wenn Zweifel entstehen. Ergeben die Ermittelungen oder wird in anderer Weise bekannt, daß die Zuständigkeit nicht gegeben ist, so entspricht es dem nobile officium des Richters, die Beteiligten schleunigst hierauf aufmerksam zu machen. Dagegen ist das Nachlaßgericht weder berechtigt noch verpflichtet, die eingegangenen Ausschlagungserklärungen dem als zuständig ermittelten oder mitgeteilten Gericht zu übersenden, vielmehr bedarf es hierzu eines besonderen Antrages des Ausschlagenden. U. E. würde auch eine Ausschlagungserklärung, die einem unzuständigen Gericht gegenüber abgegeben ist, dadurch, daß das Amtsgericht diese ohne Antrag dem zuständigen Amtsgericht übermittelt, nicht wirksam werden, denn sie ist nicht als diesem Gericht gegenüber abgegeben anzusehen (a. M. anscheinend Planck Bem. 1 zu § 1945).

2. Erklärung in öffentlich beglaubigter Form.

Nach § 129 BGB. muß, wenn durch das Gesetz für eine Erklärung öffentliche Beglaubigung vorgesehen ist, die Erklärung schriftlich abgefaßt und die Unterschrift des Erklärenden von der zuständigen Behörde oder einem zuständigen Beamten oder einem Notar beglaubigt werden. In Preußen sind für die Beglaubigung einer Unterschrift die Amtsgerichte und die Notare zuständig (vgl. hierzu S. 756). Handzeichen müssen nach §§ 129, 126 Abs. 1 BGB., 167 Abs. 1 FGG. durch das Amtsgericht oder einen Notar beglaubigt werden. Die öffentliche Beglaubigung wird durch die gerichtliche oder notarielle Beurkundung ersetzt (§ 129 Abs. 2 BGB.). Der gerichtlichen oder notariell beglaubigten oder beurkundeten Erklärung muß eine Erklärung, die in einer öffentlichen Urkunde abgegeben wird, gleichgestellt werden, obgleich es im BGB. für die Ausschlagungserklärung nicht bestimmt ist. Es ist aber erforderlich, daß die Urkunde den Anforderungen des § 415 ZPO. entspricht. (Vgl. KGJ. 31 A 59, 40 A 35).[1])

Eine der vorgeschriebenen Form entbehrende Ausschlagungserklärung ist ungültig. Häufig gehen beim Nachlaßgericht privatschriftliche oder von Gemeindevorstehern, Amtsvorstehern und sonstigen nicht zuständigen Beamten und Behörden beglaubigte Ausschlagungserklärungen ein. In solchen Fällen wird das Nachlaßgericht die Beteiligten schleunigst auf die gesetzlichen Formvorschriften aufmerksam machen. Auch eine ungültige Ausschlagungserklärung hat das Nachlaßgericht entgegenzunehmen. Es ist nicht befugt, sie aus diesem Grunde oder, weil sie überflüssig sei, zurückzuweisen. Die Abgabe einer Ausschlagungserklärung bleibt gültig, auch wenn der Nachlaßrichter sie zurückweist oder zurückschickt (KGJ. 35 A 58).

Demjenigen, der die Ausschlagung einer ihm angefallenen Erbschaft dem Nachlaßgericht gegenüber erklärt hat, muß auf seinen Antrag von diesem eine Bescheinigung erteilt werden, aus der sich die Form und der Inhalt der eingereichten Erklärung sowie der Zeitpunkt ihres Einganges beim Nachlaßgericht ergibt (KGJ. 35 A 60)[2].) Diese Bescheinigung hat das Nachlaßgericht auf Grund des Art. 31 Pr. FGG. auszustellen. Sie ist von der oft verlangten Bestätigung des Eingangs oder Empfangs einer Ausschlagserklärung beim Nachlaßgericht zu unterscheiden. Eine Bescheinigung über die Gültigkeit oder Rechtzeitigkeit einer Ausschlagung hat das Nachlaßgericht nicht zu erteilen.

Ein Bevollmächtigter bedarf einer öffentlich beglaubigten Vollmacht. Die Vollmacht muß der Erklärung beigefügt oder innerhalb der Ausschlagungsfrist nachgebracht werden (§ 1945 Abs. 2 BGB.). Eine Spezialvollmacht ist nicht erforderlich. Eine Generalvollmacht genügt, wenn dies dem mutmaßlichen Willen des Erblassers im einzelnen Falle entspricht, was durch Auslegung der Vollmachtsurkunde festzustellen ist.

3. Inhalt der Ausschlagungserklärung.

In der Ausschlagungserklärung muß der Erblasser mit hinreichender Deutlichkeit, möglichst auch unter Angabe des Todestages, bezeichnet werden. Es empfiehlt sich der Gebrauch des Wortes: Ausschlagen. Es genügen aber auch andere Erklärungen, wenn sie klar zum Ausdrucke bringen, daß der Erklärende die Erbschaft nicht annehmen will.

Nach § 1947 BGB. kann die Ausschlagung nicht unter einer Bedingung oder Zeitbestimmung erfolgen. Die bedingte oder befristete Ausschlagungserklärung

[1]) Bei Beglaubigung durch ausländische Behörden oder Beamte bedarf es der Legalisation, deren Fehlen aber die Ausschlagung nicht ungültig macht (vgl. S. 901). Kenntnis ausländischen Rechts behufs formaler Prüfung ausländischer Beglaubigungen muß sich das Nachlaßgericht selbst beschaffen (vgl. KGJ. 27 A 250).

[2]) Bescheinigung. Es wird hiermit bescheinigt, daß bei dem unterzeichneten Nachlaßgericht am 1. Februar 1913 eine notariell beglaubigte Erklärung des Kaufmanns Otto Lehmann aus Berlin, Wilhelmstraße 8, eingegangen ist, inhalts deren er die Erbschaft des am 1. Januar 1913 verstorbenen, in Berlin wohnhaft gewesenen Kaufmanns Karl Lehmann ausschlägt.

Berlin, den 3. Februar 1913.

Königl. Amtsgericht Berlin-Mitte. Abt. 168.

Wenn der Gerichtsschreiber mit der Ausstellung solcher Bescheinigungen vertraut ist, braucht der Richter nur zu verfügen: Die beantragte Bescheinigung ist zu erteilen.

ist unwirksam. Eine Ausschlagung zugunsten bestimmter Dritter ist im allgemeinen als bedingte Ausschlagung und darum als nichtig anzusehen. Wenn die Ausschlagung aber zugunsten derjenigen Personen erfolgt, welche infolge der Ausschlagung als Erben berufen sind, so enthält der Zusatz, daß die Ausschlagung zugunsten einer bestimmten Person erfolgt, eine bloße Angabe des Beweggrundes der Ausschlagung und ist dann rechtlich bedeutungslos (KGJ. 35 A 63). Hiernach empfiehlt es sich jedenfalls, bei der Aufnahme einer Ausschlagungserklärung diesen Zusatz wegzulassen.

Eine Ausschlagung für den Fall der Berufung aus einem bestimmten Grunde ist nicht als bedingte, sondern als inhaltlich beschränkte Ausschlagung aufzufassen, als unbedingte Erklärung für einen bestimmten Fall.

Die Ausschlagung kann nicht auf einen bestimmten Teil der Erbschaft beschränkt werden, sonst ist sie unwirksam (§ 1950 BGB.). Die Ausschlagung im Falle der Berufung zu mehreren Erbteilen regelt § 1951 BGB.

Von besonderer Bedeutung für die nachlaßgerichtliche Praxis ist die Bestimmung des § 1949 Abs. 2 BGB.: „Die Ausschlagung erstreckt sich im Zweifel auf alle Berufungsgründe, die dem Erben zur Zeit der Erklärung bekannt sind." Es ist deshalb Pflicht des Nachlaßrichters, der eine Ausschlagung aufnimmt, den Ausschlagenden zu befragen, ob er die Erbschaft in jedem Falle, sei es daß er kraft Gesetzes, sei es daß er auf Grund einer Verfügung von Todes wegen berufen ist, ausschlagen will. Ist dies der Fall, so faßt man die Erklärung dahin, daß der Erbe die Erbschaft aus allen Berufungsgründen ausschlägt.

Nach § 1948 Abs. 1 BGB. kann, wer durch Verfügung von Todes wegen als Erbe berufen ist, wenn er ohne die Verfügung als gesetzlicher Erbe berufen sein würde, die Erbschaft als eingesetzter Erbe ausschlagen und als gesetzlicher Erbe annehmen. Diese oft mißverstandene Vorschrift ist mit dem Kammergericht (KGJ. 38 A 107) dahin auszulegen: Der Erbe, der die Erbschaft aus einer Verfügung von Todes wegen ausschlägt, kann die Erbschaft als gesetzlicher Erbe nur dann wirksam annehmen, wenn die Ausschlagung die Eröffnung der gesetzlichen Erbfolge und die Berufung des Ausschlagenden als gesetzlichen Erben zur Folge hat, wenn also in Ansehung des ausgeschlagenen Erbteils auf Grund des Testaments weder eine Anwachsung noch eine Ersatzerbfolge eintritt.

III. Sonstige Voraussetzungen der Rechtswirksamkeit der Ausschlagung.

1. Geschäftsfähigkeit des Ausschlagenden. Es ist volle Geschäftsfähigkeit erforderlich. Der Geschäftsunfähige kann nicht, der beschränkt Geschäftsfähige nur mit Zustimmung des gesetzlichen Vertreters wirksam ausschlagen. Die Regel ist, daß auch der beschränkt Geschäftsfähige nicht selbst ausschlägt, sondern für ihn sein gesetzlicher Vertreter. Ist der gesetzliche Vertreter des Erben ein Vormund oder ein Pfleger aus §§ 1910, 1911 BGB., so bedarf er nach § 1822 Nr. 2 BGB. zur Ausschlagung der Genehmigung des Vormundschaftsgerichts. Für den Inhaber der elterlichen Gewalt gilt Besonderes. Er bedarf stets der vorm. Genehmigung, wenn er neben dem Kinde als Erbe berufen ist. Ist dies nicht der Fall, so ist zu unterscheiden:

a) Tritt der Anfall an das Kind infolge der Ausschlagung des Gewalthabers (Vater, verw. Mutter) ein, so kann der Gewalthaber ohne Genehmigung ausschlagen.

b) Tritt der Anfall an das Kind nicht infolge einer Ausschlagung des Gewalthabers ein, z. B. infolge der Ausschlagung der Ehefrau des Gewalthabers, so ist vorm. Genehmigung erforderlich (§ 1643 Abs. 2 BGB.).

Die Genehmigung des Vormundschaftsgerichts muß in dem Zeitpunkte, in dem die Ausschlagungserklärung dem Nachlaßgericht zugeht, erteilt sein oder wenigstens gleichzeitig erteilt werden. Hierbei ist zu beachten, daß die vorm. Genehmigung erst wirksam erteilt ist, wenn sie dem Vormund oder Gewalthaber gegenüber erklärt ist (§ 1828 BGB.). Es ist nicht nötig, daß die vorm. Genehmigung dem Nachlaßgericht in schriftlicher Form vorgelegt ist. Es genügt, daß die Genehmigung rechtzeitig erfolgt ist, was bei der Feststellung der Gültigkeit der Ausschlagung im Erbscheinsverfahren nachgewiesen werden muß. Ist die vorm. Genehmigung nicht oder nicht rechtzeitig erteilt, so ist die Ausschlagung ungültig. Nachträgliche Erteilung der Genehmigung macht die Ausschlagung nicht wirksam (KGJ. 21 A 197). Es ist vielmehr die formgerechte Wiederholung der Ausschlagung innerhalb der Frist erforderlich.

Schwierigkeiten können entstehen, wenn dasselbe Gericht gleichzeitig Nachlaßgericht und Vormundschaftsgericht ist. Das Kammergericht hat sich in der Entscheidung Bd. 42 A 89 dahin ausgesprochen: Reicht der Vater oder Vormund die von ihm Namens seines minderjährigen Kindes bezw. Mündels in öffentlich beglaubigter Form erklärte Ausschlagung einer Erbschaft mit der Bitte um vormundschaftsgerichtliche Genehmigung bei dem Amtsgericht ein, das als Vormundschaftsgericht und als Nachlaßgericht örtlich zuständig ist, so entscheidet nicht die äußere Fassung der Erklärung und des etwaigen Übersendungsschreibens oder die äußere geschäftliche Behandlung des Einganges bei dem Gericht, sondern der erkennbare Wille des Absenders darüber, ob die Erklärung als zuerst bei dem Vormundschaftsgericht oder dem Nachlaßgericht eingegangen anzusehen ist. Im Zweifel ist das Vormundschaftsgericht als zuerst angegangen anzusehen. Dies gilt auch dann, wenn die Ausschlagung des gesetzlichen Vertreters mit den Ausschlagungserklärungen anderer Personen, die einer vorm. Genehmigung nicht bedürfen. in einer und derselben Urkunde zusammengefaßt ist.[1])

2. Rechtzeitigkeit der Ausschlagung.

Der Erbe kann die Erbschaft nicht mehr ausschlagen, wenn die für die Ausschlagung vorgeschriebene Frist verstrichen ist; mit dem Ablaufe der Frist gilt die Erbschaft als angenommen (§ 1943 BGB.). Die Ausschlagungsfrist beträgt 6 Wochen.[2]) Sie beginnt mit dem Zeitpunkte, in welchem der Erbe von dem Anfall und dem Grunde der Berufung Kenntnis erlangt, bei Berufung durch eine Verfügung von Todes wegen nicht vor der Verkündung der Verfügung (§ 1944 BGB.). Auf den Lauf der Frist finden die für die Verjährung geltenden Vorschriften der §§ 203, 206 BGB. Anwendung. In den Fällen des § 1944 Abs. 2 BGB. beträgt die Frist 6 Monate.

Die Frist beginnt nicht, bevor nicht bei dem Erben die überzeugende Kenntnis aller für seine Berufung wesentlichen Tatsachen zusammentrifft (vgl. OLG. 6, 310). Die

[1]) Diese Entscheidung kann nicht gebilligt werden. U. E. ist eine Erklärung, die dem Amtsgericht gegenüber abzugeben ist, wenn sie bei einer Abteilung des Amtsgerichts eingegangen ist, allen Abteilungen des Amtsgerichts zugegangen.

[2]) Eine Verlängerung der Frist durch das Nachlaßgericht, wie sie oft beantragt wird, ist unzulässig.

bestimmte und überzeugende Kenntnis der Tatsachen, die die Berufung begründen, genügt.

Jeder Irrtum, der die Kenntnis von dem Erbanfalle hindert, insbesondere auch der auf Nichtkenntnis des Gesetzes beruhende Rechtsirrtum, hemmt den Beginn des Laufes der Ausschlagungsfrist. Das Vorliegen eines derartigen Rechtsirrtums muß vom Erben bewiesen werden (KGJ. 34 A 79).

Dem Erben muß bei der gesetzlichen Erbfolge bekannt sein: Der Erbfall, das Verwandtschaftsverhältnis zum Erblasser, aber auch, daß kein Verwandter vorgeht oder daß der Vorhergehende weggefallen ist. Weiter ist erforderlich, daß der Erbe nichts davon weiß und auch keine begründete Vermutung hat, daß eine die gesetzliche Erbfolge ausschließende Verfügung von Todes wegen vorhanden ist. Die irrtümliche Annahme des Vorhandenseins einer solchen Verfügung hindert den Fristbeginn. Bei äußerlich formgültigem Testament, das in Wahrheit unwirksam ist, beginnt die Frist zur Ausschlagung der gesetzlichen Erbfolge erst mit der überzeugenden Kenntnis der Rechtsunwirksamkeit des Testaments oder der Feststellung der Rechtsunwirksamkeit im Wege gütlicher Einigung oder durch rechtskräftiges Urteil (OLG. 16, 251). Der Zeitpunkt einer nach § 1953 Abs. 3 BGB. vom Nachlaßgericht gemachten Mitteilung ist zwar nicht entscheidend (RJA. 5, 146), aber für die Feststellung der Rechtzeitigkeit einer Ausschlagung gegebenenfalls doch zu berücksichtigen. Kennt der Erbe die Verfügung von Todes wegen, so beginnt die Frist mit dem Akte der Verkündung, nicht erst mit der Benachrichtigung hiervon (OLG. 14, 282). Ist der Erbe zur Zeit des Erbfalls noch nicht geboren, so fällt ihm die Erbschaft erst mit seiner Geburt an, die Frist beginnt nicht vor dem der Geburt folgenden Tage (KGJ. 34 A 81). Hat der Erbe einen gesetzlichen Vertreter, so entscheidet dessen Kenntnis.

Für die Ausschlagung des Nacherben gilt folgendes: Die Erbschaft fällt gemäß § 2139 BGB. dem Nacherben erst mit dem Eintritte des Falles der Nacherbfolge an. Die Ausschlagungsfrist beginnt daher nicht vor der Kenntnis dieses Umstandes (RG. 59, 341). Nach § 2142 BGB. kann aber der Nacherbe die Erbschaft schon ausschlagen, sobald der Erbfall eingetreten ist.[1])

Die Ausschlagung des Erbeserben regelt § 1952 BGB.

3. Nichtannahme der Erbschaft.

Der Erbe kann die Erbschaft nicht mehr ausschlagen, wenn er sie angenommen hat (§ 1943 BGB.).

Im Ausschlagungsverfahren hat das Nachlaßgericht im allgemeinen keinen Anlaß zu prüfen, ob eine Ausschlagung wegen vorheriger Annahme der Erbschaft unwirksam ist, dagegen muß im Erbscheinsverfahren, wenn die Akten einen Anhalt für eine Annahme der Erbschaft bieten, eine solche Prüfung stattfinden. Die Annahme der Erbschaft erfolgt nicht, wie die Ausschlagung, durch Erklärung gegenüber dem Nachlaßgericht, sondern formlos, sei es durch ausdrückliche, sei es durch stillschweigende Erklärung, also auch durch schlüssige Handlungen, pro herede gestio. Über die Frage, ob in einer bestimmten Handlung des Erben die Betätigung des Annahmewillens zu erblicken ist, entscheidet

[1]) Auch annehmen kann der Nacherbe die Erbschaft, sobald der Erbfall eingetreten ist, auch wenn die Erbschaft dem Nacherben noch nicht angefallen ist. Entsch. d. RG. v. 9. Nov. 1912 JW. 1913, S. 136, RGZivils. 80, 377.

das freie richterliche Ermessen. Erforderlich ist jedenfalls, daß „der Wille, Erbe zu sein, in unzweideutiger, jeden Zweifel ausschließender Weise erkennbar geworden sein muß" (RG. v. 6. Juli 1909, DJZ. 1909 S. 1329). Nicht jede Besorgung erbschaftlicher Geschäfte kann ohne weiteres als stillschweigende Annahme gelten (RG. s. o. und v. 6. Juni 1912, DJZ. 1912 S. 1185). Auch der Antrag auf Anordnung der Nachlaßverwaltung enthält an und für sich nicht die Annahme der Erbschaft (KGJ. 31 A 73). Dagegen ist in dem Antrage auf Erteilung eines Erbscheins eine Annahme der Erbschaft zu erblicken.[1])

IV. Anfechtung der Annahme und der Ausschlagung sowie der Versäumung der Ausschlagungsfrist (§§ 1954—1956 BGB.).

Die Anfechtung erfolgt auf Grund der Vorschriften des allgemeinen Teils. Anfechtungsgründe sind also Irrtum, widerrechtliche Drohung und arglistige Täuschung (§§ 119, 120, 123 BGB.).

Irrige Vorstellungen von dem Werte des Nachlasses oder über die Größe des Erbteils oder über die Person des infolge der Ausschlagung eintretenden Erben (KGJ. 35 A 67) sind als Irrtum im Beweggrunde anzusehen und rechtfertigen nicht die Anfechtung. Die Anfechtung erfolgt durch Erklärung gegenüber dem Nachlaßgerichte in der Form des § 1945 BGB. § 1955 BGB.

V. Die Mitteilung der Ausschlagung durch das Nachlaßgericht gemäß § 1953 Abs. 3 BGB.

Nach § 1953 Abs. 3 BGB. soll das Nachlaßgericht die Ausschlagung demjenigen mitteilen, dem infolge der Ausschlagung die Erbschaft angefallen ist. Die Befolgung dieser Vorschrift setzt voraus, daß dem Nachlaßgericht die Nachberufenen bekannt sind. Das Nachlaßgericht muß deshalb die zuerst Ausschlagenden veranlassen, die Nachberufenen namhaft zu machen. Wird die Ausschlagungserklärung vor dem Nachlaßgericht abgegeben, ist der Erklärende zu veranlassen, alle ihm bekannten näheren und entfernteren Verwandten anzugeben. Haben die Angehörigen einer Ordnung ausgeschlagen, so ist das Nachlaßgericht in der Lage, ohne Verzögerung den Nachberufenen die Mitteilung vom Erbanfall zugehen zu lassen. Sind dagegen die Nachberufenen dem Nachlaßgericht nicht bekannt, wie es meist der Fall sein wird, wenn die Ausschlagungserklärungen beim Nachlaßgericht eingereicht werden, so ist das Gericht, um der Benachrichtigungspflicht genügen zu können, verpflichtet, die Nachberufenen zu ermitteln. Seiner Ermittelungspflicht genügt das Nachlaßgericht im allgemeinen, wenn es an die früheren Ausschlagenden eine entsprechende Anfrage richtet. Geht auf die Anfrage eine Antwort nicht ein, so kann es, ohne zu erinnern, die Akten weglegen. Nur ausnahmsweise wird es zu weiteren Ermittelungen, z. B. Anfragen bei der Polizei, Vernehmungen von Personen, Anlaß haben. Für eine derartige Einschränkung der Ermittelungspflicht spricht der Umstand,

[1]) Falls das Nachlaßgericht, z. B. im Erbscheinsverfahren oder zur Feststellung der Voraussetzungen der Einleitung einer Nachlaßpflegschaft, eine Erklärung über die Annahme einer Erbschaft verlangt, empfiehlt es sich, daß die Erklärung dahin abgegeben wird, daß der Erklärende die Erbschaft angenommen hat. Denn wenn die Annahme der Erbschaft gegenüber dem Nachlaßgericht erklärt wird, müssen für die Entgegennahme der Erklärung Kosten erhoben werden. § 89 GKG. OLG. 9, 230.

daß die Ermittelungspflicht nur auf einer Sollvorschrift beruht, sowie daß bei den meisten Ausschlagungssachen eine die weitere Bearbeitung der Ausschlagungssache rechtfertigende Masse nicht vorhanden ist und daß durch die fortgesetzten Benachrichtigungen, Anfragen und das dadurch veranlaßte Einreichen zahlreicher, vielfach erst nach Einholung der Genehmigung des Vormundschaftsgerichts abgegebener, Ausschlagungserklärungen nur dem Publikum Umstände und Kosten, dem Gericht viel Arbeit, die fast nie von irgend einem Nutzen ist, verursacht werden.

In Ausschlagungssachen ergibt sich öfter die Notwendigkeit, für die Sicherung des Nachlasses Sorge zu tragen, insbesondere eine Pflegschaft aus § 1960 BGB. einzuleiten. In jeder Sache nach dieser Richtung hin Ermittelungen anzustellen, ist nicht erforderlich. Wenn kein Nachlaßgläubiger sich meldet oder sonst nicht von anderer Seite auf die Fürsorgebedürftigkeit des Nachlasses hingewiesen wird, kann das Nachlaßgericht annehmen, daß eine Masse nicht vorhanden ist oder eine etwa vorhanden gewesene unerhebliche Masse von den Angehörigen zur Bezahlung der Begräbniskosten verwendet worden ist, und von irgendwelchen Sicherungsmaßregeln absehen.

Zu benachrichtigen ist nur derjenige, dem infolge der Ausschlagung eines anderen die Erbschaft angefallen ist.[1]) Damit fallen diejenigen weg, die von vornherein als Erben berufen sind. Auch dann bedarf es einer Benachrichtigung nicht, wenn sich der Erbteil eines von vornherein Berufenen infolge der Ausschlagung eines anderen erhöht. Der Nachlaßrichter hat bei der gesetzlichen Erbfolge darauf zu achten, daß eine neue Ordnung nicht eher benachrichtigt wird, ehe sämtliche Angehörige der vorhergehenden Ordnung ausgeschlagen haben. Bei der Erbfolge auf Grund einer Verfügung von Todes wegen hat das Nachlaßgericht der Verfügung zu entnehmen, wer infolge der Ausschlagung eines Eingesetzten als Erbe berufen ist, und die Vorschriften über Ersatzerbfolge und Anwachsung zu beachten. Auf den auf § 2069 BGB. beruhenden Erbanfall sei besonders hingewiesen. Haben alle durch die Verfügung von Todes wegen Berufenen ausgeschlagen, so sind die gesetzlichen Erben zu benachrichtigen, mit Aus-

---

[1]) Für die Benachrichtigung wird folgendes beim Amtsgericht Berlin-Mitte gebrauchte Formular empfohlen:

1. Zu schreiben an:

Durch Ausschlagung der Erbschaft de
seitens de
— vorberufener Personen —
ist die Erbschaft auf Sie — Ihre minderjährigen Kinder — übergegangen.

Falls Sie die Erbschaft ausschlagen wollen, muß dies durch Erklärung gegenüber dem Nachlaßgericht geschehen und zwar binnen 6 Wochen seit Kenntnis von dem Anfall und dem Grunde der Berufung.

Die Erklärung ist in notariell oder gerichtlich beglaubigter Form abzugeben. Eine Ausschlagung in anderer Form ist ungültig.

Falls Sie Kinder haben, ersuchen wir um Angabe von Alter, Namen, Stand und Wohnort der Kinder.

Für minderjährige Kinder kann der gesetzliche Vertreter (Vater oder verwitwete Mutter oder Vormund) die Erbschaft in der angegebenen Form und Frist ausschlagen — und zwar mit Genehmigung des Vormundschaftsgerichts, die vor Abgabe der Ausschlagungserklärung einzuholen ist.

2. Nach 6 Wochen.

nahme derjenigen, die, schon als eingesetzte Erben berufen, die Erbschaft aus allen Berufungsgründen ausgeschlagen haben. Wird ein Erbe, der ausgeschlagen hat, in einer späteren Ordnung nochmals berufen, so ist er von neuem zu benachrichtigen, sofern er nicht schon auch für den Fall dieser Berufung ausgeschlagen hat.[1]) Wenn ein als Nacherbe eingesetztes Kind des Erblassers die Erbschaft ausgeschlagen hat, um den Pflichtteil verlangen zu können, sind die Kinder des Eingesetzten zu benachrichtigen, da ihnen auf Grund des § 2069 BGB. im Zweifel die Erbschaft anfällt (vgl. KGJ. 31 A 124). Ergeben die Akten, daß eine Ausschlagung unwirksam ist, sei es wegen Formmangels oder Fristablaufs oder fehlender vormundschaftsgerichtlicher Genehmigung, so braucht die Person, die im Falle der Wirksamkeit der Ausschlagung als Erbe berufen sein würde, nicht benachrichtigt zu werden. Es empfiehlt sich, den Grund der Unterlassung weiterer Benachrichtigungen kurz in den Akten zu vermerken. Haben alle bekannten Erben ausgeschlagen oder ist ein Erbe infolge Rechtsunwirksamkeit seiner Ausschlagung endgültig Erbe geworden und stehen weitere Ausschlagungen nicht mehr aus, so können die Akten weggelegt werden.

§ 4.

Sicherung des Nachlasses. Nachlaßpflegschaft.

I. Die Sicherung des Nachlasses im allgemeinen.

Nach § 1960 BGB. hat das Nachlaßgericht für die Sicherung des Nachlasses zu sorgen:

1. wenn ein Bedürfnis für eine amtliche Fürsorge gegeben ist,
2. außerdem entweder
   a) die Erbschaft noch nicht angenommen ist,
   b) oder der Erbe unbekannt ist,
   c) oder ungewiß ist, ob er die Erbschaft angenommen hat.

Das Vorhandensein eines Fürsorgebedürfnisses allein genügt nicht. Ob ein Fürsorgebedürfnis gegeben ist, hat das Nachlaßgericht nach freiem Ermessen zu entscheiden. Es ist insbesondere vorhanden, wenn der Nachlaß nicht oder nicht genügend verwahrt ist. Befindet sich der Nachlaß im Besitze zuverlässiger und vertrauenswürdiger Personen oder unter amtlicher Aufsicht, z. B. in einer öffentlichen Altersversorgungsanstalt, in der der Verstorbene gelebt hat, so ist das Fürsorgebedürfnis in der Regel zu verneinen. Das Gleiche gilt in dem Falle, daß in einem zweifellos gültigen Testament ein Testamentsvollstrecker ernannt ist und dieser die Annahme des Amtes gegenüber dem Nachlaßgericht erklärt hat.

Was die Voraussetzungen zu 2 anlangt, so ist keine von ihnen gegeben, wenn das Nachlaßgericht feststellen kann, daß sämtliche Erben bekannt sind und die Erbschaft angenommen haben. Diese Feststellung rechtfertigt die Ablehnung eines Antrages auf Anordnung von Sicherungsmaßnahmen und Einleitung einer Nachlaßpflegschaft.

Der Erbe ist im Sinne des § 1960 BGB. nicht unbekannt, wenn feststeht, wer als Erbe berufen ist. Diese Frage ist nach den Umständen des einzelnen Falles zu beurteilen.

---

[1]) Daß eine Person die Erbschaft ausschlägt, bevor sie ihr angefallen ist, ist für zulässig zu erachten. Die Ausschlagung wird im Zeitpunkte des Anfalls wirksam.

Ein Erbschein braucht nicht notwendig vorzuliegen, es ist vielmehr ausreichend, wenn sich aus den klaren tatsächlichen Verhältnissen die Person des berufenen Erben ergibt (KGJ. 29 A 206).

Wenn gewiß ist, daß eine Erbschaft angenommen ist, so kann der Erbe nicht mehr im Sinne des § 1960 BGB. unbekannt sein. Eine Fürsorgepflicht des Nachlaßgerichts ist deshalb ausgeschlossen, wenn der Testamentserbe und der gesetzliche Erbe die Erbschaft annehmen zu wollen erklärt haben und nur noch unter sich darüber streiten, ob das Testament gültig und wer von ihnen Erbe ist (KGJ. 33 A 84).

Die gesetzlichen Voraussetzungen der Nachlaßsicherung sind für jeden Erbteil besonders zu prüfen. Sind die Voraussetzungen nur für einen Erbteil gegeben, so hat sich die Nachlaßsicherung an sich nur auf diesen zu erstrecken. In der Praxis läßt sich dies freilich bei der Ungeteiltheit des Nachlasses kaum durchführen, insbesondere wenn sich die anderen Erben um den Nachlaß nicht kümmern. Aus praktischen Gründen empfiehlt es sich deshalb, die Sicherung des Nachlasses zunächst stets auf den ganzen Nachlaß zu erstrecken. Wegen der Nachlaßpflegschaft s. S. 876.

Das Nachlaßgericht hat von Amts wegen einzuschreiten. Anlaß zum Einschreiten geben ihm insbesondere die Anzeigen der Polizeibehörden, die diese auf Grund des Art. 19 Pr. FGG. erstatten. Die Polizeibehörden haben auf Grund des § 10 II 17 ALR. das Recht und die Pflicht, bis zum Eingreifen des Gerichts vorläufige Maßnahmen zur Sicherung des Nachlasses zu treffen. Ist es zweifelhaft, ob die Voraussetzungen des § 1960 BGB. gegeben sind, so kann sich das Nachlaßgericht an die Polizeibehörde wenden mit dem Ersuchen, festzustellen, ob ein Bedürfnis zur Sicherung des Nachlasses vorhanden ist, und bejahendenfalls vorläufige Sicherungsmaßnahmen anzuordnen. Die von der Polizei im Nachlasse vorgefundenen und an das Nachlaßgericht abgelieferten Schriftstücke, Wertpapiere und sonstigen Kostbarkeiten hat das Nachlaßgericht zur Verwahrung anzunehmen. Für die Nachlaßsicherung sind außer dem Nachlaßgericht jedes Amtsgericht, in dessen Bezirk das Bedürfnis der Fürsorge hervortritt (§ 74 FGG.), sowie die Dorf- und Ortsgerichte (vgl. Art. 104 ff. Pr. FGG.) zuständig.

Zur Sicherung des Nachlasses hat das Nachlaßgericht die im einzelnen Falle zweckdienlichen Maßnahmen zu ergreifen, es kann insbesondere die Anlegung von Siegeln, die Hinterlegung von Geld, Wertpapieren und Kostbarkeiten sowie die Aufnahme eines Nachlaßverzeichnisses anordnen und einen Nachlaßpfleger bestellen.

Mit der Anlegung von Siegeln usw. beauftragt es in der Regel den Gerichtsvollzieher, der hierbei die Vorschriften der Gerichtsvollzieher-Geschäftsanweisung zu beachten hat.

II. Die Nachlaßpflegschaft.

Die Nachlaßpflegschaft ist die häufigst angewendete Sicherungsmaßregel des Nachlaßgerichts.

Das BGB. behandelt die Bestellung eines Nachlaßpflegers in den §§ 1960—1962. Die Nachlaßpflegschaft aus § 1960 und die aus § 1961 sind ihrem Wesen nach nicht von einander verschieden. Ein Unterschied besteht nur in den Voraussetzungen der Einleitung.

1. Voraussetzungen der Einleitung der Nachlaßpflegschaft.

Die Pflegschaft aus § 1960 BGB. wird vom Nachlaßgericht, das an die Stelle des Vormundschaftsgerichts tritt (§ 1962), eingeleitet, wenn die Voraussetzungen der Nachlaßsicherung im allgemeinen gegeben sind.[1]) Der Pfleger kann bestellt werden, nachdem schon andere Sicherungsmaßregeln angeordnet sind, aber auch, ohne daß dies der Fall ist. Kann der Pfleger sofort vom Nachlaßgericht bestellt werden, so kann dem Pfleger die Fürsorge für den Nachlaß überlassen und von anderen gerichtlichen Sicherungsmaßregeln abgesehen werden. Ist dies aber nicht der Fall, will es insbesondere die Namhaftmachung eines Pflegers durch den Gemeindewaisenrat abwarten, so empfiehlt es sich zunächst, sofort einen Gerichtsvollzieher mit der Sicherung des Nachlasses zu beauftragen. Ob die Einleitung einer Nachlaßpflegschaft geboten oder nur sonstige Sicherungsmaßregeln angezeigt sind, muß das Nachlaßgericht nach den Umständen des einzelnen Falles entscheiden. Ist zu erwarten, daß die Person des Erben und die Annahme der Erbschaft in kurzer Zeit feststehen wird, so werden im allgemeinen sonstige Sicherungsmaßregeln genügen. Ist diese Annahme nicht gerechtfertigt, wohnen z. B. die Erben außerhalb oder sind sie gänzlich unbekannt oder muß binnen kürzester Frist über den Nachlaß verfügt werden, z. B. die Wohnung geräumt oder gekündigt werden, so ist die sofortige Bestellung eines Pflegers am Platze.

Während die Einleitung der Nachlaßpflegschaft im Falle des § 1960 BGB. dem freien Ermessen des Nachlaßgerichts überlassen ist, ist es in den Fällen des § 1960 Abs. 1 nach § 1961 verpflichtet, einen Nachlaßpfleger zu bestellen, wenn die Bestellung zum Zwecke der gerichtlichen Geltendmachung eines Anspruchs, der sich gegen den Nachlaß richtet, beantragt wird. In diesem Falle wird das in § 1960 erforderte Bedürfnis durch die Darlegung des geltend zu machenden Anspruchs ersetzt. Eine Glaubhaftmachung des Anspruchs ist nicht erforderlich (KGJ. 33 A 90). Das Nachlaßgericht kann sich mit der bloßen Angabe, daß ein Anspruch gegen den Nachlaß geltend gemacht werden soll, begnügen; nur ausnahmsweise, wenn es begründete Bedenken gegen das Bestehen des Anspruchs hat, stellt es von Amts wegen Ermittelungen an. Die Pflegschaft ist auch dann einzuleiten, wenn der Gläubiger zunächst mit dem Pfleger über Anerkennung des Anspruchs verhandeln und nur im Falle der Bestreitung des Anspruchs den Klageweg beschreiten will (KGJ. 22 A 71).

Ist bereits für die Vertretung des Nachlasses gesorgt, z. B. durch Bestellung eines Pflegers aus § 1960, eines Nachlaßverwalters oder durch Ernennung eines Testamentsvollstreckers, der das Amt angenommen hat, so ist für eine Pflegschaft aus § 1961 BGB. kein Raum mehr. Dagegen steht die Eröffnung des Nachlaßkonkurses der Bestellung des Nachlaßpflegers nicht entgegen (KGJ. 25 A 333). Der Antrag, auf Grund des § 1961 einen Pfleger zu bestellen, ist nur eine Anregung an das Nachlaßgericht, von Amts wegen einen Pfleger zu bestellen (KGJ. 33 A 91). Die Ablehnung des Antrages durch das Nachlaßgericht ergeht daher kostenfrei. Von dem Antragsteller kann, auch wenn der Nachlaß arm ist, ein Vorschuß zur Deckung der Pflegschaftskosten nicht erhoben werden, vielmehr ist die Pflegschaft, wenn die gesetzlichen Voraussetzungen vorliegen, ohne Rücksicht auf das Vorhandensein einer Masse einzuleiten. Der Antragsteller haftet auch nicht für die Auslagen und die Vergütung des Pflegers (Recht 1900, 491). Dem Nachlaß-

[1]) Wenn über die Person des Erben keine begründeten Zweifel bestehen, kann dieser nicht etwa deshalb als unbekannt gelten, weil bei dem Mangel eines Erbscheins und einer letztwilligen Verfügung ohne Einleitung einer Nachlaßpflegschaft dem Gläubiger eine besondere Prozeßart, z. B. der Urkundenprozeß, verschlossen bleibt. KGJ. 29 A 206.

pfleger, der gesetzlicher Vertreter der Person des unbekannten Erben ist, kann im Prozesse das Armenrecht bewilligt werden (RG. 50, 394; 65, 287). Das nach § 118 ZPO. erforderliche Armutszeugnis stellt das Nachlaßgericht aus.

Ob die Voraussetzungen für die Einleitung einer Nachlaßpflegschaft vorliegen, hat das Nachlaßgericht von Amts wegen festzustellen (KGJ. 33 A 90). Sind bereits Nachlaßvorgänge vorhanden, z. B. Sicherungsmaßnahmen angeordnet, Mitteilungen von Polizeibehörden gemacht oder schwebt schon ein Ausschlagungsverfahren, so ist das Nachlaßgericht meist schon in der Lage, sich über die Einleitung der Pflegschaft schlüssig zu machen. Liegt aber lediglich ein Antrag aus § 1961 BGB. vor, so ist die Anstellung amtlicher Ermittelungen erforderlich. Zunächst ist festzustellen, ob eine Verfügung des Erblassers von Todes wegen vorhanden ist, und erforderlichenfalls ihre Eröffnung zu veranlassen. Sind aus den Testamentsakten die Adressen eines oder mehrerer Erben festzustellen, so empfiehlt es sich, diese sofort zur Rücksprache vorzuladen und mit ihnen zu erörtern, ob sämtliche Erben bekannt sind und die Erbschaft annehmen oder einige die Erbschaft auszuschlagen beabsichtigen. Führen die Verhandlungen zu der Feststellung, daß die Erben bekannt sind und die Erbschaft angenommen haben, so ist von der Einleitung der Pflegschaft abzusehen. Ist ein Testamentsvollstrecker ernannt, so verhandelt das Nachlaßgericht mit ihm über die Annahme oder die Ablehnung des Amtes.

Ist eine Verfügung von Todes wegen nicht ermittelt, so prüft das Nachlaßgericht den Antrag und etwaige Anlagen desselben daraufhin, ob ihr Inhalt dem Nachlaßgericht einen Anhalt für eigene Ermittelungen bietet. Vielfach lassen sich aus einer beigefügten Sterbeurkunde des Erblassers die Adressen von Ehegatten, Kindern und sonstigen Verwandten entnehmen, die dann zweckmäßig vom Nachlaßrichter zur Rücksprache vorgeladen werden. Anderenfalls bleibt nur übrig, die Polizeibehörden zu ersuchen, aus den Melderegistern oder durch Nachfragen im Sterbehause nach Verwandten zu forschen, womit das Ersuchen zu verbinden ist, erforderlichenfalls vorläufige Sicherungsmaßregeln zu treffen. Mit etwa ermittelten Verwandten ist dann wie oben angegeben zu verhandeln. Werden solche nicht ermittelt, so ist die Pflegschaft anzuordnen. Zu einer umständlichen und schwierigen Erbenermittelung ist die Polizei nicht verpflichtet. Wieweit die Ermittelungspflicht des Nachlaßgerichts geht, hängt von der besonderen Sachlage ab, insbesondere auch davon, ob die Einleitung der Pflegschaft ganz besonders schnell erfolgen muß oder Zeit hat. Im vorstehenden sind natürlich nur einige besonders häufig vorkommende Fälle besprochen, die Praxis bietet aber noch vielerlei andere Fälle und nötigt dann auch noch zu anderen Arten der Ermittelung.

Das mündliche Verhandeln des Nachlaßrichters mit Auskunftspersonen ist ganz besonders zu empfehlen, da schriftliche Anfragen des Gerichts oft nicht oder unzureichend beantwortet werden, auch durch das Hin- und Herschreiben viel Zeit verloren geht.

2. Die Anordnung der Nachlaßpflegschaft.

Zur Einleitung der Nachlaßpflegschaft bedarf es keines förmlichen Beschlusses. Sie kann stillschweigend durch Bestellung des Nachlaßpflegers erfolgen. Die Nachlaßpflegschaft unterliegt als eine besondere Art der Pflegschaft den für diese geltenden allgemeinen Bestimmungen des Vormundschaftsrechts. Es besteht daher auch zur Übernahme der Nachlaßpflegschaft eine allgemeine Verpflichtung. Das Nachlaßgericht kann auch den Gemeindewaisenrat um Namhaftmachung von zu Nachlaßpflegern geeigneten Personen ersuchen. Den besonderen Verhältnissen der Nachlaßpflegschaft entspricht jedoch das bei Vormundschaften und sonstigen Pflegschaften übliche Verfahren nicht. Da der Nachlaßpfleger in den meisten Fällen umgehend bestellt werden muß, kann das Nachlaßgericht nicht, wie das Vormundschaftsgericht es tun muß, Wochen, ja Monate warten, bis der Gemeindewaisenrat, meist sogar erst nach mehrmaliger Erinnerung, einen Nachlaßpfleger namhaft macht. Der Nachlaßpfleger hat in der Regel eine ununterbrochene, auf baldige Erledigung der Aufgaben der Pflegschaft abzielende Tätigkeit zu entfalten, die genaue Kenntnisse des Erbrechts und Erfahrung in der Verwaltung und Verwertung von Vermögen voraussetzt und ausgedehnten Verkehr mit Behörden verschiedenster Art, oft auch mit ausländischen, notwendig macht. Solchen Anforderungen sind die vom Gemeindewaisenrat vorgeschlagenen Personen in der Regel nicht gewachsen, und es ist daher dem Nachlaßrichter dringend zu empfehlen, von ganz einfachen Sachen abgesehen, nur rechtskundige Personen, insbesondere also Rechtsanwälte, mit dem Amte eines Nachlaßpflegers zu betrauen.[1]) Die Bestellung mehrerer Pfleger ist zulässig (§§ 1797, 1915 BGB.).

Für die durch Handschlag an Eidesstatt erfolgende Verpflichtung des Nachlaßpflegers ist zu beachten, daß der Betreffende zum „Pfleger für diejenigen, die Erben des . . . . werden" bestellt wird, nicht zum Pfleger „für den Nachlaß des . . . ." Hat der Pfleger nur einen beschränkten Wirkungskreis oder wird er nur für einen einzelnen Miterben bestellt (vgl. RJA. 7, 29), so ist dies bei seiner Bestellung und in seiner Bestallung kenntlich zu machen.

Ist der Pfleger nicht vom Gemeindewaisenrat benannt, so braucht seine Bestellung dem Gemeindewaisenrat nicht angezeigt zu werden.

3. Die Tätigkeit des Nachlaßpflegers.

Ist der Nachlaßpfleger nur zur Erledigung einer bestimmten Aufgabe bestellt, z. B. zur Vertretung der unbekannten Erben in einer Handelsregistersache oder in einer Grundbuchsache (Bewilligung der Löschung einer alten, längst zurückgezahlten Hypothek), so beschränkt sich die Tätigkeit des Pflegers auf die Erledigung dieser Aufgabe. Ist der Pfleger nur für einen bestimmten Erbteil oder für mehrere bestimmte Erbteile bestellt, so stehen ihm die allgemeinen Befugnisse zu, jedoch nur in Gemeinschaft mit den bekannten Erben, die die Erbschaft angenommen haben. Ist sein Wirkungskreis nach keiner Richtung beschränkt, so bestehen seine Aufgaben im wesentlichen in der Verwaltung des Nachlasses und in der Ermittelung der Erben.

Die Verwaltung des Nachlasses. Der Nachlaßpfleger hat, sofern dies erforderlich ist, für schleunige Sicherung des Nachlasses zu sorgen. Er hat den Nachlaß in Besitz zu nehmen und nach § 1802 BGB. ein mit der Versicherung der Richtigkeit

---

[1]) Wenn die Nachlaßrichter in den Großstädten unter den Rechtsanwälten eine Auswahl treffen und nur solche als Nachlaßpfleger beschäftigen, die ihnen als in Nachlaßsachen besonders erfahren und zuverlässig bekannt sind, so entspricht dieses Verfahren durchaus dem Gesetze. Denn die Auswahl der Nachlaßpfleger unterliegt lediglich dem freien pflichtmäßigen Ermessen des Nachlaßrichters, der mit der Bestellung persönlich die Verantwortung dafür übernimmt, daß der Bestellte eine zuverlässige und gewissenhafte Person ist. Eine Anweisung der Justizverwaltung, die ihm in der freien Auswahl der Pfleger Schranken auferlegt, erscheint unzulässig und den Nachlaßrichter nicht bindend (vgl. auch den Artikel von Henschel: „Geschäftsanwälte" DJZ. 1911 S. 1053).

und Vollständigkeit zu versehendes Verzeichnisses des Nachlasses dem Nachlaßgericht einzureichen.[1]) Das Verzeichnis ist, da es die Grundlage der Jahresrechnungen und der Schlußrechnung ist, vom Nachlaßrichter sorgfältigst zu prüfen. Mit Wertpapieren und barem Gelde hat er wie der Vormund (s. Vormundschaftswesen S. 806 fg.) zu verfahren. Einen laufenden Mietvertrag hat er in der Regel zum nächsten zulässigen Termin zu kündigen. Ob er die Wohnungseinrichtung und sonstige Sachen des Erblassers in der Wohnung beläßt oder auf einen Speicher schafft oder verkauft, sei es freihändig, sei es im Wege öffentlicher Versteigerung, muß der Pfleger nach den Umständen des Falles entscheiden. Diese Maßnahmen hängen vom pflichtmäßigen Ermessen des Pflegers ab, die häufig in solchen Fällen von den Pflegern erbetene nachlaßgerichtliche Genehmigung ist abzulehnen, da sie nach dem Gesetze nicht erforderlich ist. Handelt es sich um wertvolle Kunstsachen oder alte Familienerbstücke, so ist es angemessen, daß der Pfleger solche Sachen den Erben erhält. Gehört zum Nachlasse ein Geschäft, so wird die Fortführung des Geschäfts oft im Interesse des Nachlasses liegen, insbesondere, wenn der Verkauf des Geschäfts im Ganzen zu vorteilhaften Bedingungen möglich erscheint. Falls eine baldige Ermittelung der Erben nicht in Aussicht steht, wird die völlige Versilberung des Nachlasses wegen der hierdurch eintretenden Einfachheit der Verwaltung des Nachlasses angezeigt sein. Zum Zwecke der Verwaltung des Nachlasses kann der Pfleger wirksam Verbindlichkeiten eingehen, die den Charakter von Nachlaßverbindlichkeiten haben und im Falle des Nachlaßkonkurses Masseschulden sind (§ 224 Nr. 5 KO.).

Dem Nachlaßpfleger liegt es ob, die Nachlaßverbindlichkeiten zu berichtigen. Die Ausführung der letztwilligen Verfügungen des Erblassers (Vermächtnisse, Auflagen) gehört an sich nicht zu seinen Aufgaben, sie kann aber seitens der Beteiligten von ihm verlangt werden. Er wird mit der Auszahlung von Vermächtnissen so lange warten, bis sie von ihm begehrt wird. In zweifelhaften Fällen muß er es, um dem Erben nicht vorzugreifen, auf einen Prozeß ankommen lassen. Man wird es überhaupt als allgemeine Regel aufstellen können, daß der Nachlaßpfleger wegen der vorübergehenden und stellvertretenden Natur seines Amtes besonders wichtige und verantwortliche Vermögensverwaltungsgeschäfte, wenn sie eine aufschiebende Bearbeitung vertragen, dilatorisch behandelt, um nach Möglichkeit die Erben in die Lage zu bringen, selbst entscheiden zu können. Zu gewissen Geschäften bedarf der Nachlaßpfleger der Genehmigung des Nachlaßgerichts, da die Nachlaßpflegschaft nur eine besondere Art der Pflegschaft ist. Es wird insoweit auf das Vormundschaftswesen S. 815 verwiesen.

Ermittelung der Erben. Sind die Erben zwar bekannt, steht aber nicht fest, ob sie die Erbschaft angenommen haben, so hat sich der Nachlaßpfleger mit ihnen in Verbindung zu setzen, ihnen den Erbfall mitzuteilen und sie zu veranlassen, sich über Annahme oder Ausschlagung der Erbschaft schlüssig zu machen. Er ist verpflichtet, ihnen Auskunft über den Nachlaß zu erteilen und wird ihnen auch, wenn er rechtskundig ist, in den einschlägigen Rechtsfragen seinen Rat nicht versagen dürfen.

Sind die Erben nicht bekannt, so hat er sie zu ermitteln. Seine nächste Aufgabe ist die Feststellung, ob der Erblasser eine Verfügung von Todes wegen hinterlassen hat. Er hat den Nachlaß daraufhin sorgfältig zu durchsuchen und bei den in Frage kommenden

[1]) Auch wenn sich der Nachlaßpfleger bei der Aufnahme des Verzeichnisses der Hilfe eines beeidigten Taxators bedient, genügt dessen Versicherung nicht.

Amtsgerichten anzufragen. Da eine zuverlässige Nachforschung in den Registern der Gerichte die genauen Personalien des Erblassers voraussetzt, hat er sofort eine vollständige Sterbeurkunde des Erblassers zu beschaffen und dem Nachlaßgericht einzureichen. Wird eine Verfügung von Todes wegen ermittelt, so ist sie zur Eröffnung einzureichen bezw. wenn sie sich beim Nachlaßgericht befindet, ihre Eröffnung zu veranlassen.

Wird eine Verfügung von Todes wegen nicht ermittelt, so muß er die gesetzlichen Erben ermitteln. Hierzu muß er sich mit Hausgenossen des Erblassers, Bekannten desselben, Polizeibehörden und Pfarrämtern in Verbindung setzen, erforderlichenfalls auch Aufrufe in den Zeitungen erlassen. Art und Umfang der Ermittelungen gestalten sich in jedem einzelnen Falle anders. Kosten verursachende Ermittelungen sind natürlich nur dann am Platze, wenn die Kosten aus dem Nachlaß gedeckt werden können. Ist der Nachlaß überschuldet oder ist der verbleibende Reinnachlaß so gering, daß er nur die Pflegschaftskosten deckt, für etwaige Erben aber nichts bleibt oder ein Betrag, der in keinem Verhältnis zu den Schwierigkeiten der Erbenermittelung und Erbenlegitimation steht, so kann von einer Ermittelung der Erben überhaupt abgesehen werden. Eine etwaige Restmasse wird in solchen Fällen zuweilen von den Nachlaßpflegern zweckmäßig zur Beschaffung eines einfachen Grabdenkmals für den Erblasser verwendet.

Hat der Pfleger die Erben ermittelt und haben diese die Erbschaft, sei es ausdrücklich, sei es infolge Fristablaufs angenommen, so hat er ihnen, insbesondere wenn es entferntere Verwandte oder einfache Leute sind, bei der Beschaffung der zu ihrer Legitimation erforderlichen Urkunden behilflich zu sein bezw. nach ihren Angaben auf Kosten des Nachlasses die Urkunden zu beschaffen. Er muß sie auch veranlassen, die zur Erwirkung eines Erbscheins erforderlichen Schritte zu tun. Hier ist es, insbesondere wenn es sich um einfache, nicht am Sitze oder im Bezirke des Nachlaßgerichts wohnende Personen handelt, oft angebracht, daß er sich mit dem den Erben zunächst wohnenden Notar in Verbindung setzt, damit dieser die Erben zur Abgabe der erforderlichen Erklärungen vorlädt. Wenn es sich um unvermögende Leute handelt, empfiehlt es sich, daß der Nachlaßpfleger die Notariatskosten aus dem Nachlasse bezahlt. Bei ganz besonders verwickelten Sachen ist es ratsam, daß der Pfleger die Erbscheinsverhandlung entwirft und den Entwurf dem Notar zusendet. Der Nachlaßpfleger ist nicht berechtigt, die Erteilung des Erbscheins nach dem Erblasser, über dessen Nachlaß die Pflegschaft angeordnet ist, zu beantragen (KGJ. 40 A 37).

4. Die Beendigung der Nachlaßpflegschaft.

Die Nachlaßpflegschaft ist gemäß § 1919 BGB. aufzuheben, wenn der Grund für ihre Anordnung weggefallen ist. Eine Beendigung kraft Gesetzes tritt nicht ein, die Aufhebung ist vielmehr durch Verfügung des Nachlaßgerichts auszusprechen. Die Pflegschaft kann auch stillschweigend aufgehoben werden, indem das Nachlaßgericht die Verfügungen erläßt, die sich an die Aufhebung der Pflegschaft im allgemeinen anzuschließen pflegen. Ist die Nachlaßpflegschaft nur für einen bestimmten Zweck angeordnet, so ist sie aufzuheben, wenn dieser erfüllt ist, sonst, wenn feststeht, wer die Erben sind und daß sie die Erbschaft angenommen haben. Für diese Feststellung genügt nicht das Vorliegen der Tatsachen, die nach der Entscheidung in KGJ. 29 A 206 die Ablehnung des Antrages auf Einleitung einer Nachlaßpflegschaft rechtfertigen, diese Feststellung muß vielmehr auf vollkommen sicherer Grundlage ruhen, und es ist deshalb in der Regel die Aufhebung der Nachlaßpflegschaft erst mit der Erteilung des Erbscheins auszusprechen. Liegt ein öffentliches Testament vor oder wird der Fiskus als Erbe festgestellt oder würden die Kosten der Legitimation der ermittelten Erben in keinem Verhältnis zu dem zu verteilenden Reinnachlasse stehen, so kann von der Erteilung eines Erbscheins als Voraussetzung der Aufhebung der Pflegschaft abgesehen werden.

In den Fällen, in denen die Masse durch Berichtigung der Nachlaßverbindlichkeiten erschöpft ist, ohne daß die Ermittelung der Erben in Angriff genommen oder beendet ist, ist der Zweck der Nachlaßpflegschaft mit der Ausschüttung der Masse erreicht und die Pflegschaft aufzuheben, nachdem der Pfleger die Ausschüttung der Masse nachgewiesen hat.[1])

Sind die Erben zwar ermittelt, lehnen sie es aber ab, die zur Erwirkung eines Erbscheins erforderlichen Erklärungen abzugeben, so ist gleichfalls die Aufhebung der Pflegschaft am Platze. In einem solchen Falle hat der Nachlaßpfleger den Nachlaß bei der öffentlichen Hinterlegungsstelle für diejenigen, die sich durch einen Erbschein als Erben des Erblassers ausweisen, zu hinterlegen. Vor der Hinterlegung empfiehlt es sich, daß den Erben vom Nachlaßgericht oder vom Pfleger eine Frist zur Legitimation unter der Androhung der Hinterlegung gesetzt wird.

Die Eröffnung des Nachlaßkonkurses beendigt die Nachlaßpflegschaft nicht (KGJ. 38 A 116) und ist auch an sich noch kein Grund zu ihrer Aufhebung. Häufig wird nach Eröffnung des Nachlaßkonkurses ein Bedürfnis zur Fortführung der Pflegschaft nicht mehr gegeben sein, dies ist aber keineswegs immer der Fall, so sind z. B. nicht selten von einem die Erben vertretenden Nachlaßpfleger Erklärungen gegenüber dem Handelsregister abzugeben. Es ist deshalb die Frage des Bedürfnisses in jedem Falle besonders zu prüfen.

Auch die Anordnung der Nachlaßverwaltung beendet nicht kraft Gesetzes die Nachlaßpflegschaft. Da aber dann ein Bedürfnis für die Fortführung der Nachlaßpflegschaft nicht mehr vorhanden ist, ist sie aufzuheben (KGJ. 31 A 76).

Ist die Nachlaßpflegschaft nach Feststellung der Erben und der Erbschaftsannahme aufgehoben, so hat der Nachlaßpfleger den Erben nur noch den verwalteten Nachlaß herauszugeben und ihnen darüber Rechenschaft zu legen (§§ 1890—1892 BGB.) sowie möglicherweise einstweilen solche Geschäfte fortzuführen, mit deren Aufschub Gefahr verbunden ist (§§ 1893, 1682, 1683 BGB.). Den Nachlaß unter die Erben zu verteilen, die Auseinandersetzung zu bewirken, ist nicht Aufgabe des Nachlaßpflegers (KGJ. 40 A 39). Er hat den Nachlaß den Erben gemeinschaftlich oder einem gemeinsamen Bevollmächtigten auszuantworten. Ist dies nicht ausführbar, z. B. weil ihm die erteilten

[1]) Reicht der Nachlaß nicht zur Befriedigung sämtlicher Nachlaßgläubiger aus und ist die Eröffnung des Nachlaßkonkurses abgelehnt, so entspricht es den Bedürfnissen des Geschäftslebens, daß der Nachlaßpfleger — geeignetenfalls nach erfolgtem Aufgebot der Nachlaßgläubiger — eine Einigung mit den Gläubigern über ihre anteilsweise Befriedigung herbeiführt und dann die Masse ausschüttet. Wenn man mit Boschan Nachlaßsachen Bd. 2 S. 35 den Pfleger stets für verpflichtet halten wollte, die Erben zu ermitteln und ihnen die Befriedigung der Gläubiger zu überlassen, so würden diese in vielen Fällen überhaupt nichts bekommen, da die Masse dann durch die Kosten der Pflegschaft, die sich durch die zuweilen Jahre in Anspruch nehmenden Ermittelungen sehr erhöhen würden, aufgezehrt sein würde.

Vollmachten nicht genügen, so hat er den Nachlaß für die Erben bei der Hinterlegungsstelle zu hinterlegen.

Für die Legung der Schlußrechnung gelten die Vorschriften der §§ 1890—1892 BGB. Es wird hierzu auf das Vormundschaftswesen S. 823 fg. und die eingehenden Darlegungen über die Prüfung der Schlußrechnung in formeller und materieller Beziehung in der E. d. KG. KGJ. 33 A 54 verwiesen. Ebenso wie der volljährig gewordene Mündel können auch die Erben auf die Legung der Schlußrechnung außergerichtlich verzichten, in welchem Falle auch die Pflicht des Nachlaßgerichts zur Erforderung und Prüfung der Schlußrechnung entfällt (vgl. KGJ. 33 A 57, 23 A 13). Zur Legung der Schlußrechnung kann der Pfleger auch nach Aufhebung der Nachlaßpflegschaft durch Ordnungsstrafen angehalten werden (KGJ. 32 A 53; OLG. 14, 266; 268).

Was die Vergütung des Nachlaßpflegers für seine Tätigkeit anlangt, so findet zwar der § 1836 BGB. Anwendung, aber bei der besonderen Stellung und Tätigkeit des Nachlaßpflegers ist die Gewährung einer Vergütung in der Regel angemessen und in der Praxis üblich. Die Höhe der Vergütung richtet sich nach der Schwierigkeit, dem Umfange und der Dauer der Tätigkeit des Nachlaßpflegers einerseits, der Größe der verfügbaren Masse andererseits. Nach § 1836 Abs. 2 BGB. soll der Pfleger vor der Bewilligung der Vergütung gehört werden; in der Praxis ist es üblich, den Pfleger aufzufordern, ein Honorar in bestimmter Höhe zu beantragen. Der Anspruch auf die Vergütung entsteht mit der Festsetzung durch das Nachlaßgericht. Damit bei überschuldetem Nachlaß die Masse dem Nachlaßpfleger von den Nachlaßgläubigern nicht weggepfändet werden kann, sodaß es an Masse zur Deckung der Kosten der Nachlaßpflegschaft, insbesondere auch der Auslagen und des Honorars des Nachlaßpflegers, fehlen würde, kann das Gericht dem Pfleger auf seinen Antrag gestatten, daß er einen bestimmten Betrag aus der Barmasse vorschußweise als Honorar vereinnahmt. Bei der Festsetzung der Vergütung ist dem Pfleger dann aufzuerlegen, aus dem vereinnahmten Betrage auch die Gerichtskosten zu decken. Hierauf hat der Nachlaßpfleger überhaupt während der Führung der Pflegschaft zu achten, daß er stets einen zur Deckung der Gerichtskosten ausreichenden Betrag zurückhält. Bei der Übersendung der Bestallung pflegt ihm dies auch aufgegeben zu werden. Gegen die Festsetzung der Vergütung steht dem Pfleger, jedem Erben und jedem Nachlaßgläubiger (KGJ. 33 A 312) die Beschwerde zu. Die Festsetzung kann auch nach Aufhebung der Pflegschaft erfolgen. Abreden der Beteiligten über die Höhe der Vergütung sind vom Nachlaßgericht nicht zu berücksichtigen (OLG. 18, 294). Ist der Nachlaßpfleger im Besitze des Nachlasses, so entnimmt er die ihm bewilligte Vergütung dem Nachlasse, anderenfalls muß er, wenn die Erben die Zahlung verweigern, auf Grund der Festsetzung beim Prozeßgericht klagen (KGJ. 27 A 180).

---

[1]) Nach § 32 Reichserbschaftssteuergesetzes haften Nachlaßpfleger persönlich für die Erbschaftssteuer, wenn sie vor deren Berichtigung oder Sicherstellung die Erbschaft, einzelne Erbteile oder Vermächtnisse ausantworten und die Beitreibung von dem Steuerpflichtigen nicht erfolgen kann. Kommt es nicht zur Ausantwortung des Nachlasses an die Erben, sondern wird der Nachlaß bei der öffentlichen Hinterlegungsstelle hinterlegt, so sichert sich der Nachlaßpfleger gegen die persönliche Haftung für die Erbschaftssteuer, indem er den Nachlaß mit der Maßgabe hinterlegt, daß er den legitimierten Erben nur gegen den Nachweis der Zahlung der Steuer ausgehändigt wird.

Der Anspruch auf Erstattung der Auslagen des Pflegers richtet sich nach den für den Auftrag geltenden Vorschriften der §§ 669, 670 BGB.; er entsteht unabhängig von einer Festsetzung des Nachlaßgerichts und ist nicht bei diesem, sondern gegen die Erben geltend zu machen und erforderlichenfalls im Prozeßwege gegen sie zu verfolgen. Dadurch wird allerdings nicht ausgeschlossen, daß das Nachlaßgericht auch eine sachliche Prüfung der vom Pfleger in Ansatz gebrachten persönlichen Auslagen vornimmt und deren Richtigkeit in gewisser Höhe anerkennt. Diese Tätigkeit ist aber nicht, wie die Festsetzung der Vergütung, anspruchserzeugend, sondern lediglich ein Akt der Vermittelung der Rechnungsabnahme im Sinne des § 1892 Abs. 2 BGB., und die Feststellung der Auslagen durch das Nachlaßgericht hat lediglich die Bedeutung einer gutachtlichen Äußerung. Von dieser kann das zur Entscheidung von Streitigkeiten zwischen dem Pfleger und den Erben über die Erstattungsfähigkeit und die Höhe der Auslagen berufene Prozeßgericht abgehen, während die Festsetzung der Vergütung für das Prozeßgericht maßgebend ist. Dieser verschiedene Charakter der beiden Ansprüche des Pflegers verbietet auch die Festsetzung beider in einer Pauschalsumme (vgl. KGJ. 27 A 179, 29 A 22). Ein als Pfleger bestellter Rechtsanwalt hat keinen Anspruch auf Schreibgebühren nach der Rechtsanwaltsgebührenordnung (OLG. 7, 358).

§ 5.

Nachlaßverwaltung.

Die Nachlaßverwaltung ist eine Nachlaßpflegschaft zum Zwecke der Befriedigung der Nachlaßgläubiger (§ 1975 BGB.). Sie ist ein Mittel zur Herbeiführung der beschränkten Haftung, dient aber nicht nur dem Interesse des Erben, sondern auch den Interessen der Nachlaßgläubiger.

1. Die Voraussetzungen der Anordnung der Nachlaßverwaltung.

Die Nachlaßverwaltung wird nur auf Antrag angeordnet und zwar des Erben oder eines Nachlaßgläubigers (§ 1981 BGB.).

Das Antragsrecht des Erben. Wenn der Erbe die Anordnung der Nachlaßverwaltung beantragt, ist sie vom Nachlaßgericht ohne weiteres anzuordnen. Sind mehrere Erben vorhanden, so kann die Nachlaßverwaltung von den Erben nur gemeinschaftlich beantragt werden (§ 2062 BGB.). Der Antrag ist an keine Frist gebunden, aber unzulässig, wenn der Erbe für die Nachlaßverbindlichkeiten unbeschränkt haftet[1]) (§ 2013 BGB.) oder wenn der Nachlaß geteilt ist (§ 2062 BGB.). Eine Frau bedarf zur Stellung des Antrages nicht der Zustimmung des Ehemannes. Ist eine Ehefrau die Erbin und liegen hinsichtlich der Erbin die Voraussetzungen des § 2008 BGB. vor, so ist auch der Ehemann zur Stellung des Antrages legitimiert. Hat der Erbe die Erbschaft verkauft, so ist an seiner Stelle der Käufer zu dem Antrage berechtigt (§ 2383 BGB.). Dem Verkäufer steht jedoch wegen der Fortdauer seiner Haftung das Antragsrecht neben dem Käufer in derselben Weise zu wie einem Nachlaßgläubiger. Der Nacherbe kann den Antrag erst mit dem Eintritte des Falles der Nach-

[1]) Einen Anlaß zu Ermittelungen nach dieser Richtung wird das Nachlaßgericht nur dann haben, wenn es dem Erben eine Inventarfrist gesetzt hat und diese verstrichen ist, ohne daß ein Inventar eingegangen ist.

erbfolge stellen (§ 2144 BGB.). Der Nachlaßpfleger und der Testamentsvollstrecker sind nicht antragsberechtigt. Das Vorhandensein eines verwaltenden TV. steht dem Antrage des Erben nicht entgegen.

Der Erbe kann nach KGJ. 31 A 73 die Nachlaßverwaltung schon vor Annahme der Erbschaft beantragen.

Die Erbeneigenschaft braucht bei Stellung des Antrages nicht notwendig durch einen Erbschein nachgewiesen zu werden. Es genügt, wenn sich aus einem offenbar gültigen Testament oder aus den klaren tatsächlichen Verhältnissen die Person des berufenen Erben ergibt. Das Nachlaßgericht kann erforderlichenfalls auch von dem die Verhältnisse angebenden Erben die Richtigkeit seiner Angaben an Eidesstatt versichern lassen, ohne die strengeren Anforderungen des Erbeslegitimationsverfahrens zu stellen.

Das Antragsrecht des Nachlaßgläubigers. Jeder Nachlaßgläubiger, auch der einzige Nachlaßgläubiger,[1]) kann den Antrag stellen. Der Antrag muß binnen 2 Jahren seit der Annahme der Erbschaft gestellt werden. Weitere Voraussetzung ist, daß Grund zu der Annahme besteht, daß die Befriedigung der Nachlaßgläubiger aus dem Nachlasse durch das Verhalten oder die Vermögenslage des Erben (auch eines Miterben RJA. 7, 18)[2]) gefährdet wird (§ 1981 Abs. 2 BGB.). Die in der Literatur vertretene Ansicht, daß eine Gefährdung der Befriedigung durch den verwaltenden Testamentsvollstrecker einer Gefährdung durch den Erben gleichsteht, läßt sich aus dem Gesetze nicht begründen. In solchen Fällen mögen sich der Erbe und Nachlaßgläubiger durch den Antrag auf Entlassung des TV. oder durch Anträge beim Prozeßgericht helfen. Die Forderung des Antragstellers und die sonstigen Voraussetzungen sind dem Nachlaßgericht glaubhaft zu machen (RJA. 8, 31), letztere auch von Amts wegen nach § 12 FGG. festzustellen (KGJ. 44 A 73). Die Anordnung der Nachlaßverwaltung kann durch Sicherheitsleistung des Erben abgewendet werden (RJA. 7, 18). Die Verteilung des Nachlasses unter die Erben steht der Anordnung nicht entgegen, da die Vorschrift des § 2062 BGB. sich nur auf die vom Erben beantragte Nachlaßverwaltung bezieht.

Die Anordnung der Nachlaßverwaltung kann abgelehnt werden, wenn eine den Kosten entsprechende Masse nicht vorhanden ist (§ 1982 BGB.). Nach KG. in OLG. 11, 227 genügt es schon, daß die Kosten einen unverhältnismäßig großen Teil der Masse in Anspruch nehmen und das Befriedigungsobjekt zum Nachteil der Gesamtheit der Gläubiger übermäßig verringern würden. Der Antragsteller kann die Ablehnung durch Vorschußleistung verhindern. Bei der Veranschlagung der Kosten der Nachlaßverwaltung ist zu beachten, daß nach § 84 Pr. GKG. bei der Nachlaßverwaltung ein Abzug der Schulden nicht stattfindet, wodurch die Kosten, insbesondere wenn Grundstücke zum Nachlasse gehören, meist recht erheblich sind. Nicht zulässig ist das vielfach geübte Verfahren, sofort nach Eingang des Antrages einen Kostenvorschuß vom Antragsteller zu erfordern. Das Nachlaßgericht hat vielmehr von Amts wegen festzustellen, ob die vorhandene Masse, mag auch bares Geld nicht da sein, den voraussichtlichen Kosten entspricht. Es wird zu diesem Zwecke zunächst ein Nachlaßverzeichnis einfordern und er-

---

[1]) Auch ein Miterbe, wenn er Nachlaßgläubiger ist (KGJ. 44 A 72).

[2]) Bloße Säumnis des Erben in der Bezahlung der Schulden ist noch keine Gefährdung im Sinne des § 1981 Abs. 2. OLG. 14, 290. Das Gleiche gilt, wenn lediglich der dem Antragsteller zustehende Anspruch auf eine Individualleistung durch das Verhalten des Erben gefährdet wird (KGJ. 43 A 79).

forderlichenfalls über das Verzeichnis mit dem Antragsteller mündlich verhandeln. Erst wenn die Prüfung ergeben hat, daß die Masse den Kosten nicht entspricht, darf es den Vorschuß mit der Androhung der Ablehnung des Antrages im Falle der Nichtzahlung erfordern.

2. Die Anordnung der Nachlaßverwaltung.

Die Nachlaßverwaltung ist eine Nachlaßpflegschaft, und es finden deshalb die für die Pflegschaft geltenden Vorschriften, soweit das Gesetz keine Ausnahmen enthält, Anwendung.

Die Nachlaßverwaltung wird vom Nachlaßgericht durch besondere Verfügung angeordnet, die mit Rücksicht auf § 76 FGG. förmlich zuzustellen ist. In der Rechtsprechung wird zwar die stillschweigende Anordnung der Nachlaßverwaltung, insbesondere durch Bestellung des Nachlaßverwalters, für möglich erklärt (RJA. 8, 29; KGJ. 35 A 73; OLG. 16, 259), aber da das Gesetz bei der Nachlaßverwaltung im Gegensatze zu sonstigen Pflegschaften von einer besonderen Anordnung der Nachlaßverwaltung spricht, da der Zeitpunkt der Anordnung wegen des Verlustes der Verwaltungs- und Verfügungsbefugnis des Erben genau festgestellt werden muß, endlich auch gegen die Anordnung im Falle des § 76 Abs. 2 FGG. die an eine Frist gebundene sofortige Beschwerde zulässig ist, muß die förmliche Anordnung der Nachlaßverwaltung und ihre Zustellung für notwendig erachtet werden. An die Anordnung der Nachlaßverwaltung schließt sich die Bestellung des Nachlaßverwalters, der zum „Verwalter des Nachlasses des . . . . . .“ bestellt wird.[1])

Nach § 1983 BGB. hat das Nachlaßgericht die Anordnung der Nachlaßverwaltung durch das für seine Bekanntmachungen bestimmte Blatt zu veröffentlichen. Mit der Veröffentlichung empfiehlt es sich bis zur Bestellung des Nachlaßverwalters zu warten, da sein Name zweckmäßig mitveröffentlicht wird. Sollte das Nachlaßgericht freilich auf die Namhaftmachung eines Verwalters durch den Gemeindewaisenrat angewiesen sein, so wird es hiervon absehen müssen.

Eine Pflicht zur Übernahme des Amtes als Nachlaßverwalter besteht nicht (§ 1981 Abs. 3 BGB.). Die Bestellung mehrerer Nachlaßverwalter ist zulässig. Hinsichtlich der Person des Nachlaßverwalters gilt das vom Nachlaßpfleger Gesagte. Der Nachlaßverwalter muß ein unbedingt unbefangener Dritter sein, also eine Person, die weder

---

[1]) B.

1. Beschluß.

Die Verwaltung des Nachlasses des am 10. Januar 1913 verstorbenen, in Berlin wohnhaft gewesenen Rentners Emil Krause wird angeordnet.

Berlin, den 1. Februar 1913.

Kgl. Amtsgericht Berlin-Mitte. Abt. 168.

Richter.

2. Beschluß zuzustellen dem Antragsteller und folgenden Erben:
3. Zu laden zur Verpflichtung als Nachlaßverwalter ....

Nach Bestellung des Verwalters.

1. Dem Nachlaßverwalter ist eine Bestallung zu erteilen.
2. Öffentliche Bekanntmachung.
3. Nachricht von der Bestellung dem Antragsteller.
4. Nach 2 Wochen (Bericht).

zu den Erben noch zu den Nachlaßgläubigern in Beziehungen steht, die seine Unbefangenheit trüben könnten.

Hinsichtlich der gegen die Anordnung der Nachlaßverwaltung zulässigen Beschwerde vgl. § 76 FGG. Liegen die Voraussetzungen zur Zeit der Anordnung vor, so ist ihr späterer Wegfall kein Grund, sie wieder aufzuheben. Wird gegen die Anordnung einer Nachlaßverwaltung die sofortige Beschwerde eingelegt, so hat das Beschwerdegericht nur zu prüfen, ob die Voraussetzungen für die Nachlaßverwaltung zur Zeit ihrer Anordnung gegeben waren (KGJ. 35 A 72).[1])

3. Die Geschäftsführung des Nachlaßverwalters.

Der Nachlaßverwalter hat den Nachlaß zu verwalten und die Nachlaßverbindlichkeiten aus dem Nachlasse zu berichtigen (§ 1985 BGB.). Hiermit sind seine wesentlichsten Aufgaben, aber nicht alle ihm obliegenden Aufgaben angegeben.

Der Nachlaßverwalter hat sich zunächst in den Besitz des Nachlasses zu setzen, nötigenfalls im Wege der Klage, und ein Verzeichnis des Nachlasses mit der in § 1802 BGB. vorgeschriebenen Versicherung dem Nachlaßgericht einzureichen, unter Umständen auch zur Anfertigung einer kaufmännischen Bilanz zu schreiten. Wegen der mündelsicheren Anlegung des baren Geldes, soweit es nicht sofort zur Berichtigung der Nachlaßverbindlichkeiten oder zur Bestreitung von Verwaltungskosten zu verwenden ist, wegen der Aufbewahrung des Vermögens und der Notwendigkeit, für gewisse Geschäfte die Genehmigung des Nachlaßgerichts einzuholen, gilt das von der Nachlaßpflegschaft Gesagte. Dem Nachlaßverwalter wird das Armenrecht nicht bewilligt (RG. 65, 287). Der Nachlaßverwalter ist berechtigt, über den Nachlaß zu verfügen und ihn, soweit es zur Berichtigung von Nachlaßverbindlichkeiten oder aus anderen Gründen erforderlich oder zweckmäßig ist, in Geld umzusetzen. Bei allen seinen Verwaltungshandlungen hat der Nachlaßverwalter den Zweck der Verwaltung: die Befriedigung der Nachlaßgläubiger, vor Augen zu haben. Ein Handeln gegen diesen Zweck kann aber nur Anlaß zum Eingreifen des Nachlaßgerichts als Aufsichtsstelle geben, während Dritten gegenüber der Verwalter unbeschränkte Verwaltungsmacht hat und daher weder der von ihm verklagte Nachlaßschuldner, auch wenn er Erbe oder Miterbe ist, im Rechtsstreit einwenden kann, die Einziehung der betr. Schuld erfolge nicht zum Zwecke der Berichtigung von Nachlaßverbindlichkeiten, noch das Prozeßgericht dies prüfen darf (RG. 72, 260). Der Nachlaßverwalter muß sich stets bewußt bleiben, daß er eine ihm durch das Gesetz vorgeschriebene Aufgabe durchzuführen hat, daß er kein Vertreter oder Beauftragter der Erben ist oder deren Interessen wahrzunehmen hat. Er hat daher von den Erben keinerlei Anweisungen für seine Geschäftsführung entgegenzunehmen oder zu beachten. Wünsche der Erben, insbesondere soweit es sich um die Erhaltung bestimmter Nachlaßgegenstände handelt, wird er berücksichtigen, soweit die Berücksichtigung nicht seiner Hauptaufgabe zuwiderläuft. Unterhalt kann der Erbe während der Dauer der Nachlaßverwaltung nicht aus dem Nachlasse beanspruchen, da das BGB. eine dem § 129 KO. entsprechende Vorschrift nicht hat.

Bei der Berichtigung der Nachlaßverbindlichkeiten hat der Nachlaßverwalter die

---

[1]) Den Eintritt der Voraussetzungen erst nach der Anordnung hat das Beschwerdegericht zu beachten (KGJ. 44 A 73).

Vorschriften der §§ 1979, 1980 BGB. zu beachten. Von dem Rechte, das Aufgebot der Nachlaßgläubiger zu beantragen, wird er in der Regel Gebrauch machen.[1])

Die Anordnung der Nachlaßverwaltung ist eine sehr einschneidende Maßregel, da sie dem Erben den Besitz des Nachlasses sowie die Verwaltungs- und Verfügungsbefugnis entzieht (§ 1984 BGB.). Der Nachlaßrichter muß daher, wenn er in die Lage kommt, Erben darüber beraten, ob sie die Nachlaßverwaltung beantragen sollen, ganz besonders vorsichtig sein und auf die einschneidenden Wirkungen der Nachlaßverwaltung hinweisen. Eine Nachlaßverwaltung ist sehr schnell beantragt und angeordnet, aber ihre Aufhebung ist nach dem Gesetze erst nach völliger Durchführung ihrer Aufgabe zulässig. Dies hat schon mancher Erbe, der schlecht beraten war, zu spät erfahren.

4. Die Beendigung der Nachlaßverwaltung.

Die Nachlaßverwaltung endigt kraft Gesetzes mit der Eröffnung des Nachlaßkonkurses (§ 1988 Abs. 1 BGB.).

Sonst endigt sie nur mit der Aufhebung durch das Nachlaßgericht (vgl. RG. 72, 264). Die Nachlaßverwaltung ist aufzuheben, wenn der Grund für ihre Anordnung weggefallen ist (§ 1919 BGB.), also wenn die bekannten Nachlaßverbindlichkeiten berichtigt oder gemäß § 1986 Abs. 2 BGB. sicher gestellt sind.[2]) Ist die Nachlaßverwaltung einmal angeordnet, so ist sie bis zur Erledigung ihrer Aufgabe durchzuführen (KGJ. 42 A 94). Daß die Voraussetzungen für die Aufhebung gegeben sind, hat der Verwalter durch Legung der Schlußrechnung darzutun. Ist die Schlußrechnung[3]) nach rechnungsmäßiger und sachlicher Prüfung für richtig befunden, insbesondere die Zahlung der Nachlaßschulden durch Quittungen oder in anderer Weise nachgewiesen, so wird die Nachlaßverwaltung durch Verfügung des Nachlaßgerichts aufgehoben. Der Aufhebungsbeschluß ist den Erben und, wenn ein Nachlaßgläubiger die Nachlaßverwaltung beantragt hat, auch ihm zuzustellen. Die Nachlaßgläubiger hat der Verwalter nicht wegen Abgabe von Entlastungserklärungen anzugehen, sondern nur die Erben oder den verwaltenden TV., denen der Nachlaß ausgeantwortet wird. Falls eine Vermittelung der Abnahme der Schlußrechnung nach § 1892 Abs. 2 BGB. stattzufinden hat, sind hierzu nur der Verwalter und die Erben bezw. der verwaltende TV. zuzuziehen.

Ist die Nachlaßverwaltung aufgehoben, so hat der Verwalter den Nachlaß den

---

[1]) Der Nachlaßverwalter kann trotz Überschuldung des Nachlasses von der Herbeiführung der Eröffnung des Nachlaßkonkurses dann Abstand nehmen, wenn sich die Nachlaßgläubiger mit ihm dahin einigen, daß sie ohne Eröffnung des Konkurses verhältnismäßige Befriedigung aus dem Nachlasse erhalten sollen. Hierbei braucht auf die bloße Möglichkeit, daß sich außer den in gehöriger Weise ermittelten Gläubigern noch weitere finden könnten, keine Rücksicht genommen zu werden (KGJ. 30 A 297).

[2]) Auch im Falle der Erbschaftsausschlagung durch den Antragsteller ist die Nachlaßverwaltung aufzuheben (KGJ. 31 A 73).

[3]) Die Ordnungsmäßigkeit der von dem Verwalter nach Beendigung seines Amtes zu legenden Rechnung ist nicht nach den allgemeinen Vorschriften über die Rechnungslegung, sondern nach den besonderen Bestimmungen über die von dem Vormunde während der Dauer seines Amtes zu legenden Rechnungen zu beurteilen. Wird ein Erwerbsgeschäft mit kaufmännischer Buchführung betrieben, so genügt die aus den Büchern gezogene Bilanz auch als Schlußrechnung (KGJ. 37 A 110).

Erben auszuantworten[1]) und zwar entweder den Erben zusammen oder einem gemeinsamen Bevollmächtigten.[2]) Zur Verteilung des Nachlasses unter die Erben ist der Verwalter nicht berechtigt. Kann er sich des Nachlasses nicht in der angegebenen Weise entledigen, so muß er den Nachlaß hinterlegen. Die Nachlaßverwaltung **kann** aufgehoben werden, wenn sich ergibt, daß eine den Kosten entsprechende Masse nicht vorhanden ist (§ 1988 Abs. 2 BGB.). Die Aufhebung aus diesem Grunde kann durch Zahlung eines Vorschusses abgewendet werden. Der Nachlaßrichter wird deshalb, wenn er die Aufhebung der Nachlaßverwaltung auf Grund des § 1988 Abs. 2 BGB. beabsichtigt, zunächst dem Antragsteller eine Frist zur Einzahlung eines Vorschusses setzen.

Ein Nachlaßgläubiger kann nicht die Aufhebung einer auf den Antrag des Erben angeordneten Nachlaßverwaltung dadurch erzielen, daß er bei dem Nachlaßgericht die Aufhebung mit der Begründung beantragt, es sei bereits zur Zeit der Anordnung der Nachlaßverwaltung eine den Kosten entsprechende Masse nicht vorhanden gewesen, und daß er alsdann gegen die eine solche Aufhebung ablehnende Verfügung des Nachlaßgerichts die Beschwerde einlegt; eine derartige Beschwerde ist vielmehr als unzulässig zu verwerfen (KGJ. 36 A 70).

Auch durch die Zurücknahme des Antrages auf Anordnung der Nachlaßverwaltung durch den Antragsteller — Erben oder Nachlaßgläubiger — kann die Aufhebung der Nachlaßverwaltung nicht herbeigeführt werden (KGJ. 42 A 94).

In der Praxis ist mehrfach und auch mit Erfolg der Versuch gemacht worden, das Nachlaßgericht dadurch zur Aufhebung der Nachlaßverwaltung zu veranlassen, daß sämtliche Erben und sämtliche Nachlaßgläubiger übereinstimmend ihr Einverständnis mit der Aufhebung erklären und sie beantragen. Eine Aufhebung aus diesem Grunde ist unzulässig. Es ist — von den besprochenen Ausnahmen abgesehen — an dem Grundsatze festzuhalten, daß nur die völlige Erledigung der gesetzlichen Aufgaben der Nachlaßverwaltung die Aufhebung rechtfertigt.

Nach § 1987 BGB. kann der Nachlaßverwalter für die Führung seines Amtes eine angemessene Vergütung verlangen (vgl. hierzu im übrigen S. 880, 881).

§ 6.
Testamentsvollstrecker.

Der TV. hat dem Nachlaßgericht gegenüber eine freie und selbständige Stellung. Er unterliegt bei der Führung seines Amtes nicht einer allgemeinen gerichtlichen Aufsicht wie der Vormund, eine solche kann auch vom Erblasser nicht wirksam angeordnet werden (OLG. 7, 360; 14, 302). Bei dem Beginne des Amtes findet keine gerichtliche Verpflichtung oder Bestellung oder Besitzeinweisung statt. Seine Ernennung bedarf keiner gerichtlichen Bestätigung.[3])

[1]) Nach § 1986 Abs. 1 und seiner Stellung im Abschnitt muß eine Ausantwortung des Nachlasses an die Erben auch schon vor der Aufhebung der Nachlaßverwaltung zulässig erscheinen. Da jedoch die Voraussetzung des Gesetzes für die Ausantwortung des Nachlasses gleichzeitig der regelmäßige Grund für die Aufhebung der Nachlaßverwaltung ist, wird die Ausantwortung des Nachlasses vor Aufhebung der Nachlaßverwaltung kaum vorkommen.

[2]) Vgl. wegen des Nachweises der Erbeneigenschaft S. 878, 879.

[3]) Häufig wenden sich Erben an das Nachlaßgericht mit dem Antrage, den TV. zur Erfüllung seiner Pflichten anzuhalten oder ihn über seine Pflichten zu belehren, oder sie führen Klage über die Art seiner Geschäftsführung, über die Unzweckmäßigkeit einzelner Geschäfte oder sonstiger

Eine Mitwirkung des Nachlaßgerichts bei der Testamentsvollstreckung findet nur in den gesetzlich bestimmten Fällen statt.[1]) Das Nachlaßgericht hat gewisse, die Testamentsvollstreckung betreffende Erklärungen entgegenzunehmen, bestimmte Anordnungen zu treffen und dem TV. das Testamentsvollstreckerzeugnis zu erteilen. Das Testamentsvollstreckerzeugnis ist in § 13 behandelt.

1. Entgegennahme von Erklärungen durch das Nachlaßgericht.

a) Annahme, Ablehnung und Kündigung des Amtes. §§ 2202, 2226 BGB.

Zur Wirksamkeit der Erklärungen ist ihre Abgabe gegenüber dem Nachlaßgericht erforderlich. Eine besondere Form ist nicht vorgeschrieben, die Erklärung kann schriftlich oder mündlich, zu Protokoll des Richters oder des Gerichtsschreibers abgegeben werden. Eine zu Protokoll eines Richters oder Gerichtsschreibers eines anderen Gerichts als des Nachlaßgerichts abgegebene Erklärung wird erst mit dem Eingange beim Nachlaßgericht wirksam. Auch eine mündlich — ohne Aufnahme eines Protokolls — dem Nachlaßrichter gegenüber abgegebene Erklärung ist wirksam. Durch bloße schlüssige Handlungen, z. B. durch Besorgung von Geschäften der Testamentsvollstreckung, kann das Amt nicht angenommen werden, sondern nur durch eine Erklärung gegenüber dem Nachlaßgericht. Diese Erklärung braucht aber nicht in dem Sinne eine ausdrückliche zu sein, daß sie gerade und ausschließlich darauf abzielt, den Willen der Amtsübernahme zum Ausdruck zu bringen; es genügt, wenn eine Erklärung gegenüber dem Nachlaßgericht abgegeben wird, welche, wenn auch in anderem Zusammenhange, dem Willen des Berufenen, das Amt anzunehmen, einen deutlich erkennbaren Ausdruck gibt, z. B. durch den Antrag auf Erteilung eines Testamentsvollstreckerzeugnisses oder auf Erteilung von Urkundenabschriften unter Berufung auf die Eigenschaft als TV. (vgl. E. d. RG. vom 4. Jan. 1913, JW. 1913 S. 380). Diese Grundsätze müssen auch für die Ablehnung und Kündigung des Amtes gelten.

Annahme, Ablehnung. Die Erklärungen können erst nach dem Eintritte des Erbfalls abgegeben werden; vorherige Testamentseröffnung ist nicht erforderlich. Sie sind unwirksam, wenn sie unter einer Bedingung oder einer Zeitbestimmung abgegeben werden (§ 2202 Abs. 2 BGB.). Die Erklärungen sind unwiderruflich (KGJ. 29 A 45). Sie können auch durch einen Bevollmächtigten abgegeben werden (OLG. 10, 452). Eine gesetzliche Annahmepflicht besteht nicht. Jedoch kann durch Vertrag eine Verpflichtung zur Übernahme des Amtes begründet werden. Aus einem solchen Vertrage kann nur auf Schadensersatz oder Zahlung einer Vertragsstrafe, nicht auf Annahme geklagt werden (streitig).

Das Nachlaßgericht hat jede Annahme- und Ablehnungserklärung entgegenzunehmen und bei den Akten zu behalten. Zu einer Prüfung der Rechtsgültigkeit der Erklärung ist es nur im Falle der Erteilung eines Testamentsvollstreckerzeugnisses verpflichtet,

---

Verwaltungshandlungen. In allen solchen Fällen ist für ein Einschreiten des Nachlaßgerichts kein Raum. Das Nachlaßgericht kann die Antragsteller nur darauf hinweisen, daß die Geschäftsführung des TV. nicht der Aufsicht des Nachlaßgerichts untersteht, und ihnen anheimstellen, ihre Rechte im Wege des Zivilprozesses geltend zu machen. In geeigneten Fällen wird das Nachlaßgericht die Antragsteller auf die Möglichkeit, die Entlassung des TV. zu beantragen, aufmerksam machen

[1]) Die Festsetzung der Vergütung des TV. ist nicht Sache des Nachlaßgerichts (KGJ. 28 A 54).

aber auch sonst wird es außer der Entgegennahme noch eine weitere Tätigkeit entfalten. Es veranlaßt, wenn eine Annahmeerklärung eingeht, die Beifügung der Testamentsakten, und führt, wenn das Testament noch nicht eingereicht oder eröffnet ist, die Einreichung oder Eröffnung herbei. Ergibt das Testament, daß der Annehmende ernannt ist, so legt es die Akten weg. Hat es dagegen Zweifel an der Rechtswirksamkeit der Annahme, sei es, weil es gegen die Gültigkeit des Testaments oder der Ernennung des TV. Bedenken hat, sei es, weil es ihn als noch nicht berufen ansieht, so entspricht es dem nobile officium des Nachlaßrichters, den Annehmenden auf diese Bedenken hinzuweisen. Wird das Amt abgelehnt, so prüft das Nachlaßgericht das Testament daraufhin, ob in diesem Falle das Testament die Ernennung eines TV. durch das Nachlaßgericht vorsieht. Zur Benachrichtigung der Erben von der Annahme oder Ablehnung ist das Nachlaßgericht nicht verpflichtet.

Das Nachlaßgericht hat auf Antrag gemäß Art. 31 Pr. FGG. eine Bescheinigung dahin zu erteilen, daß und wann die Erklärung einer namentlich bezeichneten Person, sie habe das Amt als TV. angenommen oder abgelehnt, bei dem Gericht eingegangen ist (KGJ. 22 B 32). Diese Bescheinigung darf kein Urteil über die Wirksamkeit der Ernennung oder der Annahme oder Ablehnung des Amtes enthalten. Ist die Erklärung unbeglaubigt, so muß dies zur Abwendung der Verantwortung des Nachlaßgerichts für die Echtheit der Erklärung in der Bescheinigung kenntlich gemacht werden.[1]) Wegen des Zeugnisses über die Annahme des TV.-Amtes vgl. S. 950.

Kündigung. Der TV. kann das Amt jederzeit kündigen (§ 2226 BGB.). Auf die Rechtswirksamkeit der Kündigung ist es ohne Einfluß, ob der TV. vertragsmäßig zur Annahme und Führung des Amtes verpflichtet ist und eine ungerechtfertigte Kündigung ihn schadensersatzpflichtig macht. Jede Erklärung, die zum Ausdrucke bringt, daß der TV. das angenommene Amt nicht fortführen will, z. B. die Niederlegung oder die Ablehnung des Amtes, ist als Kündigung anzusehen. Die Kündigung kann im Gegensatze zur Annahme und Ablehnung bedingt und befristet ausgesprochen werden. Wenn das Amt, wie es häufig vorkommt, zu einem bestimmten Tage gekündigt wird, wird die Kündigung erst mit diesem Tage wirksam. Ist eine Ehefrau TV., so kann nur sie, nicht auch ihr Ehemann kündigen. Der TV. soll nicht zur Unzeit kündigen (vgl. §§ 2226 Satz 3, 671 Abs. 2, 3). Aber auch eine Kündigung zur Unzeit ist wirksam. Nach dem Eingange der Kündigung prüft der Nachlaßrichter, ob nach dem Testament ein TV. durch das Nachlaßgericht zu ernennen ist, und fordert ein etwa erteiltes TV.-Zeugnis zurück. Die Erben, Mittestamentsvollstrecker oder Nachfolger von der Kündigung zu benachrichtigen, ist das Nachlaßgericht nicht verpflichtet. Einer Bitte des Kündigenden um eine solche Benachrichtigung wird es aber stattgeben.

b) Bestimmung eines TV. durch einen Dritten oder den im Amte befindlichen TV. §§ 2198, 2199 BGB.

Hat der Erblasser die Bestimmung der Person des TV. einem Dritten [2]) über-

---

[1]) Bezüglich der Fassung der Bescheinigung vgl. S. 866 Anm. 2.

[2]) Als Dritter kann auch das Vormundschaftsgericht in Frage kommen, insbesondere wenn ein vor dem 1. Jan. 1900 verstorbener Erblasser zur Beschränkung des volljährigen Erben in der Verfügung über sein Erbteil die Einleitung einer Pflegschaft angeordnet hat und hierin wegen Unzulässigkeit einer solchen Pflegschaft nach dem BGB. das Ersuchen des Erblassers an das Vormundschaftsgericht, einen TV. zu ernennen, gefunden wird (KGJ. 31 A 86).

lassen oder den TV. ermächtigt, einen oder mehrere Mitvollstrecker oder einen Nachfolger zu ernennen, so erfolgt die Bestimmung durch Erklärung gegenüber dem Nachlaßgericht und zwar in öffentlich beglaubigter Form (vgl. S. 865). §§ 2198, 2199 BGB. Die Formvorschrift des § 2198 Abs. 1 Satz 2 BGB. ist zwingender Natur. Erst mit dem Eingange beim Nachlaßgericht wird die Erklärung wirksam, auch wenn der Erblasser Abweichendes bestimmt hat. Der Erblasser kann nicht etwa anordnen, daß schon der Abgabe der Erklärung zum Protokoll eines Notars die Bedeutung einer Ernennung im Sinne des § 2198 beiwohnen solle. Geht das vor Beendigung des Amtes des TV. errichtete Protokoll, in dem der im Amte befindliche TV. einen Mitvollstrecker oder Nachfolger ernannt hat, erst nach der Beendigung des Amtes bei dem Nachlaßgericht ein, so liegt eine gültige Ernennung nicht vor (KGJ. 31 A 90).

Ist die Erklärung dem Nachlaßgericht zugegangen und damit wirksam geworden, so ist sie unwiderruflich (vgl. S. 864). Das Nachlaßgericht nimmt die Erklärung entgegen, ohne weiteres, insbesondere eine Benachrichtigung der Erben, zu veranlassen. Ist sie wegen Formmangels unwirksam oder hat das Nachlaßgericht auf Grund des Testaments sonstige Bedenken gegen die Wirksamkeit der Erklärung, so entspricht es dem nobile officium des Nachlaßrichters, den Erklärenden hierauf hinzuweisen. Eine Prüfungspflicht liegt dem Nachlaßgericht nur ob, wenn ein TV.-Zeugnis beantragt ist.

2. Ernennung des TV. durch das Nachlaßgericht (§ 2200 BGB.).

Hat der Erblasser in dem Testamente das Nachlaßgericht ersucht, einen TV. zu ernennen, so kann das Nachlaßgericht die Ernennung vornehmen. Eine unbedingte Verpflichtung besteht für das Nachlaßgericht nicht, es wird aber, wenn es nach pflichtmäßigem vernünftigen Ermessen ein Bedürfnis anerkennt, dem Ersuchen nachkommen müssen.

Das Ersuchen des Erblassers an das Nachlaßgericht braucht nicht ausdrücklich ausgesprochen zu sein, es genügt, wenn sich die Anordnung aus dem Gesamtinhalte der letztwilligen Verfügung unzweideutig ergibt, wenn also in ihr der Wille des Erblassers ausgedrückt ist, daß das Gericht einen Vollstrecker entweder von vornherein oder beim Eintritt gewisser Fälle ernenne (KGJ. 20 A 27). Ein solches stillschweigendes, verstecktes Ersuchen ist z. B. dann anzunehmen, wenn der Erblasser eine — jetzt nicht mehr gesetzlich zulässige — Pflegschaft über einen volljährigen Erben zur Beschränkung des Erben in der Verfügung über sein Erbteil anordnet oder wenn er bestimmt, daß dem Erben die Verwaltung seines Erbteils bis zu einem bestimmten nach dem Zeitpunkte der Volljährigkeit liegenden Zeitpunkte oder Ereignisse oder für die Lebenszeit entzogen sein soll. Man wird überhaupt in allen Fällen, in denen die Anordnungen des Erblassers ohne Testamentsvollstreckung nicht verwirklicht werden können, die Anordnung einer Vollstreckung und das Ersuchen an das Nachlaßgericht um Ernennung eines TV. als gegeben ansehen. Dies gilt insbesondere auch für den Fall, daß TV. vom Erblasser ernannt, aber weggefallen und Nachfolger nicht an ihre Stelle getreten sind, sei es, weil sie von der ihnen zustehenden Befugnis, Nachfolger zu ernennen, keinen Gebrauch gemacht haben, sei es, weil der Erblasser für den Fall des Wegfalls der Ernannten keine Bestimmung getroffen hat. Das Nachlaßgericht kann, wie schon angedeutet, auf Grund des § 2200 BGB. auch Nachfolger ernannter TV. und Mitvollstrecker ernennen und auch beim Wegfalle von ihm ernannter TV. einen neuen TV. bestimmen. Auch ein bedingtes oder befristetes Ersuchen des Erblassers ist zulässig. Das Nachlaßgericht hat vor der Ernennung zu prüfen, ob das das Ersuchen enthaltende Testament auch das maßgebende ist und ob es gültig ist, kann sich aber in diesen Beziehungen mit den Angaben der Beteiligten und der Einsicht der Testamentsakten begnügen und wird nur ausnahmsweise, wenn es begründete Bedenken hat, von Amts wegen Ermittelungen anstellen. Hierfür spricht insbesondere, daß der Ernennungsbeschluß nicht bestimmt ist, im Rechtsverkehr als Legitimation verwendet zu werden, wie das Testamentsvollstreckerzeugnis, vor dessen Erteilung der TV. eine eidesstattliche Versicherung über das Vorhandensein anderer Testamente abgeben muß.

In der Auswahl der TV. ist das Nachlaßgericht an sich nicht beschränkt. Hat aber der Erblasser die Entnahme der TV. aus einem bestimmten Kreise von Personen, z. B. aus der Zahl der bei einem bestimmten Amtsgericht beschäftigten Konkursverwalter, angeordnet, so ist eine solche Anordnung zu befolgen, da der Wille des Erblassers für den Nachlaßrichter maßgebend ist. Auch Wünsche des Erblassers hat das Nachlaßgericht nach Möglichkeit zu beachten. Der Nachlaßrichter, der mit der Ernennung des TV. die Verantwortung für dessen Geeignetheit und Zuverlässigkeit übernimmt, muß erforderlichenfalls Erkundigungen über die als TV. in Aussicht genommene Person einziehen, z. B. durch Anfrage beim Gemeindewaisenrat. Solche Anfragen sind natürlich bei Rechtsanwälten, Notaren und sonstigen Staatsbeamten in der Regel nicht am Platze. Beamte und Religionsdiener, die nach den Dienstvorschriften zur Übernahme des Amtes als TV. der Genehmigung ihrer vorgesetzten Dienstbehörde bedürfen, brauchen dem Nachlaßgericht weder anzugeben noch nachzuweisen, daß sie die Genehmigung erhalten haben, da es im Testamentsvollstreckungsrecht an einer dem § 1784 BGB. entsprechenden Vorschrift fehlt. Da die Testamentsvollstreckung nicht eine besondere Art der Pflegschaft ist, kann eine entsprechende Anwendung des § 1784 BGB. nicht in Frage kommen. Es ist deshalb unzulässig, wie es in der Praxis zuweilen geschieht, von dem TV. den Nachweis der Genehmigung zu verlangen.

Vor der Ernennung soll das Nachlaßgericht die Beteiligten hören, wenn es ohne erhebliche Verzögerung und ohne unverhältnismäßige Kosten geschehen kann (§ 2200 Abs. 2 BGB.). Beteiligter ist jeder, der ein rechtliches Interesse an der Testamentsvollstreckung hat, insbesondere also außer den Erben und Vermächtnisnehmern auch die Nachlaßgläubiger. Schriftliche Anhörung der Erben genügt im allgemeinen. Das Nachlaßgericht setzt sich ferner mit dem TV. selbst in Verbindung und vergewissert sich, daß er auch für den Fall der Ernennung das Amt annimmt.

Die Ernennung des TV. erfolgt durch Beschluß, der dem TV. und den Erben zuzustellen ist, und wird mit der Bekanntmachung an den TV. wirksam.[1]) Gegen die die

---

[1]) B.

1. Beschluß.

Der Kaufmann Georg Lehmann in Berlin, Friedenstr. 55 wird auf Grund des Testaments vom 31. Juli 1905 zum Testamentsvollstrecker des am 10. Okt. 1906 verstorbenen, in Berlin, Friedenstr. 10 wohnhaft gewesenen Klempnermeisters Wilhelm Müller ernannt.

Berlin, den 1. Dezember 1906.

Kgl. Amtsgericht Berlin-Mitte. Abt. 168.

Richter.

2. Beschluß zuzustellen:
   a) dem TV.
   b) folgenden Erben:
3. Nach 2 Wochen.

Ernennung enthaltende Verfügung findet nach § 81 FGG. die sofortige Beschwerde statt, zu deren Einlegung der Erbe stets, der TV. dagegen nicht befugt ist, da er das Amt jederzeit ablehnen kann. Die Beschwerde kann auch darauf gestützt werden, daß der Erblasser das Gericht nicht um die Ernennung eines TV. ersucht habe. Die Entscheidung des KG. (KGJ. 31 A 86), wonach über diese Frage im Prozeßwege zu entscheiden ist, bezieht sich auf das alte Recht. Die Entscheidung des Nachlaßgerichts, durch die eine auf Grund des § 2200 BGB. nachgesuchte Ernennung des TV. abgelehnt ist, unterliegt der Beschwerde wenigstens dann, wenn das Nachlaßgericht hierbei erkennbar nicht alle wesentlichen Punkte erwogen hat; die Beschwerde steht auch einem nach dem Testament zum Zinsgenuß eines Nachlaßteils Berechtigten und im Falle der Pfändung und Überweisung des Anspruchs auf den Zinsgenuß dem betreffenden Gläubiger zu (KGJ. 34 A 331 (OLG. Rostock).

Zur Abänderung der Ernennungsverfügung ist das Nachlaßgericht nicht befugt (§ 18 Abs. 2 FGG.). Es ist aber durch sie nicht gebunden, wenn ein Zeugnis beantragt wird oder wegen Unwirksamkeit des die Ernennung anordnenden Testaments, z. B. infolge Aufhebung durch ein späteres Testament, einzuziehen ist (vgl. S. 949).

Ist die für die Einlegung der sofortigen Beschwerde gegen den Ernennungsbeschluß bestimmte Frist von zwei Wochen unbenutzt verstrichen, so verfügt das Nachlaßgericht, ohne den TV. zur Annahme des Amtes aufzufordern, die Weglegung der Akten, es sei denn, daß schon ein TV.-Zeugnis beantragt ist.

3. Fristsetzung zur Bestimmung der Person des TV. (§ 2198 Abs. 2 BGB.).

Trifft der Dritte, dem der Erblasser die Bestimmung der Person des TV. überlassen hat, die Bestimmung nicht oder nicht in der vorgeschriebenen Form, so hat das Nachlaßgericht dem Dritten auf Antrag eines der Beteiligten eine Frist zur Bestimmung zu setzen, mit deren Ablauf das Bestimmungsrecht erlischt. Als Beteiligte sind Erben, Vermächtnisnehmer, die zu dem Verlangen auf Vollziehung einer Auflage Berechtigten und Nachlaßgläubiger anzusehen. Die Frist wird durch Beschluß bestimmt, der dem Dritten und dem Antragsteller zuzustellen ist. Die Dauer der Frist wird vom Nachlaßgericht nach freiem Ermessen festgesetzt, eine solche von zwei Wochen wird in der Regel genügen. Eine Verlängerung der Frist ist unzulässig. Gegen die Fristbestimmung ist die sofortige Beschwerde zulässig (§ 80 FGG.; vgl. RJA. 5, 41). Nach ungenutztem Ablaufe der Frist legt das Nachlaßgericht die Akten weg, ohne die Folgen festzustellen.

Im Falle des § 2199 BGB. findet eine solche Fristbestimmung nicht statt.

4. Bestimmung einer Frist zur Erklärung über die Annahme des Amtes als TV. (§ 2202 Abs. 3 BGB.).

Das Nachlaßgericht kann dem zum TV. Ernannten auf Antrag eines der Beteiligten (s. unter Nr. 3) eine Frist zur Erklärung über die Annahme des Amtes bestimmen. Mit dem Ablaufe der Frist gilt das Amt als abgelehnt, wenn nicht die Annahme vorher erklärt wird. Der Beschluß ist dem TV. und dem Antragsteller zuzustellen. Im übrigen gilt das zu 3 Gesagte. Gegen die Fristbestimmung ist die sofortige Beschwerde nach § 81 FGG. zulässig.

Ist der, dem die Frist bestimmt werden soll, noch nicht zur Ausübung des Amtes berufen, soll er z. B. erst nach dem Wegfall eines anderen TV. oder erst nach dem Eintritt sonstiger Bedingungen das Amt führen, so ist der Antrag auf Fristbestimmung abzulehnen.[1])

5. Außerkraftsetzung von Anordnungen des Erblassers (§ 2216 Abs. 2 BGB.).

Der TV. hat die Anordnungen, die der Erblasser für die Verwaltung des Nachlasses durch letztwillige Verfügung getroffen hat, zu befolgen. Solche Anordnungen des Erblassers können aber durch das Nachlaßgericht außer Kraft gesetzt werden, wenn 1. der TV. oder ein anderer Beteiligter, zu denen die oben Aufgeführten mit Ausnahme der Nachlaßgläubiger gehören, die Außerkraftsetzung beantragt, 2. wenn ihre Befolgung den Nachlaß erheblich gefährden würde. Daß die Voraussetzung zu 2 gegeben ist, muß dem Nachlaßgericht nachgewiesen oder bei mangelndem Nachweise vom Nachlaßgericht von Amts wegen festgestellt werden. Glaubhaftmachung reicht nicht aus. In solchen Fällen kann das Nachlaßgericht auch in die Lage kommen, Zeugen und Sachverständige zu vernehmen. Läßt sich die erhebliche Gefährdung nicht feststellen, so ist der Antrag abzulehnen. Besonders häufig ist in der Praxis der Antrag, das vom Erblasser ausgesprochene Verbot des Verkaufs eines Nachlaßgrundstücks unter einem vom Erblasser festgesetzten, nicht erzielbaren Preise aufzuheben, wenn der Verkauf des Grundstücks notwendig ist (vgl. OLG. 12, 374). Vor der Entscheidung soll das Nachlaßgericht die Beteiligten soweit tunlich hören. Dieser Vorschrift wird das Nachlaßgericht wegen der großen Verantwortung, die es mit seiner Entscheidung übernimmt, in weitestem Umfange nachzukommen bestrebt sein. Schriftliche Anhörung genügt im allgemeinen.

Hat der TV. bereits eigenmächtig den Verwaltungsanordnungen des Erblassers zuwidergehandelt und ist damit die mit den Anordnungen verbunden gewesene erhebliche Gefährdung des Nachlasses beseitigt, so kann das Nachlaßgericht die Anordnungen nicht mehr außer Kraft setzen (RJA. 10, 114). Den Beteiligten steht gegen die Entscheidung die einfache Beschwerde zu; führen mehrere TV. das Amt gemeinschaftlich, so steht jedem TV. die Beschwerde selbständig zu (§ 82 FGG.). Die Entscheidung wird mit der Bekanntmachung an den TV. und die sonstigen Beteiligten wirksam (§ 16 Abs. 2 FGG.) Bei der Wichtigkeit der Entscheidung ist Zustellung des Beschlusses geboten.[2])

---

[1]) V.

1. Beschluß.

In Sachen betr. den Nachlaß des am 15. Okt. 1907 verstorbenen, in Guben wohnhaft gewesenen Fabrikbesitzers Karl Weber wird dem Kaufmann Emil Hartwig in Guben auf den Antrag des Miterben Paul Weber eine Frist von 2 Wochen bestimmt, innerhalb welcher er sich über die Annahme des Amtes als TV. des Karl Weber zu erklären hat.

Guben, den ....

2. Beschluß zustellen dem Hartwig und dem Antragsteller.
3. Nach 2 Wochen.

[2]) V.

1. Beschluß.

In Sachen betr. den Nachlaß des .... wird die von dem Erblasser in seinem Testamente vom .... getroffene Anordnung, daß das zum Nachlasse gehörige Grundstück Bahnhofstr. 5 in Guben nicht unter 150 000 M. verkauft werden soll, auf den Antrag des Testamentsvollstreckers außer Kraft gesetzt.

Guben, den ....

2. Beschuß zuzustellen dem TV. und folgenden Beteiligten ....
3. Testamentsakten trennen.
4. Nach Eingang der Zustellungsurkunden: weglegen.

6. Entscheidung von Meinungsverschiedenheiten mehrerer TV. (§ 2224 BGB.).

Das BGB. stellt in § 2224 Abs. 1 Satz 1, 1. Halbsatz den Grundsatz auf, daß mehrere TV. das Amt gemeinschaftlich führen, gestattet aber, daß der Erblasser abweichende Anordnungen trifft, daß z. B. bei Meinungsverschiedenheiten Mehrheitsbeschluß oder die Entscheidung eines Dritten maßgebend sein soll. Ist eine solche abweichende Anordnung nicht getroffen, so entscheidet bei Meinungsverschiedenheiten das Nachlaßgericht. Diese Vorschrift gilt auch dann, wenn die TV. das Amt nicht in vollem Umfange gemeinschaftlich zu führen haben, sofern nur nach den Anordnungen des Erblassers der eine TV. im Einverständnisse mit den anderen handeln soll (KGJ. 31 A 94). Das Nachlaßgericht muß sich für eine der mehreren Meinungen entscheiden, es darf nicht eine neue Meinung aufstellen und für maßgebend erklären. Die Anrufung des Nachlaßgerichts ist Sache der TV. Jeder von ihnen kann den Antrag beim Nachlaßgericht stellen. Die Entscheidung erfolgt durch Beschluß, der sämtlichen TV. zuzustellen ist.[1] Jedem TV. steht die Beschwerde nach § 82 FGG. selbständig zu. Bezieht sich die Meinungsverschiedenheit auf die Vornahme eines Rechtsgeschäfts, so tritt die Verfügung erst mit der Rechtskraft in Wirksamkeit, sofern nicht das Gericht bei Gefahr im Verzuge die sofortige Wirksamkeit anordnet (§ 82 Abs. 2 FGG.). In diesem Falle ist die sofortige Beschwerde gegeben, sonst die einfache. Die Ausführung der Entscheidung liegt den Testamentsvollstreckern, nicht dem Nachlaßgericht ob.

7. Die Entlassung des TV. (§ 2227 BGB.).

Die Entlassung des TV. setzt einen Antrag eines der Beteiligten voraus. Als solche haben stets die Erben und Mitvollstrecker zu gelten. Nachlaßgläubiger sind zu ihnen nur dann zu rechnen, wenn gerade eine Verletzung oder Gefährdung ihrer Interessen den geltend gemachten Entlassungsgrund bildet. Die Entlassung darf nur erfolgen, wenn ein wichtiger Grund vorliegt; ein solcher ist nach dem Gesetze insbesondere grobe Pflichtverletzung oder Unfähigkeit zur ordnungsmäßigen Geschäftsführung.

Ein Verschulden des TV. wird nicht vorausgesetzt. Als wichtiger, die Entlassung rechtfertigender Grund muß auch jedes nicht schuldhafte Verhalten des TV. oder jedes in seiner Person eintretende Ereignis angesehen werden, das begründeten Anlaß zu der Annahme bietet, ein längeres Verbleiben des TV. im Amte werde den Interessen des Nachlasses oder der daran Beteiligten schädlich oder gefährlich sein (KGJ. 36 A 74; OLG. 9, 407). Die Entlassung des TV. ist auch dann schon zulässig, wenn Umstände vorliegen, die den Erblasser, wenn er noch lebte, mutmaßlich zum Widerrufe der Ernennung des erwählten TV. veranlaßt haben würden und die auch objektiv betrachtet diesen Widerruf als im Interesse der Erben oder sonst Beteiligten liegend erscheinen lassen. Insbesondere kann persönliche Feindschaft zwischen den Erben und dem TV. als wichtiger Grund im Sinne des § 2227 BGB. angesehen werden, sofern nach dem beiderseitigen Verhalten dem TV. und dem Erben ein weiterer gegenseitiger Verkehr nicht mehr zuzumuten ist (KGJ. 36 A 73). Es genügt auch bewiesener Mangel an Zuverlässigkeit und Uneigennützigkeit. Auch im Falle wirklicher Interessenkollision ist der

---

[1]) Der Beschluß ist zur Ermöglichung einer Nachprüfung durch die Beschwerdeinstanzen mit Gründen zu versehen.

TV. ungeeignet, das Amt zu versehen (E. d. KG. vom 29. Mai 1911, 1 X 179/11; vgl. auch RG. 61, 143).

Die Nichterfüllung der dem TV. als solchem obliegenden Pflichten **kann** einen wichtigen Grund im Sinne des § 2227 BGB. bilden; ob es der Fall ist, ist nach den Umständen des einzelnen Falles zu entscheiden (vgl. OLG. 6, 307; 8, 280). Wenn der TV. nur einzelne Obliegenheiten nicht erfüllt, z. B. den Erben nicht gemäß § 2215 BGB. ein Verzeichnis des Nachlasses vorlegt, ihnen nicht nach §§ 2218, 666 BGB. die erforderlichen Nachrichten gibt, auf Verlangen über den Stand der Testamentsvollstreckung keine Auskunft erteilt oder nicht jährlich Rechnung legt, so kann dies an sich und allein die Entlassung nicht rechtfertigen; der Erbe muß in solchen Fällen seine Rechte im Wege des Zivilprozesses geltend machen. Es ist überhaupt darauf zu achten, daß die Vorschrift des § 2227 BGB. nicht dazu benutzt wird, den TV. auf einem Umwege der Aufsicht des Nachlaßgerichts zu unterwerfen. Demgemäß sind auch „Meinungsverschiedenheiten zwischen dem TV. und einzelnen Erben über den Umfang der Befugnisse oder über die Berechtigung einzelner Maßnahmen des ersteren nicht vom Nachlaßgericht zu entscheiden, sondern nötigenfalls im Wege des Zivilprozesses auszutragen. Das Offizialverfahren des Nachlaßgerichts hat nicht die Aufgabe, Rechtsstreitigkeiten zu entscheiden oder auch nur streitige Rechtsbeziehungen objektiv klarzustellen, sondern in solchen Fällen eine Abhilfe zu schaffen, in denen ein längeres Verbleiben des TV. im Amte aus zwingenden Gründen im Interesse des Nachlasses und der daran Beteiligten nicht angängig erscheint. Dabei ist, soweit nicht Unfähigkeit des TV. in Frage steht, dessen Verhalten vorzugsweise von der subjektiven Seite zu beurteilen, wenn auch Verschulden seinerseits nicht notwendige Voraussetzung der Entlassung ist" (E. d. KG. vom 17. Juni 1912, 1 X 165/12; vgl. auch OLG. 3, 382).

Der TV. soll vor der Entlassung, wenn tunlich, gehört werden. Das Nachlaßgericht übersendet ihm Abschrift des Entlassungsantrages zur Äußerung binnen bestimmter Frist oder lädt ihn zur Vernehmung über den Antrag vor. Die eingehende schriftliche Äußerung ist dem Gegner erforderlichenfalls abschriftlich zur Gegenäußerung zu übersenden. Unter Umständen ist es zweckmäßig, den Antragsteller und den TV. zusammen zur Erörterung der Streitpunkte vorzuladen. Zur Feststellung des Sachverhalts kann das Nachlaßgericht auch Zeugen und Sachverständige hören.

Die Entlassung des TV. erfolgt durch einen mit Gründen zu versehenden Beschluß, der dem TV. zuzustellen ist. Dem TV. und jedem, dessen Recht durch die Entlassung beeinträchtigt wird (§ 20 FGG.), steht die sofortige Beschwerde zu, wenn der TV. **gegen** seinen Willen entlassen wird (§ 81 Abs. 2 FGG.). Der ablehnende Beschluß ist nur dem Antragsteller zuzustellen, dem die einfache Beschwerde zusteht. Der Entlassungsbeschluß wird mit der Zustellung an den TV. wirksam und bleibt auch im Falle der Einlegung der sofortigen Beschwerde wirksam, bis die Entscheidung des Beschwerdegerichts rechtskräftig geworden ist (§§ 16, 26 Satz 1 FGG.). Mit der Zustellung des Entlassungsbeschlusses an den TV. wird auch ein etwa erteiltes TV.-Zeugnis kraftlos, und das Nachlaßgericht hat deshalb seine sofortige Ablieferung zu veranlassen. Eine nur zeitweilige Enthebung des TV. vom Amte ist nicht zulässig.[1])

---

[1]) Ist der Erblasser vor dem 1. Jan. 1900 gestorben, so kommt der § 2227 BGB. nicht zur Anwendung, die Entlassung des TV. ist vielmehr nur auf dem Prozeßwege herbeizuführen (KGJ. 25 A 75).

Das Erbscheinsverfahren.

§ 7.

Allgemeines.

(Arten des Erbscheins. Erbscheinsantrag. Inhalt des Erbscheins. Beschwerde.)

1. Arten des Erbscheins.

Das BGB. gewährt im Gegensatze zum früheren Preußischen Rechte nicht nur dem gesetzlichen Erben, sondern auch dem auf Grund einer Verfügung von Todes wegen Erbenden den Erbschein. Die Voraussetzungen der Erteilung und der Inhalt der Erbscheine sind in beiden Fällen zum Teil verschieden, und es sind demgemäß Erbscheine auf Grund gesetzlicher Erbfolge und Erbscheine auf Grund einer Verfügung von Todes wegen zu unterscheiden.

Ist nur ein Erbe vorhanden, so erhält dieser, der Alleinerbe, ein Zeugnis über sein Erbrecht (Erbschein). § 2353 BGB. Sind mehrere Erben vorhanden, so sind drei Arten des Erbscheins möglich, nämlich der Teilerbschein, der gemeinschaftliche Erbschein, der Gruppenerbschein. Der Erbe, der nur zu einem Teile der Erbschaft berufen ist, erhält über die Größe seines Erbteils ein Zeugnis, das in der Praxis als Teilerbschein bezeichnet wird (§ 2353 BGB.). Sind mehrere Erben vorhanden, so kann ein die Erbteile sämtlicher Miterben umfassender, über die Erbfolge in den ganzen Nachlaß sich verhaltender Erbschein ausgestellt werden (gemeinschaftlicher Erbschein). § 2357 BGB. Sind zwar mehrere Erben vorhanden, wird aber in dem Erbschein nur das Erbrecht mehrerer zu einem einzelnen Erbstrange gehörender Erben bezeugt, so spricht man von einem Gruppenerbschein.[1])

2. Der Antrag auf Erteilung des Erbscheins (Erbscheinsantrag).

Der Erbscheinsantrag ist an das Nachlaßgericht zu richten, das nur auf Antrag den Erbschein zu erteilen hat. Bei der Prüfung seiner Zuständigkeit kann sich das Nachlaßgericht auf die Angaben der Sterbeurkunde des Erblassers verlassen, wenn sie die Zuständigkeit des angegangenen Gerichts begründen. Ist dies nicht der Fall oder ergeben sich sonst Bedenken gegen die Zuständigkeit, so fordert es den Antragsteller zur Beseitigung der Bedenken auf und stellt erforderlichenfalls von Amts wegen Ermittelungen an. Ist die Zuständigkeit zu verneinen, so lehnt es den Antrag ab oder gibt die Sache, falls ein dahingehender Antrag gestellt wird, an das als zuständig ermittelte Gericht ab. In zweifelhaften Fällen empfiehlt es sich, daß das angerufene Gericht zur Vermeidung der durch die Erledigung eines Zuständigkeitsstreits meist eintretenden erheblichen Verzögerung den Erbschein erteilt, da auch ein von einem unzuständigen Gericht erteilter Erbschein gültig ist (§ 7 FGG.).

Nach § 2353 BGB. kann der Erbe die Erteilung des Erbscheins beantragen, der nur zu einem Teile der Erbschaft Berufene die Erteilung eines Teilerbscheins. Der gemeinschaftliche Erbschein kann von jedem der Erben beantragt werden (§ 2357

[1]) Der Gruppenerbschein stellt sich nur als äußere Zusammenfassung mehrerer Teilerbscheine dar; er kann nur auf den Antrag und die eidesstattliche Versicherung aller in ihm genannten Erben erteilt werden. KGJ. 41 A 90.

BGB.).[1]) Der Antrag ist an keine Frist gebunden und auch während der Dauer einer Testamentsvollstreckung zulässig. Der Nacherbe kann einen Erbschein vor Eintritt der Nacherbfolge weder für sich selbst noch für den Vorerben beantragen (KGJ. 33 A 98). Dagegen kann ein Erbe, dem die Verfügung über den Nachlaß erst nach Erreichung eines bestimmten Alters zustehen soll, wenn diese Bestimmung nicht als bloße Nacherbeinsetzung zu verstehen und auszulegen ist, schon vor jenem Zeitpunkt, also sofort, einen Erbschein verlangen und zwar ohne Angabe dieser Beschränkung (RJA. 8, 32). Ein mit dem Nießbrauche am ganzen Nachlasse oder einem Teile Bedachter hat als Vermächtnisnehmer kein Recht auf Erteilung des Erbscheins. Der Erbeserbe kann einen Erbschein beantragen, aber nur auf den Namen seines Erblassers, nicht für sich selbst; er muß sich als Erbe ausweisen, wozu die Vorlegung eines Erbscheins nur ausnahmsweise erforderlich sein wird.

Stellt ein Vertreter den Antrag, so kann das Nachlaßgericht, wenn der gesetzliche Vertreter ein Vormund oder Pfleger ist, die Vorlegung der Bestallung, wenn der Vertreter ein Bevollmächtigter ist, die Vorlegung einer Vollmacht (§ 13 FGG.) verlangen. Der die Erklärungen des Antragstellers beurkundende Notar ist nicht befugt, ohne Vollmacht des Antragstellers den Erbschein zu beantragen oder den gestellten Antrag abzuändern (OLG. 18, 370; 12, 398). Der Ehemann einer Erbin ist nicht antragsberechtigt (streitig).

Zur Stellung des Antrages sind ferner nicht berechtigt: der Nachlaßpfleger (KGJ. 40 A 37), der Nachlaßverwalter, der Nachlaßkonkursverwalter, der Erbschaftskäufer und der Erwerber eines Erbteils, letzterer kann jedoch die Erteilung eines Erbscheins für den Miterben verlangen (vgl. RGZ. 64, 173; KGJ. 30 A 101). Dem Testamentsvollstrecker steht das Recht zu (KGJ. 22 A 56).

Unter den Voraussetzungen der §§ 792, 896 ZPO. sind der Gläubiger des Erblassers (KGJ. 29 A 74) und der Gläubiger des Erben antragsberechtigt. Der vollstreckbare Schuldtitel ist von dem Gläubiger vorzulegen. Der Antrag des Gläubigers darf nicht deshalb abgelehnt werden, weil der Schuldtitel nach der Ansicht des Nachlaßgerichts an formellen, die Zwangsvollstreckung hindernden Mängeln leidet (KGJ. 38 A 155). Als Gläubiger des Erben sind insbesondere auch Vermächtnisnehmer, Pflichtteilsberechtigte, der Erbschaftskäufer und der Gläubiger, der den Anteil eines Miterben hat pfänden und sich überweisen lassen, zur Stellung des Antrages befugt.

Für den Antrag auf Erteilung des Erbscheins ist keine Form vorgeschrieben. Der Antrag wird aber fast immer in die die vorgeschriebene eidesstattliche Versicherung (§ 2356 BGB.) enthaltende gerichtliche oder notarielle Urkunde aufgenommen, sodaß die Formfreiheit nur selten praktisch wird. Welche Angaben der Antragsteller zu machen hat, welchen Inhalt also der Antrag haben muß, ist in § 2354 für den Fall der gesetzlichen Erbfolge, in § 2355 für den der Erbfolge auf Grund einer Verfügung von Todes wegen und in § 2357 vorgeschrieben. Im einzelnen soll hierauf erst später eingegangen werden.[2])

Aus der Vorschrift des § 2353 BGB., daß das Nachlaßgericht dem Erben den Erbschein auf Antrag zu erteilen hat, folgt, daß der Erbschein nur genau dem Antrage gemäß erteilt werden darf. Jeder Antrag auf Erteilung eines

---

[1]) Auch der Anerbe ist antragsberechtigt (KGJ. 34 A 333).

[2]) Vgl. S. 900 fg., 925 fg.

Erbscheins muß deshalb einen bestimmten Vorschlag über den Inhalt des Erbscheins enthalten, das beanspruchte Erbrecht muß genau bezeichnet werden. Der Antragsteller kann es dem Nachlaßgericht nicht überlassen, den Inhalt des Erbscheins zu bestimmen, und ihm z. B. die Wahl anheimstellen, ob der Erbschein auf Grund einer Verfügung von Todes wegen oder des gesetzlichen Erbrechts erteilt werden soll. Einen von dem Antrage inhaltlich abweichenden Erbschein darf das Nachlaßgericht nicht erteilen (KGJ. 42 A 128; 30 A 98).[1] Ist kein hinreichend bestimmter Antrag gestellt, so ist der Antrag, wenn er nicht ergänzt wird, abzulehnen. Stehen der Erteilung des Erbscheins sonst Bedenken entgegen, so setzt das Nachlaßgericht dem Antragsteller eine Frist zu ihrer Beseitigung und lehnt, falls sie nicht erfolgt, den Antrag durch einen dem Antragsteller zuzustellenden, mit Gründen zu versehenden Beschluß ab. Ist der Antrag unbegründet, so ist er sofort zurückzuweisen, es sei denn, daß das Nachlaßgericht im einzelnen Falle es für angezeigt erachtet, den Antragsteller hierauf hinzuweisen und ihm die Rücknahme des Antrages binnen bestimmter Frist anheimzustellen.[2])

3. Form und Inhalt des Erbscheins.

Der Erbschein wird vom Nachlaßgericht durch eine Verfügung erteilt, die vom Nachlaßrichter zu unterzeichnen ist. Die Urschrift des Erbscheins bleibt bei den Gerichtsakten. Der Antragsteller erhält eine Ausfertigung, die von dem Gerichtsschreiber zu unterschreiben und mit dem Gerichtssiegel zu versehen ist (Art. 18 Pr. FGG.). Die Ausfertigung ersetzt im Rechtsverkehr die Urschrift, eine beglaubigte Abschrift genügt hierzu nicht (KGJ. 26 A 94). Mit der Bekanntmachung an den Antragsteller, also in der Regel mit der Aushändigung der Ausfertigung an den Antragsteller oder an den von ihm bezeichneten Empfänger, wird die Erbscheinsverfügung wirksam (§ 16 FGG.). Wegen der Kosten des Erbscheins vgl. § 81 PrGKG.[3]) Über das Recht auf Erteilung von Ausfertigungen und Abschriften des Erbscheins und auf Einsicht des Erbscheins vgl. §§ 78, 85 FGG. Ist ein Erbschein bereits erteilt, so kann derjenige, der zur Stellung

[1]) Vgl. auch Nadler „Aus der Praxis des Erbscheinsverfahrens" in JW. 1913 S. 414.

[2]) Das Vorhandensein eines Nachlasses oder eines Bedürfnisses für einen Erbschein ist keine Voraussetzung seiner Erteilung.

[3]) Unbedingt erforderlich ist für den Nachlaßrichter die Kenntnis der Bestimmungen in Abs. 5 und 6 des § 81 Pr. GKG.

Absatz 5: „Wird dem Nachlaßgerichte glaubhaft gemacht, daß der Erbschein nur zur Verfügung über ein Grundstück oder ein im Grundbuche eingetragenes Recht gebraucht werde, und wird beantragt, die Ausfertigung des Erbscheins dem Grundbuchamte zur Aufbewahrung bei dessen Akten zu übersenden, so werden die im Abs. 1 Satz 1 und im Abs. 2 bestimmten Gebühren nur nach dem Werte des Gegenstandes, über den verfügt werden soll, berechnet. Wird demnächst die Erteilung einer Ausfertigung oder einer Abschrift des Erbscheins beantragt, so hat der Antragsteller die nach dem Werte des reinen Nachlasses berechneten Gebühren des Abs. 1 Satz 1 und Abs. 2 nach Abzug des bereits bezahlten Betrages nachzuentrichten."

Bei der Anwendung dieser Bestimmung ist folgende Entscheidung des KG. zu beachten: Um zu erreichen, daß die Gebühr für den Erbschein nur nach dem Werte des Grundstücks oder des im Grundbuch eingetragenen Rechts, worüber verfügt werden soll, berechnet werde, muß der Erbe beantragen, die Ausfertigung des Erbscheins dem Grundbuchamte zur Aufbewahrung bei dessen Akten zu übersenden, und er muß glaubhaft machen, daß weder im Bezirke des Nachlaßgerichts noch in dem des Grundbuchamts andere Grundstücke und im Grundbuch eingetragene

des Antrages auf Erteilung des Erbscheins befugt ist, nur noch die Erteilung einer Ausfertigung beanspruchen. Der zur Beantragung von Ausfertigungen Berechtigte kann diese in beliebiger Zahl verlangen.

Der Inhalt des Erbscheins ist vom Gesetze in den §§ 2353, 2357, 2363, 2364 BGB. bestimmt. Hiernach sind im Erbschein anzugeben:

a) zur Bezeugung des Erbrechts: der Erblasser, die Todeszeit des Erblassers, der Erbe.

Der Erblasser ist nach Name, Stand und Wohnort zu bezeichnen.[1]) Die Vornamen sind möglichst vollständig anzugeben, jedoch nur soweit sie durch Personenstandsurkunden nachgewiesen sind. Hat der Erblasser außer den aus Personenstandsurkunden sich ergebenden Namen noch andere Namen allgemein und nicht nur in vereinzelten Fällen geführt, so sind, sofern der Nachweis der Identität erbracht ist, auf Antrag auch diese in den Erbschein aufzunehmen (KGJ. 29 A 76). Die Schreibweise des Namens hat sich an die Personenstandsurkunden anzuschließen. Bei Frauen ist auch der Mädchenname hinzuzufügen, unter Umständen auch der Name aus einer früheren Ehe, z. B. wenn Kinder aus einer solchen miterben, dagegen braucht der Stand des Ehemannes nicht angegeben zu werden. Hat die Erblasserin keinen Stand, so empfiehlt es sich, sie als unverehelicht (ledig, Fräulein), verehelicht (Ehefrau), verwitwet (Witwe) oder geschieden zu bezeichnen. Führt der Erblasser einen Sammelnamen und war sein letzter Wohnort eine größere Stadt, so ist es zweckmäßig, zur Beseitigung aller Zweifel hinsichtlich der Identität auch die letzte Wohnung nach Straße und Hausnummer anzugeben. An Stelle des Wohnorts ist nicht, wie es häufig geschieht, der rechtlich bedeutungslose Sterbeort in den Erbschein aufzunehmen.

Rechte des Erblassers vorhanden sind. Die beschränkte Gebühr würde von dem Gesamtwert aller solcher Grundstücke und Rechte zu erheben sein (KGJ. 31 A 115).

Für die dem Nachlaßrichter obliegende Belehrung des Antragstellers sei besonders darauf hingewiesen, daß, wenn die Kosten des Erbscheins nach dem Werte des ganzen Nachlasses berechnet werden, der Wert des reinen Nachlasses zugrunde gelegt wird, daß dagegen, wenn der Abs. 5 angewendet wird, die auf den Grundstücken oder Rechten lastenden Schulden nicht abgezogen werden, sodaß z. B., wenn ein mit Hypotheken hoch belastetes Grundstück zum Nachlasse gehört, über das verfügt werden soll, die Kosten oft niedriger sein werden, wenn sie nach dem Reinnachlasse berechnet werden.

Absatz 6: „Die Bestimmungen des vorhergehenden Absatzes finden entsprechende Anwendung, wenn der Erbschein nur zur Verfügung über andere als die in dem Abs. 5 angegebenen einzelnen Nachlaßgegenstände gebraucht und zu diesem Zwecke vom Nachlaßgericht einer öffentlichen Behörde übersandt werden soll. Wird der Erbschein nicht innerhalb der vom Nachlaßgericht bestimmten Frist mit einer Bescheinigung der Behörde, daß er nur zu dem bezeichneten Zwecke gebraucht und eine Abschrift nicht zurückbehalten worden ist, zurückgesandt, so ist die volle Erbscheinsgebühr zu erheben."

Die Verfügung des Nachlaßrichters, der einen entsprechenden Antrag aufzunehmen hat, lautet etwa: Ausfertigung des Erbscheins ist der Steuerdeputation des Magistrats Berlin zu übersenden mit dem Ersuchen, den Erbschein binnen eines Monats mit der Bescheinigung zurückzusenden, daß der Erbschein nur zur Verfügung über den Anspruch der Erben auf Zurückzahlung vom Erblasser zu viel gezahlter Steuern gebraucht und eine Abschrift nicht zurückbehalten worden ist.

[1]) Ein einheitlicher Erbschein nach mehreren Erblassern ist unzulässig; äußere Zusammenfassung mehrerer selbständiger Erbscheine ist zulässig (KGJ. 44 A 99).

Die Angabe der Todeszeit richtet sich nach der Sterbeurkunde. Ist der Erblasser für tot erklärt, so ist das Ausschlußurteil und der festgesetzte Zeitpunkt des Todes zu erwähnen.[1])

Für die Bezeichnung des Erben gilt das eben vom Erblasser Gesagte. Ist ein Erbe nach dem Erbfall verstorben, so ist es zweckmäßig, dies kenntlich zu machen, z. B. durch Hinzufügung der Worte: „zuletzt in . . . . . . wohnhaft gewesen" oder durch Angabe des Todestages, falls dieser urkundlich nachgewiesen ist. Der verstorbene Erbe, nicht dessen Erbe (der Erbeserbe), ist im Erbschein aufzuführen (RGZ. 64, 175). Gesetzliche Vertreter, insbesondere Vormünder, und Bevollmächtigte der Erben, Erbschaftskäufer oder Erwerber von Erbteilen (RG. 64, 178) werden im Erbschein nicht erwähnt. Bei minderjährigen Erben ist es üblich und zweckmäßig, die Geburtsdaten aufzunehmen. Bei der Erbfolge auf Grund einer Verfügung von Todes wegen sind die Erben im strengsten Anschluß an die Verfügung zu bezeichnen. Auch wenn überflüssigerweise Personenstandsurkunden eingereicht sind, ist von der Aufnahme anderer als in dem Testament (Erbvertrag) angegebener Vornamen abzusehen. Dagegen ist es unbedenklich, wenn sich Stand oder Wohnort der Erben oder der Name einer Erbin durch Verheiratung verändert haben, diese Veränderungen im Erbschein zu berücksichtigen, sofern über die Identität kein Zweifel besteht. Die Angabe des Verwandtschaftsverhältnisses ist nicht vorgeschrieben, aber bei nahen Verwandten üblich. Erbt ein uneheliches Kind, so wird der Nachlaßrichter die Unehelichkeit nicht im Erbschein erwähnen.[2])

b) Bei mehreren Erben die Größe des Erbteils bezw. der Erbteile.[3])

c) Die in §§ 2363, 2364 BGB. angeordneten Beschränkungen des Erbrechts (vgl. Näheres hierüber S. 932, 935).

Andere Angaben als die im Gesetz vorgeschriebenen darf der Erbschein nicht enthalten (KGJ. 29 A 65). Es sind demgemäß in den Erbschein nicht aufzunehmen: der Berufungsgrund (KGJ. 37 A 254), eine Begründung (KGJ. 29 A 65), Angaben über den Nachlaß, über Vermächtnisse, z. B. über den der Witwe vermachten Nießbrauch am Nachlasse (KGJ. 31 A 120, 32 A 86), über Auflagen, über die Belastung mit sonstigen Nachlaßverbindlichkeiten, z. B. mit Pflichtteilsrechten, über Teilungsanordnungen und Vorempfänge, über Zugehörigkeit eines Erbteils eines Ehegatten zum Gesamtgute der allgemeinen Gütergemeinschaft, über die elterliche Nutznießung an den Erbteilen der Kinder und andere Verfügungsbeschränkungen als die in den §§ 2363, 2364 BGB. vorgesehenen, z. B. durch Anordnung der Nachlaßverwaltung oder Eröffnung des Nachlaßkonkurses. Einen

---

[1]) Z. B. wie folgt: Erben des .... durch Urteil des Amtsgerichts in Bernau vom .... unter Feststellung des 31. Dez. 1906 als Zeitpunktes des Todes für tot erklärten Arbeiters ....

[2]) Zu vermeiden ist die in Teilen Deutschlands übliche, jedem Sprachgefühl Hohn sprechende Bezeichnung einer Erbin als: „die Ehefrau Tischlergeselle Anton Schmitz, Anna geborene Lehmann."

[3]) Die Ansicht bei Köhne-Feist: Der Nachlaßrichter S. 643, daß es bei Bezeugung des Alleinerbrechts der Angabe bedürfe, daß der Erbe Alleinerbe sei, ist unzutreffend und aus dem Gesetze nicht zu begründen. Ist jemand in einem Erbschein als Erbe eines nach dem 31. Dez. 1899 Gestorbenen aufgeführt, ohne daß ein Erbteil angegeben ist, so ist er eben als Alleinerbe anzusehen.

nur auf bestimmte Nachlaßgegenstände beschränkten Erbschein kennt das BGB., abgesehen von dem Falle des § 2369 BGB., nicht.

Der Erbschein muß stets das Erbrecht bezeugen, also klar zum Ausdrucke bringen, daß eine Person Erbe (oder Vorerbe) einer andern Person ist, und darf sich nicht auf eine bloße Bescheinigung von Tatsachen oder auf die bloße Wiedergabe der Anordnungen des Testaments (Erbvertrages) beschränken. Insbesondere bei Erbscheinen auf Grund einer Verfügung von Todes wegen hat der Nachlaßrichter die schwierige und verantwortungsvolle Aufgabe, im Wege der Auslegung aus den oft verworrenen Bestimmungen des Testaments oder Erbvertrages den erbrechtlichen Kern herauszuschälen und auf Grund der gewonnenen Auslegung den Erbschein unter Beschränkung auf seinen gesetzlichen Inhalt zu gestalten. Eine ein Testament (Erbvertrag) bloß ergänzende Bescheinigung kennt das BGB. im Gegensatze zum Preußischen Recht nicht. Ein bedingter Erbschein, z. B. für den Fall der Ungültigkeit des Testaments, ist nicht zulässig.

4. Beschwerde.

Die an keine Frist gebundene Beschwerde (§ 19 FGG.) steht dem Antragsteller nicht nur gegen die Ablehnung des Antrages, sondern auch gegen bloße Zwischenverfügungen des Nachlaßgerichts zu, wenn sie die Entscheidung von einer dem Antragsteller gemachten Auflage (Beibringung von Urkunden, Aufnahme einer Ergänzungsverhandlung) abhängig machen (KGJ. 32 A 296) oder wenn sie auf Aussetzung des Verfahrens lauten (KGJ. 35 A 113). Die Beschwerde ist auch dann zulässig, wenn sich das Nachlaßgericht nur zur Erteilung eines dem gestellten Antrage nicht entsprechenden Erbscheins bereit erklärt (Bayr. OLG. 4, 634). Gegen den Beschluß, durch den der Antrag des Testamentsvollstreckers auf Erteilung des Erbscheins zurückgewiesen wird, steht nur dem Testamentsvollstrecker, nicht aber dem Erben ein Beschwerderecht zu (KGJ. 37 A 132).

Gegen die Erteilung des Erbscheins findet keine Beschwerde statt. Vgl. aber S. 948.

Das Nachlaßgericht, das die Erteilung eines Erbscheins abgelehnt hat, kann seine Entscheidung abändern, jedoch nur auf einen Antrag, der auch in einer Beschwerde zu erblicken ist (§ 18 FGG.).

§ 8.

Der Erbschein auf Grund gesetzlicher Erbfolge.

I. Die zur Erwirkung des Erbscheins erforderlichen Angaben und ihr Nachweis.

Wer die Erteilung des Erbscheins als gesetzlicher Erbe beantragt, hat anzugeben:

1. die Zeit des Todes des Erblassers,
2. das Verhältnis, auf dem sein Erbrecht beruht,
3. ob und welche Personen vorhanden sind oder vorhanden waren, durch die er von der Erbfolge ausgeschlossen oder sein Erbteil gemindert werden würde,
4. ob und welche Verfügungen des Erblassers von Todes wegen vorhanden sind,
5. ob ein Rechtsstreit über sein Erbrecht anhängig ist,

— § 2354 Abs. 1 BGB. —

6. wenn eine Person weggefallen ist, durch die der Antragsteller von der Erbfolge ausgeschlossen oder sein Erbteil gemindert werden würde, in welcher Weise die Person weggefallen ist,

— § 2354 Abs. 2 BGB. —

Beim gemeinschaftlichen Erbschein ferner:

7. die Erben und ihre Erbteile,
8. wenn der Antrag nicht von allen Erben gestellt wird: daß die übrigen Erben die Erbschaft angenommen haben.

— § 2357 BGB. —

Der Antragsteller hat die Richtigkeit seiner Angaben nachzuweisen und zwar teils durch öffentliche Urkunden teils durch Abgabe einer Versicherung an Eidesstatt (§ 2356 BGB.). Das BGB. läßt aber gewisse Beweiserleichterungen zu, die in den nachstehenden Ausführungen angedeutet, unter II aber noch besonders behandelt werden sollen.

Der Antragsteller hat die Richtigkeit der Angaben zu 1, 2 und 6 durch öffentliche Urkunden nachzuweisen (§ 2356 Abs. 1 Satz 1). Der Begriff der öffentlichen Urkunden ergibt sich aus § 415 ZPO. Als solche kommen für das Erbscheinsverfahren insbesondere die auf Grund des Pr. Ges. v. 9. März 1874 seit dem 1. Okt. 1874 in Preußen ausgestellten und die auf Grund des Reichspersonenstandsgesetzes vom 6. Febr. 1875 seit dem 1. Jan. 1876 im Deutschen Reiche ausgestellten Personenstandsurkunden in Betracht.[1]) Der Erbscheinsrichter kann nur die vollständigen beglaubigten Registerauszüge gelten lassen, da nur sie volle Beweiskraft haben (§ 15 RPersGes.), und muß Familienstammbücher und die abgekürzten Auszüge (Bescheinigungen) zurückweisen. Ist die vorgelegte öffentliche Urkunde eine ausländische, so ist der Nachlaßrichter berechtigt, die Legalisation der Urkunde durch einen Gesandten oder Konsul des Deutschen Reiches zu verlangen, hierzu aber nicht verpflichtet (KGJ. 21 A 5).[2]) Hat er Bedenken, ob die ausländische Behörde zur Ausstellung der Urkunde befugt ist oder ob die Form der Urkunde dem ausländischen Rechte entspricht, so muß er sich selbst die Kenntnis des ausländischen Rechts verschaffen (KGJ. 27 A 250). Das Nachlaßgericht hat die eingereichten Urkunden

---

[1]) Für die frühere Zeit sind auf Grund § 73 RPersGes. maßgebend die aus den Kirchenbüchern über Taufen, Trauungen und Begräbnisse unter dem Kirchensiegel erteilten Zeugnisse und für Dissidenten und Juden von 1847 bis 1. Okt. 1874 die Auszüge aus den bei den Amtsgerichten geführten Standesregistern. Für die Zeit vor 1847 werden Bescheinigungen über Geburten, Heiraten und Sterbefälle der Juden von den Magistraten und Landratsämtern ausgestellt.

[2]) Nach dem Vertrage zwischen dem Deutschen Reiche und Österreich-Ungarn (RGBl. 1881 S. 4 u. 253) bedürfen gerichtlich und von bestimmten höheren Verwaltungsbehörden ausgestellte Urkunden keiner Beglaubigung (Legalisation). Von Gerichtsvollziehern und Notaren ausgestellte Urkunden bedürfen gerichtlicher Beglaubigung. Auszüge aus den amtlichen Geburts-, Trauungs- und Sterbematrikeln bedürfen der Beglaubigung durch die zur Beaufsichtigung des Matrikenführers berufene politische Verwaltungsbehörde erster Instanz. Das Verzeichnis der Behörden ist ergänzt in der Bekanntmachung vom 18. Juli 1901 (RGBl. S. 323).

Nach dem Vertrage zwischen dem Deutschen Reiche und der Schweiz (RGBl. 1907 S. 411 und 1911 S. 907) bedürfen gerichtlich aufgenommene, ausgestellte und beglaubigte Urkunden keiner Beglaubigung (Legalisation). Diesen stehen von der Bundeskanzlei und den Kantonkanzleien (Staatskanzleien, Regierungskanzleien, La Chanzellerie d'Etat) aufgenommene usw. Urkunden gleich.

auch nach der Erteilung des Erbscheins zurückzubehalten, es sei denn, daß der Antragsteller eine beglaubigte Abschrift der Urkunden beibringt oder die Kosten für die Anfertigung einer solchen vorschießt (KGJ. 26 A 308). Befindet sich die Urkunde bereits bei den Akten des Nachlaßgerichts oder eines anderen Gerichts, so genügt die Bezugnahme auf diese Akten, die dann vom Nachlaßgericht einzufordern sind. Von den bei den Akten eines anderen Gerichts befindlichen Urkunden läßt das Nachlaßgericht auf Kosten des Antragstellers beglaubigte Abschriften für die Nachlaßakten anfertigen.

1. Die Zeit des Todes des Erblassers ist im allgemeinen nach dem Kalendertage anzugeben.[1]) Unter Umständen kann eine noch genauere Angabe erforderlich sein. Im Falle der Todeserklärung ist der in dem Urteile festgestellte Zeitpunkt des Todes anzugeben (§ 18 BGB., § 970 ZPO.). Der Tod wird durch Vorlegung der Sterbeurkunde oder des die Todeserklärung enthaltenden, mit der Verkündung rechtskräftig werdenden Ausschlußurteils nachgewiesen. Vgl. S. 899 o. u. Anm. 1.

2. Das Verhältnis, auf dem das Erbrecht des Antragstellers beruht, ist in erster Reihe die Verwandtschaft und die Ehe. Das Verhältnis ist, besonders bei entfernterer Verwandtschaft, durch eine erschöpfende Darlegung der verwandtschaftlichen Verhältnisse unter Angabe aller Zwischenglieder klarzustellen. Das zum Nachweise des Verhältnisses eingereichte Urkundenmaterial ist sehr oft zu bemängeln, da bald zu wenig bald zu viel Urkunden eingereicht werden. Für die in der Praxis täglich vorkommenden Fälle mögen die erforderlichen Urkunden nachstehend angegeben werden.

Zum Nachweise der Ehe des Ehegatten des Erblassers ist stets die Heiratsurkunde einzureichen (KGJ. 39 A 99). [2]) Es genügt nicht, daß der Ehegatte in einer miteingereichten Geburtsurkunde eines Kindes als solcher aufgeführt ist.

Es sind erforderlich zum Nachweise des Verwandtschaftsverhältnisses:

eines Kindes des Erblassers: die Geburtsurkunde des Kindes,[3])
eines Enkels: die Geburtsurkunde des Enkels und des weggefallenen Elternteils,
des Vaters (oder der Mutter): die Geburtsurkunde des Erblassers,
eines Bruders (oder einer Schwester): die Geburtsurkunde des erbenden Bruders (Schwester) und des Erblassers,

---

[1]) Nach OLG. 21, 347 soll es genügen, wenn der nicht angegebene Todestag aus der vorgelegten Sterbeurkunde zu ersehen ist.

[2]) Nur, wenn ein Ehegatte den anderen beerbt, ist eine Heiratsurkunde einzureichen, sonst niemals. Insbesondere bedarf es auch keiner Heiratsurkunde zum Nachweise der Namensänderung einer Erbin infolge ihrer Verheiratung. Nach einem, soweit bekannt, nicht veröffentlichten Beschlusse des Kammergerichts vom 4. Juli 1910 (1. X. 229/10) braucht der nur zum Zwecke der Bezeichnung, nicht zur Begründung des Erbrechts erforderliche Nachweis der Verheiratung einer Erbin weder gerade durch die Heiratsurkunde geführt zu werden, noch liegt die Führung dieses Beweises dem Antragsteller ob; das Nachlaßgericht hat deshalb, wenn es die eidesstattliche Versicherung nicht für ausreichend erachtet, von Amts wegen Ermittelungen anzustellen, die Vorlegung der Heiratsurkunde kann es nicht verlangen.

[3]) Zum Nachweise der ehelichen Abstammung eines Kindes genügt die Vorlegung der standesamtlichen Geburtsurkunde, der Heiratsurkunde der Eltern bedarf es nicht (KGJ. 36 A 97).

eines Geschwisterkindes: die Geburtsurkunden des Erblassers, des erbenden Geschwisterkindes und des weggefallenen Vaters (Mutter) des Geschwisterkindes.

Die Legitimation eines Kindes durch nachfolgende Ehe ist durch Vorlegung einer mit einem entsprechenden Randvermerke[1]) versehenen Geburtsurkunde, oder, wenn ein solcher Randvermerk fehlt, durch weitere Vorlegung der Eheschließungsurkunde und eines in öffentlicher Urkunde abgegebenen Anerkenntnisses der Vaterschaft nachzuweisen. Liegt ein solches Anerkenntnis nicht vor, so ist der Beweis in anderer Weise zu führen, z. B. durch Vorlegung eines Anerkenntnisses in einer Privaturkunde, durch eidesstattliche Versicherungen oder durch Zeugen, insbesondere auch darüber daß das Kind in der Familie stets als eheliches gegolten hat und vom Ehemann der Mutter stets als sein Kind angesehen worden ist.

Das gesetzliche Erbrecht kann auch auf einer Ehelichkeitserklärung durch Verfügung der Staatsgewalt (§ 1723 BGB.) oder auf einer Annahme an Kindesstatt (§ 1741 BGB.) beruhen. Erstere wird durch den Vermerk auf der Geburtsurkunde oder die Verfügung der Staatsgewalt, letztere nur durch den mit Bestätigungsvermerk versehenen Annahmevertrag nachgewiesen, da die berichtigte Geburtsurkunde wegen der Möglichkeit des Ausschlusses des Erbrechts nicht genügt.

Beim gemeinschaftlichen Erbschein hat der Antragsteller auch das Verhältnis, auf dem das Erbrecht der übrigen Erben beruht, in der dargelegten Weise anzugeben und nachzuweisen.

Beim Teilerbschein hat der Antragsteller, wenn die Miterben gesetzliche Erben sind, das Verhältnis, auf dem ihr Erbrecht beruht, wenn sie oder ein Teil auf Grund einer Verfügung von Todes wegen erben, diese zu bezeichnen. Diese Angaben brauchen aber nur so genau zu sein, daß sie die sichere Feststellung des Erbrechts und der Höhe des Erbteils des Antragstellers ermöglichen.

Näheres über die gesetzliche Erbfolge, insbesondere das Erbrecht des Ehegatten und des Fiskus vgl. S. 916 fg.

3. Der Antragsteller hat anzugeben, ob und welche Personen vorhanden sind oder vorhanden waren, durch die er von der Erbfolge ausgeschlossen oder sein Erbteil gemindert werden würde, beim gemeinschaftlichen Erbschein: durch die die als Erben Genannten von der Erbfolge ausgeschlossen oder ihre Erbteile gemindert werden würden.

Das Kammergericht hat entschieden (KGJ. 39 A 92), daß sich die nach § 2354 Nr. 3 BGB. abzugebende Erklärung nicht formelhaft den Gesetzesworten anzuschließen braucht, daß vielmehr eine Angabe der einzelnen Tatumstände genügt, aus der sich unter Berücksichtigung des allgemeinen Sprachgebrauchs und des Zweckes der Erklärung ein dem Gesetze entsprechender Inhalt ergibt. Es wird denn auch nicht selten von der Abgabe der Erklärung der Nr. 3 des § 2354 BGB. abgesehen und lediglich eine Darstellung der Tatumstände gegeben, aus der hervorgehen soll, daß die als Erben Genannten als alleinige Erben in Frage kommen. Diese Tatumstände werden aber oft nicht erschöpfend

[1]) Mit diesem Vermerk ist der Namenserteilungsvermerk (vgl. § 1706 BGB. Art. 68 § 2 Abs. 3 Pr. AG.BGB.) nicht zu verwechseln.

angegeben und ersetzen dann nicht die Erklärung nach § 2354 Nr. 3 BGB. So fehlt zuweilen die Angabe, daß der Erblasser, der von seiner Witwe und seinen Kindern beerbt wird, nur einmal verheiratet war, daß die Eltern eines Erblassers, der von vollbürtigen Geschwistern beerbt wird, nur einmal verheiratet waren (Halbgeschwister!), daß vorverstorbene als Erben in Betracht kommende Personen keine Abkömmlinge gehabt haben. Letztere Erklärung ist insbesondere bei vorverstorbenen weiblichen Personen wegen der Möglichkeit des Vorhandenseins oder Vorhandengewesenseins unehelicher Kinder notwendig. Bei Ehefrauen hält das Kammergericht (KGJ. 39 A 92) eine solche Erklärung allerdings nicht für erforderlich, da es das Vorhandensein eines unehelichen Kindes einer verheirateten Frau als eine entfernte Möglichkeit ansieht, die nur, wenn das vorgebrachte oder sonst bekannte Tatsachenmaterial dazu Anlaß gibt, in Betracht zu ziehen sei.[1]) Da es hiernach, insbesondere bei Verwandten der zweiten und der ferneren Ordnungen, nicht ganz einfach ist, die Ehe- und Verwandtschaftsverhältnisse einer Familie in einer den Kreis der als Erben in Frage kommenden Personen völlig erschöpfenden Weise darzustellen, ist es in jedem Falle, auch wenn eine solche Darstellung gegeben ist, empfehlenswert, den Antragsteller zum Schluß die Erklärung abgeben zu lassen, daß Personen bezw. andere[2]) Personen, durch die die als Erben Genannten von der Erbfolge ausgeschlossen oder ihre Erbteile gemindert würden, nicht vorhanden sind oder waren. Mit dieser Erklärung muß sich der Nachlaßrichter, auch wenn die Darstellung der Tatumstände Lücken aufweist, begnügen, denn er muß davon ausgehen, daß der die Verhandlung aufnehmende Richter oder Notar dem Antragsteller die Bedeutung dieser Erklärung klar gemacht und ihn auf alle Möglichkeiten, die im gegebenen Falle für die Feststellung von Erben und weggefallenen Personen in Frage kommen, aufmerksam gemacht haben. Zuweilen ist allerdings die Angabe bestimmter Tatsachen seitens des Antragstellers, wenn auch nicht geradezu für notwendig, so doch für ratsam zu erachten. Man begegnet in der Praxis nicht selten der wohl noch aus dem früheren Rechtszustande überkommenen Anschauung, daß vollbürtige Geschwister halbbürtige von der Erbfolge ausschließen, und kann häufig feststellen, daß erbende Vollgeschwister Halbgeschwister in gutem Glauben nicht als Miterben angegeben haben. Wenn nun der Nachlaßrichter feststellt, z. B. aus den Sterbeurkunden der Eltern, daß ein Elternteil oder beide Eltern des Erblassers zweimal verheiratet waren, so wird er infolge seiner Erfahrungen, wenn lediglich die dem § 2354 Nr. 3 BGB. entsprechende Erklärung vorliegt, wegen der Möglichkeit des Vorhandenseins von Halbgeschwistern Bedenken tragen, den Erbschein zu erteilen. Wenn er auch eine Ergänzung der Erbscheinsverhandlung nach dieser Richtung nicht wird verlangen dürfen, so wird er es doch für geboten erachten, gemäß §§ 2358, 2359 BGB. von Amts wegen Ermittelungen anzustellen, wodurch meist eine nicht unerhebliche Verzögerung der Erteilung des Erbscheins eintreten wird. Zur Vermeidung einer solchen Verzögerung empfiehlt es sich, von vornherein eine entsprechende Erklärung in die Erbscheinsverhandlung aufzunehmen.

---

[1]) Aus dem gleichen Grunde kann das Nachlaßgericht zwecks Erteilung des Erbscheins die Antretung eines Beweises für die Nichtschwangerschaft der Witwe des Erblassers, insbesondere die Beibringung einer ärztlichen Bescheinigung hierüber, nur dann verlangen, wenn besondere Umstände die Vermutung rechtfertigen, daß die Witwe sich in schwangerem Zustande befindet (KGJ. 29 A 71).

[2]) Nämlich andere als die, die als erbteilmindernd oder als weggefallen angegeben sind.

Zur Erläuterung der in § 2354 Nr. 3 BGB. vorgeschriebenen Angabe sei im einzelnen noch Folgendes bemerkt: Wird ein Erbschein vom Alleinerben oder ein gemeinschaftlicher Erbschein beantragt, so muß angegeben werden, daß Personen, durch die der Antragsteller bezw. die als Erben Genannten von der Erbfolge ausgeschlossen oder sein Erbteil bezw. ihre Erbteile gemindert werden würden, nicht vorhanden *sind*. Der einen Teilerbschein beantragende Erbe hat die Personen der Miterben zu bezeichnen (s. unter Nr. 2) und dann anzugeben, daß *andere* Personen, durch die er von der Erbfolge ausgeschlossen oder sein Erbteil gemindert werden würde, nicht vorhanden *sind*. *Waren* Personen, durch die der Antragsteller bezw. die als Erben Genannten von der Erbfolge ausgeschlossen oder sein Erbteil bezw. ihre Erbteile gemindert werden würden, *nicht* vorhanden, so ist dies zu erklären. *Waren* solche Personen *vorhanden* (sogen. weggefallene Personen), so sind sie namhaft zu machen, und es ist dann zu erklären, daß *andere* Personen der bezeichneten Art nicht vorhanden waren.

Die vorgeschriebene Angabe über das Vorhandengewesensein erbfolgeausschließender oder erbteilmindernder Personen wird immer wieder in den Erbscheinsverhandlungen vermißt, und das Verlangen der Nachlaßrichter nach einer Ergänzung der Verhandlung in dieser Richtung wird trotz der in dieser Frage feststehenden, mit der Rechtslehre übereinstimmenden Rechtsprechung immer wieder bekämpft. Die Bezeichnung derjenigen Personen, die *vor* dem Erblasser verstorben sind — diese Wegfallsart kommt hier hauptsächlich in Betracht —, die aber, wenn sie den Erbfall erlebt hätten, das Recht der als Erben Genannten aufheben oder schmälern würden, ist aber unbedingt notwendig. Denn der Zweck der Angabe der vorhanden gewesenen, näher oder gleichnahe wie die als Erben Genannten berechtigten Personen ist, dem Nachlaßgericht durch genaue und vollständige Darstellung der verwandtschaftlichen Verhältnisse des Erblassers die Möglichkeit zu gewähren, das von dem Antragsteller behauptete gesetzliche Erbrecht auf seine Richtigkeit gehörig nachzuprüfen. Dies kann nur dann vollkommen erreicht werden, wenn auch die vor dem Erblasser verstorbenen nächsten Verwandten des Erblassers dem Nachlaßrichter angegeben werden, denn nur hierdurch wird dem Nachlaßgericht eine genügende Grundlage für etwa notwendige Ermittelungen geboten, ob nicht die Vorverstorbenen Nachkommen hinterlassen haben, die den als Erben Genannten vorgehen oder ihnen gleichberechtigt sind (vgl. KGJ. 27 A 45, 39 A 95).

Der Beweis der Richtigkeit der Angaben gemäß § 2354 Nr. 3 BGB. ist durch Abgabe einer Versicherung an Eidesstatt zu führen.

Die Versicherung an Eidesstatt nach § 2356 Abs. 2 BGB.

Der Antragsteller hat vor Gericht oder einem Notar[1]) an Eidesstatt zu versichern, daß ihm nichts bekannt sei, was der Richtigkeit seiner Angaben entgegenstehe. Zuständig zur Entgegennahme der Versicherung ist jedes Gericht (nicht nur das Nachlaßgericht) — in Preußen jedes Amtsgericht[2]) — und jeder Notar, also auch ein ausländischer. In Preußen ist die Protokollform vorgeschrieben (Art. 51 ff. Pr. FGG.). Die Aufnahme der Versicherung an Eidesstatt gehört nicht zu den Obliegenheiten des Nachlaßgerichts als solchen, sondern zu den Geschäften der freiwilligen Gerichtsbarkeit im allgemeinen. Die Beurkundung mittels Bezugnahme auf eine dem gerichtlichen oder

---

[1]) Eine gerichtlich oder notariell beglaubigte Erklärung genügt nicht.

[2]) Die Spezialkommissionen in Preußen sind für die Aufnahme von Erbscheinsverhandlungen nicht zuständig (KGJ. 28 A 23).

notariellen Protokoll als Anlage beigefügte Schrift genügt nicht. Die Versicherung muß vielmehr vom Richter oder Notar in das Protokoll selbst aufgenommen werden (KGJ. 25 A 60). Für von ausländischen Gerichten oder Notaren aufgenommene Versicherungen an Eidesstatt gilt das oben (unter I vor 1) Gesagte. Soweit das ausländische Recht eine Versicherung an Eidesstatt vor Gericht oder Notar nicht kennt, muß sich der Nachlaßrichter mit einem entsprechenden Ersatze begnügen, z. B. mit einer beschworenen Erklärung. Die Versicherung an Eidesstatt wird dem Nachlaßrichter entweder eingereicht oder von ihm aufgenommen.[1]) Er kann auch, wenn ein dahingehender Antrag gestellt ist,[2]) ein anderes Amtsgericht um die Aufnahme der Versicherung an Eidesstatt (Erbscheinsverhandlung) oder einer Beitrittserklärung zu einer vorliegenden Erbscheinsverhandlung ersuchen. Das Gleiche gilt von infolge Mängeln der Erbscheinsverhandlungen notwendig werdenden Ergänzungsverhandlungen. Ist infolge eines Verschuldens eines Notars die Aufnahme einer Ergänzungsverhandlung zu einer notariellen Erbscheinsverhandlung erforderlich, so ist es Pflicht des Notars, diese mit dem Antragsteller unentgeltlich aufzunehmen, er darf den Antragsteller wegen der Ergänzungsverhandlung nicht an das Nachlaßgericht verweisen, da dieses vom Antragsteller Gebühren erheben muß, während die Ergänzungsverhandlung beim Notar gebührenfrei ist.

Die Versicherung an Eidesstatt ist von dem Antragsteller selbst bezw. seinem gesetzlichen Vertreter abzugeben und zwar auch dann, wenn ein anderer als der Erbe den Erbschein beantragt, z. B. ein Testamentsvollstrecker oder ein Gläubiger. Die Frage, ob über 16 Jahre alte minderjährige Erben selbst die Versicherung an Eidesstatt abgeben dürfen, ist streitig, u. E. ist sie zu verneinen. Eine eidesstattliche Versicherung eines Bevollmächtigten, auch eines Generalbevollmächtigten, des Antragstellers ist nicht ausreichend. Beantragt ein Nichterbe die Erteilung eines Erbscheins, so hat nur dieser die Versicherung abzugeben, das Nachlaßgericht kann nicht noch außerdem eine Versicherung eines Erben fordern. Ist ein Vorerbe der Antragsteller, so darf der Nachlaßrichter nicht auch eine Versicherung des Nacherben verlangen (KGJ. 33 A 98).

Ist ein gemeinschaftlicher Erbschein beantragt, so ist nach § 2357 Abs. 4 BGB. die Versicherung an Eidesstatt von allen Erben abzugeben, sofern nicht das Nachlaßgericht die Versicherung eines oder einiger von ihnen für ausreichend erachtet. Von der hiermit gewährten Befugnis wird das Nachlaßgericht ausgiebigen Gebrauch machen, denn die Abgabe der Versicherung durch alle Erben macht den Erben außerordentlich viel Umstände und Kosten und zieht die Erteilung des Erbscheins meist sehr in die Länge. Eine Regel, von wieviel und welchen Erben die Versicherung zu erfordern ist, läßt sich nicht aufstellen, da die Fälle zu verschieden sind. Jedenfalls ist aber, wenn Seitenverwandte erben, in der Regel das Verlangen angebracht, daß mindestens e i n Angehöriger eines jeden Stammes oder Erbstranges die Versicherung abgibt.

Der Wortlaut der Versicherung hat sich möglichst an das Gesetz anzuschließen, eine noch bestimmtere Fassung, z. B. die Versicherung der Richtigkeit der Angaben, ist natürlich nicht zu beanstanden. Häufig sind den Angaben, auf die sich die eidesstattliche Ver-

[1]) In der Praxis ist es üblich, dem Antragsteller, der ohne Einreichung von Urkunden lediglich privatschriftlich einen Erbschein beantragt, anheimzustellen, sich zur Abgabe der eidesst. Vers. an einen Notar zu wenden oder die Anberaumung eines Termins vor dem Nachlaßgericht zu beantragen, ihm auch die einzureichenden Urkunden anzugeben.

[2]) Nach KGJ. 44 A 102 von Amts wegen ohne Antrag.

sicherung zu erstrecken hat, die Worte „meines Wissens" oder „unseres Wissens" hinzugefügt, auch hiergegen ist nichts einzuwenden. Sein besonderes Augenmerk hat das Nachlaßgericht darauf zu richten, daß die Versicherung auch alle Angaben deckt, auf die sie sich beziehen muß. Ist dies nicht der Fall, so bedarf es der Aufnahme einer Ergänzungsverhandlung. Das Gleiche gilt, wenn die Worte „eidesstattlich" oder „an Eidesstatt" fehlen.

4. Der Antragsteller hat anzugeben, ob und welche Verfügungen des Erblassers von Todes wegen vorhanden sind (§ 2354 Nr. 4 BGB.). Dieser Vorschrift wird oft nicht genügt. Die Erbscheinsverhandlungen enthalten die Angabe, daß der Erblasser ein Testament, eine letztwillige Verfügung, eine letztwillige Anordnung, eine letztwillige Verfügung von Todes wegen nicht hinterlassen habe. Alle diese Erklärungen sind unzureichend, weil sie die vertragsmäßigen Verfügungen nicht umfassen (KGJ. 31 A 115). Das BGB. unterscheidet einseitige Verfügungen von Todes wegen, die es als Testament, letztwillige Verfügung, bezeichnet (§ 1937 BGB.) und Erbverträge (§ 1941 BGB.) und faßt beide als „Verfügungen von Todes wegen" zusammen. Es ist deshalb der Gebrauch des Ausdrucks „Verfügungen von Todes wegen" anzuraten und zwar lediglich dieses Ausdrucks; eine Angabe, daß der Erblasser weder einseitige noch zweiseitige Verfügungen von Todes wegen oder weder Testamente noch Erbverträge hinterlassen habe, ist entbehrlich. Sind keine Verfügungen von Todes wegen vorhanden, so ist dies anzugeben. Hat der Erblasser solche hinterlassen, wird aber gleichwohl der Erbschein auf Grund der gesetzlichen Erbfolge beantragt, so sind die Verfügungen zu bezeichnen. Eine Erklärung, daß andere als die bezeichneten Verfügungen von Todes wegen nicht vorhanden sind, kann nicht verlangt werden. Zur Erteilung des Erbscheins ist selbstverständlich weiter erforderlich, daß die Verfügungen dem Nachlaßrichter vorgelegt werden, damit er prüfen kann, ob trotz Vorliegens einer Verfügung von Todes wegen die gesetzliche Erbfolge für den Antragsteller Platz greift. Das Nachlaßgericht muß eine bestimmte Entscheidung treffen, ob die Verfügung von Todes wegen eine Erbeinsetzung enthält oder nicht.[1]) Ersterenfalls lehnt es die Erteilung des Erbscheins auf Grund der gesetzlichen Erbfolge ab, anderenfalls erteilt es den Erbschein. Wenn das Gesetz in § 2354 Nr. 4 von Verfügungen von Todes wegen spricht, so meint es damit gültige Verfügungen von Todes wegen. Da die Gültigkeit mitunter zweifelhaft ist, die Entscheidung hierüber aber vom Nachlaßgericht, nicht vom Antragsteller zu treffen ist, muß die Angabepflicht des Antragstellers auf alle schriftlichen Willensäußerungen des Erblassers erstreckt werden, die irgendwelche Verfügungen für den Todesfall enthalten. Durch Vernichtung der Urkunde oder Rückgabe aus der amtlichen Verwahrung (§§ 2255, 2256 BGB.) widerrufene Verfügungen von Todes wegen brauchen an sich nicht angegeben zu werden, da in diesen Fällen eine Verfügung von Todes wegen nicht mehr vorhanden ist, wenn auch die Angabe zu empfehlen ist. Das Nachlaßgericht kann demgemäß auch nicht die Ergänzung der das Vorhandensein

---

[1]) Das Nachlaßgericht darf nicht den Antrag des gesetzlichen Erben deshalb ablehnen, weil nach dem Inhalte eines Testaments möglich sei, daß darin ein anderer als Erbe eingesetzt sei (KGJ. 25 A 64). Ist eine dem gesetzlichen Erbrechte des Antragstellers entgegenstehende letztwillige Verfügung auf Grund der §§ 2078, 2079 angefochten, so hat das Nachlaßgericht, wenn der Erbschein auf Grund der gesetzlichen Erbfolge beantragt ist, darüber zu entscheiden, ob die Anfechtung begründet ist (KGJ. 38 A 118).

einer Verfügung von Todes wegen verneinenden Erbscheinsverhandlung verlangen, wenn es gelegentlich der Testamentsanfrage bei der Testamentsabteilung die Rückgabe eines Testaments aus der amtlichen Verwahrung feststellt.

5. Anhängigkeit eines Rechtsstreits über das Erbrecht des Antragstellers (§ 2354 Nr. 5 BGB.).

Ist ein Rechtsstreit über das Erbrecht des Antragstellers oder der als Erben Genannten anhängig, so ist dies anzugeben, anderenfalls ist zu erklären, daß ein solcher nicht anhängig ist. Auch die Erbunwürdigkeitsklage (§ 2342 BGB.) ist ein Rechtsstreit über das Erbrecht. Die Angabe, daß ein Rechtsstreit über die Erbschaft nicht anhängig sei, entspricht nicht dem Gesetze. Nach § 2360 BGB. soll, wenn ein Rechtsstreit über das Erbrecht anhängig ist, der Gegner des Antragstellers gehört werden, die Anhörung ist aber nicht erforderlich, wenn sie untunlich ist. Das Nachlaßgericht ist trotz Schwebens des Rechtsstreits befugt, den beantragten Erbschein zu erteilen. Es wird sich aber stets erst veranlaßt sehen, die Prozeßakten einzufordern und zu prüfen. Solange der Rechtsstreit anhängig ist, beschränkt sich die Prüfungspflicht des Nachlaßgerichts auf die pflichtmäßige Erwägung, ob die vorgelegten Beweise des Antragstellers auch gegenüber den Behauptungen des Prozeßgegners eine genügende Grundlage für die Erteilung des Erbscheins bilden; verneint es diese Frage, so kann es seine Entscheidung bis zur Entscheidung des anhängigen Rechtsstreits aussetzen (KGJ. 35 A 113). Anderenfalls erteilt es den Erbschein. Die Anhängigkeit eines Rechtsstreits ist in dem Erbschein nicht zu erwähnen. Ein formeller Aussetzungsbeschluß, an dessen rechtlicher Zulässigkeit man zweifeln kann, erübrigt sich meist dadurch, daß sich die Parteien auf Anfrage des Nachlaßgerichts mit dem Ruhen des Erbscheinsverfahrens einverstanden erklären.

Ist in dem Erbrechtsprozeß ein Urteil ergangen, so ist das Nachlaßgericht dadurch nicht gebunden und nicht gehindert, einen dem Urteil widersprechenden Erbschein zu erteilen. Es braucht dem Urteil nur dann zu folgen, wenn es von seinen Gründen, die es sorgfältigst zu prüfen hat, überzeugt wird.

Das Prozeßgericht ist nicht befugt, während des Schwebens eines Erbrechtsstreites dem Nachlaßgericht die Aushändigung des Erbscheins an den Antragsteller durch einstweilige Verfügung zu untersagen.

Der Sieger im Erbrechtsstreite kann nicht ohne weiteres auf Grund des Urteils vom Nachlaßgericht die Erteilung des Erbscheins verlangen, hat vielmehr sämtliche gesetzlichen Anforderungen zu erfüllen, auch die Versicherung an Eidesstatt abzugeben.

6. Sind Personen weggefallen, durch die der Antragsteller oder die als Erben Genannten von der Erbfolge ausgeschlossen oder ihre Erbteile gemindert werden würden, so hat der Antragsteller anzugeben, in welcher Weise die Personen weggefallen sind (§ 2354 Abs. 2 BGB.).

Diese Bestimmung steht im Zusammenhange mit § 2354 Nr. 3 BGB. und setzt die Erklärung voraus, daß Personen der bezeichneten Art vorhanden waren. Bezüglich dieser Personen — der Weggefallenen — ist die Art ihres Wegfalls anzugeben. Nachzuweisen ist der Wegfall gemäß § 2356 Abs. 1 BGB. durch öffentliche Urkunden. Die Arten des Wegfalls sind mannigfaltig. Die wichtigsten von ihnen seien nachstehend besprochen.

a) Wegfall durch Tod. Ist eine Person durch Tod vor dem Erblasser weggefallen, so ist der Tod durch Vorlegung einer Sterbeurkunde nachzuweisen. Ist die als weggefallen aufgeführte Person verschollen, so ist in der Regel das die Todeserklärung aussprechende Urteil beizubringen, wenn dieses auch streng genommen nicht als eine öffentliche Urkunde im Sinne des § 2356 Abs. 1 BGB. anzusehen ist. Nur ausnahmsweise, wenn z. B. die Herbeiführung der Todeserklärung mit unverhältnismäßigen Schwierigkeiten verbunden ist oder die Erteilung des Erbscheins auf lange Zeit verhindern würde, kann das Nachlaßgericht davon Abstand nehmen, sofern es die Überzeugung von dem Wegfall der erbberechtigten verschollenen Person aus anderen Tatsachen, die der verschiedensten Art sein können, gewonnen hat (vgl. OLG. Colmar in KGJ. 35 A 352). Geburtsurkunden weggefallener Personen sind nicht vorzulegen. Falls an die Stelle einer weggefallenen Person ein Abkömmling von ihr als Erbe tritt, ist zwar auch die Geburtsurkunde des Weggefallenen einzureichen, aber nicht zum Nachweise des Wegfalls, sondern des Verwandtschaftsverhältnisses des Erben. Zum Nachweise von Totgeburten, die nach § 23 RPersGes. nur in das Sterberegister eingetragen werden, wird in der Praxis nicht selten die Einreichung der Sterbeurkunde verlangt, jedoch zu Unrecht. Ist eidesstattlich versichert, daß es sich um eine Totgeburt gehandelt hat, so ist niemand weggefallen, sodaß sich ein Nachweis erübrigt. Hat der Nachlaßrichter Bedenken, die sich z. B. darauf gründen können, daß auch Sterbefälle, die kurz nach der Geburt eintreten, zuweilen als Totgeburten bezeichnet werden, so hat er von Amts wegen Ermittelungen anzustellen. Das Gleiche gilt in noch höherem Maße von Frühgeburten. U. E. brauchen Totgeburten — noch viel weniger Frühgeburten — in der Erbscheinsverhandlung nicht erwähnt zu werden.[1])

b) Wegfall durch Ausschlagung der Erbschaft. Wird von dem Antragsteller angegeben, daß eine Person durch Ausschlagung der Erbschaft weggefallen sei, so muß die Rechtswirksamkeit der Ausschlagung, insbesondere, daß sie frist- und formgerecht erfolgt ist, festgestellt werden. Dies hat an sich der Antragsteller gemäß § 2356 Abs. 1 BGB. durch öffentliche Urkunden nachzuweisen, wozu er aber wegen der Besonderheiten dieses Falles im allgemeinen nicht in der Lage ist. Ein solcher Nachweis erübrigt sich aber auch meistens. Ob eine Ausschlagung erklärt ist und ob sie formgerecht ist, stellt das Nachlaßgericht von Amts wegen aus den Nachlaßakten fest; die so festgestellten Tatsachen sind als offenkundige nach § 2356 Abs. 3 BGB. nicht zu beweisen. Die Rechtzeitigkeit der Ausschlagung ergibt sich zuweilen aus den Nachlaßakten, so z. B. wenn seit dem Erbfalle oder dem Anfalle an den Ausschlagenden infolge einer früheren Ausschlagung die Ausschlagungsfrist noch nicht verstrichen ist. Auch die Benachrichtigung vom Erbanfall nach § 1953 BGB. oder eine Angabe des Ausschlagenden in der Ausschlagungserklärung über den Zeitpunkt der Erlangung der Kenntnis vom Erbanfall kann zur Feststellung der Rechtzeitigkeit verwertet werden, da für eine frühere Kenntniserlangung keine Vermutung spricht. Hat der Ausschlagende die ihm in einer Verfügung von Todes wegen zugewendete Erbschaft ausgeschlagen, so bietet auch der Inhalt der Testamentsakten (Zeitpunkt der Verkündung des Testaments, Zeitpunkt der Mitteilung des Testamentsinhalts) oft einen Anhalt für die Ermittelung der Kenntniserlangung

[1]) Die Ansicht von Boschan Bd. 1 S. 94, daß der Antragsteller zum Nachweise von Totgeburten durch Vorlegung einer Sterbeurkunde und einer Frühgeburt durch Vorlegung eines ärztlichen Zeugnisses oder einer Bescheinigung der Ortspolizeibehörde verpflichtet sei, ist nicht zu billigen. Man soll den Erben die ihnen durch die §§ 2354 Abs. 1 Nr. 3, Abs. 2 und 2356 BGB. schon schwer genug gemachte Erwirkung des Erbscheins nicht noch unnötig erschweren.

vom Erbanfall. Auch in Frage kommende Vormundschafts- und Pflegschaftsakten enthalten zuweilen zweckdienliche Angaben. Sind solche Anhaltspunkte, die das Nachlaßgericht von Amts wegen zu beachten hat, nicht gegeben, so wendet es sich an den Antragsteller mit der Aufforderung, andere Beweismittel beizubringen, z. B. eidesstattliche Versicherungen von ihm oder den Ausschlagenden, oder anzugeben, z. B. Zeugen. Von den angegebenen Beweismitteln kann das Nachlaßgericht nach Belieben Gebrauch machen. Es hat schließlich, sei es daß der Antragsteller keine Beweismittel beizubringen oder anzugeben vermocht hat oder das Nachlaßgericht wegen voraussichtlicher Aussichtslosigkeit ein dahingehendes Verlangen nicht gestellt hat, sei es, daß es noch Zweifel hat, von Amts wegen die erforderlichen Feststellungen zu treffen. Es kann insbesondere die Ausschlagenden schriftlich oder mündlich über die maßgebenden Punkte hören oder auch als Zeugen vernehmen, und Akten und Auskünfte von Behörden einfordern. Der Nachlaßrichter hat auch zu prüfen, ob die erforderliche vormundschaftsgerichtliche Genehmigung rechtzeitig und wirksam erteilt ist, und festzustellen, falls hierfür ein Anhalt gegeben ist, ob der Ausschlagende die Erbschaft schon vor der Ausschlagung angenommen hat.

Der Ausschlagung steht die Anfechtung der Annahme gleich. In diesem Falle ist außerdem noch die Rechtserheblichkeit des Umstandes, auf den die Anfechtung gegründet wird, zu prüfen und dieser Umstand, wenn er die Anfechtung rechtfertigt, vom Antragsteller zu beweisen.

In jedem Falle des Wegfalls einer Person durch Ausschlagung ist darauf zu achten, daß ausreichende Angaben über Abkömmlinge, die als Erben an die Stelle treten könnten, gemacht werden.

c) Wegfall durch Erbunwürdigkeit (§§ 2339 ff. BGB.). Die Erbunwürdigkeit wird durch Anfechtung des Erbschaftserwerbes geltend gemacht und zwar im Wege der Klage, die dahin zu richten ist, daß der Erbe für erbunwürdig erklärt wird. Die Wirkung der Anfechtung tritt erst mit der Rechtskraft des Urteils ein. Nur durch rechtskräftiges Urteil kann die Erbunwürdigkeit eines als Erbe Beteiligten festgestellt werden (KGJ. 32 A 299). Die bloße Erhebung der Anfechtungsklage ist an sich auf das Erbscheinsverfahren ohne Einfluß, es ist aber zweckmäßig, daß das Nachlaßgericht, wenn die Klage schon erhoben ist, das Erbscheinsverfahren bis zur Entscheidung des Prozesses aussetzt. Wird nach Erteilung des Erbscheins ein Erbe für unwürdig erklärt, so ist der Erbschein als unrichtig einzuziehen.

d) Wegfall durch Ausschließung. Der Erblasser kann durch Testament einen Verwandten oder den Ehegatten von der Erbfolge ausschließen, ohne einen Erben einzusetzen (§ 1938 BGB.). Ist dies geschehen, so ist das Testament vorzulegen, sofern es sich nicht schon beim Nachlaßgericht befindet, und wenn es ein eigenhändiges ist, muß seine Echtheit festgestellt werden (vgl. hierüber S. 927).

e) Wegfall durch Erbverzicht. Der Erbverzicht ist in den §§ 2346 bis 2352 BGB. geregelt. Da der Erbverzichtsvertrag der gerichtlichen oder notariellen Beurkundung bedarf, kann und muß der Wegfall des Verzichtenden stets durch eine öffentliche Urkunde nachgewiesen werden. Die in § 2349 ausgesprochene Wirkung des Verzichts für die Abkömmlinge ist vom Nachlaßrichter besonders zu beachten.

f) Wegfall des Ehegatten durch Scheidung der Ehe und Erhebung einer begründeten Scheidungsklage. Die Scheidung der Ehe und die ihr in den erbrechtlichen Wirkungen gleichstehende Aufhebung der ehelichen Gemeinschaft (§ 1586) beseitigen das Erbrecht des Ehegatten. Die Scheidung wird durch das rechtskräftige Scheidungsurteil nachgewiesen, von dessen Beibringung abgesehen werden kann, wenn die Scheidungsakten, die der Nachlaßrichter bei Angabe des Aktenzeichens heranziehen wird, die rechtskräftige Scheidung ergeben. Kann der Antragsteller keine Angaben über die Zeit und das Gericht des Scheidungsprozesses machen, so stellt das Nachlaßgericht durch Anfragen bei Gerichten und Standesämtern Ermittelungen an. Der Randvermerk auf der Eheschließungsurkunde genügt nicht.

Nach § 1933 BGB. ist das Erbrecht des überlebenden Ehegatten ausgeschlossen, wenn der Erblasser zur Zeit seines Todes auf Scheidung wegen Verschuldens des Ehegatten zu klagen berechtigt war und die Klage auf Scheidung oder Aufhebung der ehelichen Gemeinschaft erhoben hatte. Die Klageerhebung wird durch Vorlegung der mit Zustellungsurkunde versehenen Klageschrift nachgewiesen. Die sonstigen Voraussetzungen werden nur ausnahmsweise durch öffentliche Urkunden, z. B. ein Strafurteil, dargetan werden können. In der Regel wird das Nachlaßgericht von Amts wegen Beweise aufnehmen müssen und zwar unter Benutzung der vom Antragsteller angegebenen Beweismittel. Falls es in dem Prozesse schon zu einer Beweisaufnahme gekommen ist, kann das Nachlaßgericht deren Ergebnis verwerten oder mitverwerten.

Als weitere Arten des Wegfalls seien noch die Aufhebung der eine Erbeinsetzung enthaltenden Verfügung von Todes wegen und die Wiederaufhebung des durch eine Annahme an Kindesstatt begründeten Rechtsverhältnisses (§ 1768) erwähnt. Eine Reihe weiterer Tatsachen wie Nichtigkeit der Ehe, Feststellung der Unehelichkeit eines Kindes, der Nichtigkeit und Unwirksamkeit einer Verfügung von Todes wegen können rechtlich als Arten des Wegfalls im Sinne des § 2354 Abs. 2 BGB. nicht aufgefaßt werden.

7. Angabe der Erben und Erbteile beim gemeinschaftlichen Erbschein (§ 2357 Abs. 2 BGB.).

Beim gemeinschaftlichen Erbschein treten zu den unter 1—6 erörterten Angaben noch die zu 7 und 8 zu besprechenden hinzu. Wer einen gemeinschaftlichen Erbschein beantragt, hat in dem Antrage die Erben und ihre Erbteile anzugeben. Die Aufnahme der Angaben in das Begleitschreiben des beurkundenden Notars genügt nicht (OLG. 3, 256). Unter den Erbteilen ist der auf jeden Erben entfallende Bruchteil der Erbschaft zu verstehen, nicht die einem Erben bei der Erbteilung zugewiesene Summe (KGJ. 20 A 265) oder ein sonstiger bestimmter Gegenstand oder die Teile der Erbschaft, auf die sich die Miterben in einem Erbvergleich geeinigt haben (KGJ. 36 A 109). Dagegen ist die Fassung, daß z. B. vier Geschwister zusammen die eine Hälfte der Erbschaft zu gleichen Teilen erben, nicht zu beanstanden. Die Angabe, die Erbteile seien die gesetzlichen, genügt nach dem Gesetze nicht (KGJ. 34 A 116). Nach dieser Entscheidung des KG. soll sich der Nachlaßrichter mit dieser Erklärung allerdings dann begnügen dürfen, wenn er im Hinblick auf den übrigen Inhalt des Antrages jeden Zweifel daran für ausgeschlossen erachtet, daß sich der Antragsteller der Höhe der gesetzlichen Erbteile bewußt ist. U. E. kann die immer unsichere Feststellung dieses Bewußtseins die vom Gesetze geforderte Angabe der Erbteile nicht ersetzen. Sind die Erbteile aus den Gründen des § 2043 BGB. noch unbestimmt, so ist die Erteilung eines gemeinschaftlichen Erbscheins bis zur Hebung der Unbestimmtheit ausgeschlossen, während die Möglichkeit der Erteilung von Teilerbscheinen gegeben ist. Das KG. hat diese in der Rechtslehre streitige Frage in der Entscheidung KGJ. 42 A 128 im Gegensatze zu der früheren Entscheidung KGJ. 22 A 61 wie folgt entschieden: „Hinterläßt der Erblasser als gesetzliche Erben Abkömmlinge und eine schwangere Witwe, so ist die Erteilung eines gemeinschaftlichen Erbscheins unzulässig. Dagegen können neben einem Teilerbschein für die Witwe auch Teilerbscheine für die Abkömmlinge erteilt werden. In diesen ist statt der Angabe der Größe des Erbteils zu bezeugen, daß der Erbteil des Abkömmlings noch unbestimmt sei, weil infolge der Schwangerschaft der Witwe noch Personen geboren werden könnten, die neben den Abkömmlingen zu gleichen Teilen erbberechtigt sein würden." Die für diesen Fall aufgestellten Grundsätze müssen auch für die anderen Fälle des § 2043 BGB. gelten. Der Umstand, daß noch die Möglichkeit des Wegfalls eines Miterben und damit der Erhöhung des Erbteils eines Miterben besteht, hindert nicht die Erteilung eines Teilerbscheins (RJA. 7, 100).

Die Angabe der Erbteile braucht nicht in gerichtlicher oder notarieller Form zu geschehen, sondern kann in einer privatschriftlichen Eingabe des Antragstellers oder eines von ihm Bevollmächtigten erfolgen (KGJ. 34 A 120).

8. Die Annahme der Erbschaft durch die Miterben.

Das Nachlaßgericht kann das Erbrecht in dem Erbschein nur bezeugen, wenn feststeht, daß die in dem Erbschein aufgeführten Personen die Erbschaft angenommen haben. Der Erbe, der den Erbschein beantragt, sei es der Alleinerbe, sei es ein Miterbe, erklärt mit dem Antrage die Annahme der Erbschaft.[1] Dies genügt, wenn es sich um den Erbschein des Alleinerben oder einen Teilerbschein handelt und der Erbe der Antragsteller ist. Es reicht aber nicht aus, wenn a) ein gemeinschaftlicher Erbschein beantragt ist und der Antrag nicht von allen Erben gestellt wird oder b), wenn der Erbschein von einem Nichterben beantragt wird. Im Falle a) muß die Annahme der übrigen Erben, im Falle b) die Annahme des oder der Erben festgestellt werden.

Fall a) Nach § 2357 Abs. 3 BGB. hat der Antrag auf Erteilung eines gemeinschaftlichen Erbscheins, wenn er nicht von allen Erben gestellt wird, die Angabe zu enthalten, daß die übrigen Erben die Erbschaft angenommen haben. Die Erbschaftsannahme ist aber vom Antragsteller nicht nur zu behaupten, sondern auch zu beweisen (KGJ. 27 A 189, 30 A 98). Dem Antragsteller stehen alle nach § 2356 BGB. zulässigen Beweismittel zu Gebote (KGJ. 30 A 98). In der Regel wird sich der Nachlaßrichter mit der eidesstattlichen Versicherung begnügen, da vorausgesetzt werden darf, daß der die Erbscheinsverhandlung aufnehmende Richter oder Notar pflichtgemäß durch ausdrückliches Befragen des Antragstellers festgestellt hat, ob und wann die übrigen Erben von dem Erbanfall und dem Grunde der Berufung Kenntnis erlangt haben. Bieten aber die Erklärungen der Erbscheinsverhandlung Anlaß zu Zweifeln an der rechtswirksamen Annahme der Erbschaft, so ist weiterer Beweis erforderlich. Ist einer der angeblichen Miterben verschollen, so reicht die Erklärung der Annahme der Erbschaft durch den Abwesenheitspfleger nicht aus, es muß vielmehr angegeben und festgestellt werden, daß der Verschollene den Erbfall erlebt hat (KGJ. 32 A 108). Einer Anwendung des § 19 BGB. (Lebensvermutung) bei dieser Feststellung stehen keine Bedenken entgegen. Zuweilen wird in der Erbscheinsverhandlung ein Miterbe mit dem Zusatz „unbekannten

---

[1]) Beantragt ein Erbe einen Erbschein für sich, erklärt er aber gleichzeitig, daß er die Erbschaft nicht annehme oder sich die Erklärung über die Annahme vorbehalte, so kann in der Stellung des Antrages eine Annahme nicht gefunden werden. In diesem Falle ist der Antrag abzulehnen.

Aufenthalts" aufgeführt und gleichwohl schließlich von dem Antragsteller an Eidesstatt versichert, daß alle übrigen Erben die Erbschaft angenommen haben. In solchem Falle wird der Nachlaßrichter nicht umhin können, die Verhandlung zu beanstanden, denn wenn der Aufenthalt des Miterben schon zur Zeit des Erbfalls den Antragstellern unbekannt war, wird in der Regel anzunehmen sein, daß dieser Erbe von dem Erbfall noch keine Kenntnis erlangt hat, und es bedarf dann zunächst der Bestellung eines Abwesenheitspflegers, der für den Abwesenden die Erbschaft annimmt. Steht jedoch fest, daß der Erbe die Erbschaft angenommen hat und den Miterben sein Aufenthalt erst später unbekannt geworden ist, so empfiehlt es sich zur Vermeidung einer Beanstandung, dies in der Verhandlung zum Ausdruck zu bringen. Wenn ein Miterbe minderjährig ist oder bevormundet wird, ist es aus dem gleichen Grunde angebracht, den gesetzlichen Vertreter namhaft zu machen und den Antragsteller erklären zu lassen, daß dieser für den von ihm vertretenen Erben die Erbschaft angenommen hat. Hat ein gesetzlicher Vertreter die Erbschaft angenommen, so hat das Nachlaßgericht die Legitimation des gesetzlichen Vertreters von Amts wegen zu prüfen und muß, wenn es Bedenken hat und diese vom Antragsteller nicht behoben werden, von Amts wegen Ermittelungen anstellen.

Fall b. Beantragt ein Nichterbe die Erteilung eines Erbscheins, so muß er angeben, für welche Personen der Erbschein ausgestellt werden soll und daß diese Personen die Erbschaft angenommen haben.[1]) Die Annahme muß wie zu a nachgewiesen werden. An einen solchen Antragsteller sind zur Erwirkung des Erbscheins dieselben Anforderungen zu stellen wie an einen Erben, er kann insbesondere nicht, wie es zuweilen geschieht, vom Nachlaßgericht verlangen, daß dieses erst die Erben ermittele, sondern muß von vornherein die Personen, die als Erben in den Erbschein aufgenommen werden sollen, mit Bestimmtheit bezeichnen. Da die Angaben einer nicht zur Familie des Erblassers gehörigen Person in der Regel nicht so zuverlässig sein können wie die eines Familienangehörigen, wird sich das Nachlaßgericht in diesem Falle öfter veranlaßt sehen, die Richtigkeit der Angaben durch eigene Ermittelungen nachzuprüfen. Wegen der Versicherung an Eidesstatt vgl. unter Nr. 3 S. 905.

II. Erleichterung der Beweisführung und Ermittelungen und Beweisaufnahme von Amts wegen.

1. Nach § 2356 Abs. 2 Satz 2 BGB. kann das Nachlaßgericht die Versicherung an Eidesstatt erlassen, wenn es sie für nicht erforderlich erachtet. Von dieser Befugnis wird das Nachlaßgericht nur ausnahmsweise Gebrauch machen, z. B. wenn der Antragsteller eine juristische Person öffentlichen Rechts ist oder die besonderen Verhältnisse des Falles die Richtigkeit der Angaben zweifelsfrei ergeben (Beerbung eines unehelichen Kindes unter 16 Jahren durch die Mutter) und zugleich die der Staatskasse durch den Wegfall der eidesstattlichen Versicherung entgehende Gebühr ganz unbedeutend ist. Der Erlaß der Versicherung entbindet aber nicht von der Verpflichtung, die in den §§ 2354, 2355 BGB. vorgeschriebenen Angaben zu machen, da ein Erlaß dieser Verpflichtung im Gesetze nicht vorgesehen ist. Dies wird von antragstellenden Behörden oft übersehen.

Nach § 2356 Abs. 1 BGB. hat der Antragsteller die Richtigkeit bestimmter Angaben durch öffentliche Urkunden nachzuweisen. Nach Satz 2 ebenda genügt, wenn die Urkunden nicht oder nur mit unverhältnismäßigen Schwierigkeiten zu beschaffen sind, die An-

---

[1]) Vgl. KGJ. 26 A 62 bezüglich des Testamentsvollstreckers.

gabe anderer Beweismittel. Daß diese Voraussetzungen gegeben sind, hat der Antragsteller darzutun und nach Möglichkeit nachzuweisen. Bei der Frage, ob unverhältnismäßige Schwierigkeiten für gegeben zu erachten sind, können die Geringfügigkeit des Nachlasses einerseits und die durch die Beschaffung der Urkunden im einzelnen Falle erwachsenden hohen Kosten andererseits oder die Notwendigkeit der sofortigen Erteilung des Erbscheins zur Ermöglichung einer dringenden Verfügung über den Nachlaß und die Unmöglichkeit, die Urkunden, z. B. in Amerika auszustellende, in kurzer Zeit zu beschaffen, in Betracht gezogen werden. Soweit es sich um die Beibringung von Personenstandsurkunden handelt, ist der Nachweis der Unmöglichkeit oder erschwerten Möglichkeit ihrer Beibringung durch amtliche Auskünfte der Pfarrämter, Standesämter oder der in Frage kommenden ausländischen Behörden oder der Konsuln oder Gesandten des Deutschen Reiches zu führen. Als Beweismittel, deren Angabe genügt, kommen insbesondere Auskünfte von Behörden, Bezugnahme auf den Inhalt anderer Akten, Zeugen und Sachverständige in Betracht. Wenn das Gesetz die Angabe anderer Beweismittel für genügend erklärt, so bedeutet das nicht, daß das Nachlaßgericht, sofern die sonstigen Voraussetzungen gegeben sind, den Erbschein erteilen muß, sondern es besagt nur, daß es vom Antragsteller weiteres nicht verlangen darf. Dagegen hat das Nachlaßgericht unter Benutzung der angegebenen Beweismittel von Amts wegen Ermittelungen zu veranstalten und Beweise aufzunehmen, sofern es dies für geboten erachtet. In der Praxis spielt die im Gesetze nicht vorgesehene Beibringung anderer Beweismittel eine ebenso wichtige Rolle wie deren Angabe, zumal sie erheblich zur Beschleunigung des Verfahrens beiträgt. Es werden insbesondere beigebracht Familienpapiere und sonstige Privaturkunden, Familienstammbücher, eidesstattliche Versicherungen, von dem Antragsteller selbst eingeholte amtliche Auskünfte, auch Erbscheine zum Nachweise des Todes des in ihnen bezeichneten Erblassers oder des Verwandtschaftsverhältnisses der in ihnen aufgeführten Erben zu dem dortigen Erblasser, falls dieses in dem Erbscheine ausdrücklich angegeben ist.

Soweit die nach § 2356 BGB. nachzuweisenden Tatsachen bei dem Nachlaßgericht offenkundig sind, bedarf es weder der Abgabe einer eidesstattlichen Versicherung noch öffentlicher Urkunden noch der Angabe anderer Beweismittel (§ 2356 Abs. 3 BGB.). Der Begriff der Offenkundigkeit hat hier dieselbe Bedeutung wie in § 291 ZPO.

2. Die Erfüllung der Anforderungen, die das Gesetz an den Antragsteller stellt, begründet noch nicht die Verpflichtung des Nachlaßgerichts, den beantragten Erbschein zu erteilen, das Nachlaßgericht hat vielmehr, auch wenn diesen Anforderungen genügt ist, den Erbschein nach § 2359 BGB. nur zu erteilen, wenn es die zur Begründung des Antrags erforderlichen Tatsachen für festgestellt erachtet. Dieser Vorschrift entspricht die Bestimmung des § 2358 BGB., daß das Nachlaßgericht unter Benutzung der vom Antragsteller angegebenen Beweismittel von Amts wegen die zur Feststellung der Tatsachen erforderlichen Ermittelungen zu veranstalten und die geeignet erscheinenden Beweise aufzunehmen hat. Es ist aber auf die angegebenen Beweismittel nicht beschränkt, auch zu ihrer Benutzung nicht verpflichtet, es kann vielmehr von Amts wegen Ermittelungen jeder Art veranstalten und nach seinem Ermessen Beweise aufnehmen. Die auf Grund der §§ 2358, 2359 BGB. von Amts wegen zu entwickelnde Tätigkeit erstreckt sich auf sämtliche Umstände und Fragen, die es vor Erteilung des Erbscheins zu beachten und zu prüfen hat. Sie umfaßt einmal alle Angaben und Nachweise, die

das Gesetz dem Antragsteller auferlegt. Trotz Erfüllung der gesetzlichen Anforderungen hat der Nachlaßrichter oft Anlaß zu Zweifeln an der Richtigkeit der Angaben und der Zuverlässigkeit der beigebrachten Beweise. Solche Zweifel werden durch unbestimmte Angaben der Erbscheinsverhandlung, durch den Inhalt der eingereichten Personenstandsurkunden und eingeforderter Akten hervorgerufen, insbesondere bietet die sorgfältige Prüfung sämtlicher Angaben der Personenstandsurkunden häufig einen Anhalt für die Annahme, daß noch andere erbberechtigte Personen vorhanden sind oder vorhanden gewesen sind. In allen solchen Fällen greift die Offizialtätigkeit des Nachlaßgerichts ein. Das Gleiche gilt für alle Umstände rechtlicher und tatsächlicher Art, die das Nachlaßgericht zu prüfen hat, auf die sich aber nach dem Gesetze die Angabe- und Beweispflicht des Antragstellers nicht erstreckt. Es sei in dieser Beziehung hingewiesen auf die Prüfung der Zuständigkeit des Nachlaßgerichts, auf die Fragen nach der gehörigen gesetzlichen Vertretung oder Bevollmächtigung, auf die Feststellung, ob ein Testament gültig ist, ob es eine Erbeinsetzung enthält, ob es zu Recht angefochten ist, ob der Erblasser zur Zeit seiner Errichtung geschäftsfähig war, auf die Prüfung, ob erbrechtliche Wirkungen des Güterstandes einer älteren Ehe zu berücksichtigen sind, die Ermittelung, ob beim Nachlaßgericht oder sonst in Frage kommenden Gerichten ein Testament des Erblassers hinterlegt ist, ob eingereichte Urkunden in formeller Beziehung ordnungsmäßig ausgestellt oder ausgefertigt sind, z. B. ob den Ausfertigungen gerichtlicher oder notarieller Urkunden ein vorschriftsmäßiges Dienstsiegel beigefügt ist, als welches der Aufdruck eines Schwarzdrucksiegels nicht anzusehen ist (KGJ. 43 A 23).

In welcher Weise das Nachlaßgericht seine Offizialtätigkeit auszuüben hat, ist oben unter 1—8 schon mehrfach angedeutet. Hervorgehoben seien an dieser Stelle nochmals amtliche Auskünfte von Behörden jeder Art, Einforderung von Akten, schriftliche oder mündliche Anhörung von Erben und anderen Personen, Vernehmung von Zeugen und Sachverständigen. In vielen Fällen ist es angebracht, daß das Nachlaßgericht nicht sofort mit der Offizialtätigkeit beginnt, sondern sich zunächst mit dem Antragsteller in Verbindung setzt, der zuweilen schneller als das Nachlaßgericht auftauchende Bedenken beheben oder eine gewünschte Aufklärung schaffen kann.

An dieser Stelle ist auch den Schwierigkeiten ein Wort zu widmen, die sich im Erbscheinsverfahren so häufig infolge der Unstimmigkeiten und Widersprüche, die die eingereichten Personenstandsurkunden unter sich aufweisen, ergeben. Sind die Unstimmigkeiten und Widersprüche so erheblich, daß sie bei dem Nachlaßrichter ernstliche Identitätszweifel hervorrufen, so kann der Nachlaßrichter nicht umhin, von dem Antragsteller die Herbeiführung der Berichtigung der Personenstandsurkunden zu verlangen.[1]) Der Nachlaßrichter darf aber, da das Berichtigungsverfahren stets Monate in Anspruch nimmt, nicht zu engherzig sein. Hat er trotz der Unstimmigkeiten auf Grund sorgfältigster Prüfung des Urkundenmaterials keine Zweifel an der Identität der Personen oder können die Zweifel in anderer Weise beseitigt werden, z. B. durch eidesstattliche Versicherung des Antragstellers oder sämtlicher Erben oder Anhörung der Person, die einen Geburts- oder Sterbefall beim Standesamt angemeldet hat, zwecks Aufklärung, wie eine falsche

[1]) Vgl. über Berichtigung der Standesregister § 66 RPersGes., § 70 FGG. Für die Anordnung der Berichtigung der Kirchenbucheintragungen aus der Zeit, da sie noch zur Beurkundung des Personenstandes dienten, sind in Preußen die Königlichen Regierungen, in Berlin der Polizeipräsident zuständig (vgl. KGJ. 43 A 75).

Angabe in die Urkunde hineingekommen ist, so ist es seine Pflicht, von dem Verlangen der Herbeiführung der Berichtigung Abstand zu nehmen.

In Ausübung seiner Offizialtätigkeit kann das Nachlaßgericht nach § 2358 Abs. 2 BGB. eine öffentliche Aufforderung zur Anmeldung der anderen Personen zustehenden Erbrechte erlassen. Der Erlaß dieser Aufforderung hat das Vorliegen eines den Erfordernissen der §§ 2354 ff. BGB. entsprechenden Antrages auf Erteilung eines Erbscheins zur Voraussetzung (KGJ. 26 A 62). Durch diese öffentliche Aufforderung sollen die Erben nicht etwa erst ermittelt werden, es soll auch durch sie nicht der Kreis der in Betracht kommenden Erbprätendenten begrenzt werden, sondern diese Aufforderung dient nur dazu, die bei dem Antragsteller oder dem Nachlaßgericht erregten Zweifel, ob nicht noch andere Personen als die vom Antragsteller als Erben benannten als Erben in Frage kommen, zu beseitigen. Sie ist auch nicht dazu bestimmt, wie das OLG. Colmar in KGJ. 35 A 352 annimmt, als Ersatz der Todeserklärung zu dienen (vgl. hierzu Planck Bem. 8 zu § 2358 BGB.).

§ 9.

Die gesetzliche Erbfolge, insbesondere das Erbrecht des Ehegatten und des Fiskus.

I. Allgemeine Voraussetzungen der Erbfolge.

Mit dem Tode einer Person (Erbfall) geht deren Vermögen (Erbschaft) als Ganzes auf eine oder mehrere andere Personen (Erben) über (§ 1922 BGB.). Person ist hier nur die natürliche, nicht auch die juristische Person. Demgemäß gibt es keinen Erbschein nach einer juristischen Person, jedoch ist eine dem Erbschein entsprechende Bescheinigung dem Fiskus in dem Falle zu erteilen, daß bei Auflösung eines Vereins oder Erlöschen einer Stiftung das Vermögen an den Fiskus fällt (§§ 45 Abs. 3, 88, 46 BGB.). Erbe kann jede natürliche und juristische Person sein. Wegen der Erwerbsbeschränkungen für juristische Personen vgl. Art. 86 EG.BGB., Art. 6, 7 Pr. AG.BGB., Kgl. Verordnung vom 16. Nov. 1899, auch KGJ. 31 A 59, 40 A 25. Von dem Vorbehalte in Art. 87 EG.BGB. hat Preußen keinen Gebrauch gemacht. Erbe kann nach § 1923 nur werden, wer zur Zeit des Erbfalls lebt, also nicht, wer zu dieser Zeit noch nicht lebt oder nicht mehr lebt. Entsprechendes gilt für die juristische Person als Erbin. Eine Ausnahme ist für eine zur Zeit des Erbfalls noch nicht lebende, aber bereits erzeugte Person gemacht, sie gilt nach § 1923 Abs. 2 als vor dem Erbfall geboren. Eine noch nicht erzeugte Person kann nicht Erbe sein, dagegen kann sie als Nacherbe eingesetzt sein (§ 2101 Abs. 1 BGB.). Der Erbe, der zur Zeit des Erbfalls erzeugt gewesen zu sein behauptet, kann sich, wenn er einen Erbschein beantragt, zum Beweise dessen auf die in den §§ 1592 und 1717 BGB. festgesetzten Empfängniszeiten berufen, wenngleich dies im Gesetze nicht bestimmt ist. Auch für die Stiftungen gilt nach § 84 BGB. Besonderes.

II. Die gesetzliche Erbfolge der Verwandten.

Gesetzliche Erben der 1. Ordnung sind nach § 1924 BGB. die Abkömmlinge des Erblassers, also Kinder und Kindeskinder. Erbberechtigt sind zunächst eheliche Kinder des Erblassers und deren eheliche, bei Töchtern auch deren uneheliche Abkömmlinge. Uneheliche Kinder sind nur der Mutter gegenüber erbberechtigt. Auch Kinder aus nichtigen

Ehen, die nach §§ 1699 ff. BGB. als eheliche gelten, durch nachfolgende Ehe legitimierte, für ehelich erklärte und an Kindesstatt angenommene Kinder, letztere nur, sofern nicht das Erbrecht nach § 1767 BGB. ausgeschlossen ist, sind erbberechtigte Abkömmlinge. Zu beachten ist, daß sich die Wirkungen der Ehelichkeitserklärung und der Annahme an Kindesstatt nicht auf die Verwandten des Vaters bezw. Annehmenden erstrecken (§§ 1737, 1763) und daß der Angenommene sein Erbrecht gegenüber seinen Verwandten behält (§ 1764). Kinder des Erblassers erben zu gleichen Teilen. Ein zur Zeit des Erbfalls lebender Abkömmling schließt die durch ihn mit dem Erblasser verwandten Abkömmlinge von der Erbfolge aus. An die Stelle eines näheren Abkömmlinges, der zur Zeit des Erbfalls nicht mehr lebt, treten die durch ihn mit dem Erblasser verwandten Abkömmlinge (Erbfolge nach Stämmen, Eintrittsrecht). Die Abkömmlinge, die an die Stelle des nicht mehr lebenden näheren, ihre Verwandtschaft mit dem Erblasser vermittelnden Abkömmlings treten, erhalten zusammen denjenigen Erbteil, der auf den Weggefallenen entfallen wäre, wenn er noch zur Zeit des Erbfalls gelebt hätte. Abkömmlinge, die ausschlagen (§ 1953), mit dem Erblasser einen persönlichen Erbverzichtsvertrag geschlossen haben (§§ 2346, 2349), für erbunwürdig erklärt sind (§ 2344) oder durch letztwillige Verfügung ausgeschlossen sind (§ 1938, vgl. RG. 61, 14), stehen verstorbenen Abkömmlingen gleich.

Gesetzliche Erben der 2. Ordnung sind nach § 1925 BGB. die Eltern des Erblassers und deren Abkömmlinge. Leben zur Zeit des Erbfalls die Eltern, so erben sie allein und zu gleichen Teilen. Also nur wenn beide Eltern leben, sind die Geschwister gänzlich von der Erbfolge ausgeschlossen. Ist der Erblasser ein uneheliches Kind, so erbt die Mutter allein unter Ausschließung der Geschwister. Ein an Kindesstatt angenommenes Kind wird nicht von dem Annehmenden, sondern von seinen leiblichen Eltern beerbt (§§ 1759, 1764). Ein durch nachfolgende Ehe und ein für ehelich erklärtes Kind wird auch von seinem unehelichen Vater beerbt (§§ 1719, 1723, 1736). Lebt zur Zeit des Erbfalls der Vater oder die Mutter nicht mehr, so treten an die Stelle des Verstorbenen dessen Abkömmlinge (vollbürtige und halbbürtige Geschwister des Erblassers) nach den für die Beerbung in der ersten Ordnung geltenden Vorschriften; sind Abkömmlinge nicht vorhanden, so erbt der überlebende Teil allein. Sind beide Eltern verstorben, so nehmen vollbürtige Geschwister an beiden Elternhälften teil, halbbürtige nur an der einen Hälfte. Großeltern werden von Halbgeschwistern ausgeschlossen (KGJ. 39 A 52). Beispiele 1. Der ledige Erblasser hinterläßt seinen Vater, von seiner verstorbenen Mutter sind folgende Kinder am Leben: zwei Kinder aus der Ehe mit dem Vater des Erblassers, ein Kind aus einer früheren Ehe und ein uneheliches Kind. Es erben der Vater $1/2$, die vier Kinder der Mutter die andere Hälfte zu gleichen Teilen, also jedes $1/8$. 2. Beide Eltern des ledigen Erblassers sind tot. Aus der Ehe der Eltern des Erblassers sind drei Kinder am Leben A, B und C, ferner aus einer früheren Ehe des Vaters zwei Kinder D und E und ein uneheliches Kind der Mutter F. Die Hälfte des Vaters erhalten A, B, C, D und E zu gleichen Teilen, also je $1/10$, die Hälfte der Mutter A, B, C und F zu gleichen Teilen, also je $1/8$. Danach erben A, B, C je $1/10 + 1/8 = 9/40$, D und E $1/10$, F $1/8$.

Bezüglich der weiteren Ordnungen wird auf die §§ 1926—1929 BGB. verwiesen. Ein Verwandter ist nicht zur Erbfolge berufen, solange ein Verwandter einer vorhergehenden Ordnung vorhanden ist (§ 1930 BGB.). Wenn also ein Angehöriger einer späteren Ordnung einen Erbschein beantragt, muß er sämtliche Angehörige der früheren

Ordnungen namhaft machen und nachweisen, daß sie weggefallen sind. Die Vorschriften über die gesetzliche Erbfolge ergeben, daß, wenn von gewissen Verwandten ein Erbschein beantragt wird, bestimmte andere Verwandte weggefallen sein müssen, z. B. ein Kind des Erblassers, wenn ein durch dieses mit dem Erblasser verwandter Enkel, die Eltern des Erblassers, wenn Geschwister erben. Wenn in solchen Fällen, wie es häufig der Fall ist, in der Erbscheinsverhandlung gesagt wird, daß Personen, durch die der Antragsteller von der Erbfolge ausgeschlossen werden würde, nicht vorhanden waren, so ist dies in jedem Falle unrichtig, und es ist die Berichtigung der Erbscheinsverhandlung zu verlangen.

III. Die gesetzliche Erbfolge des Ehegatten.

a) Ist die Ehe nach dem Inkrafttreten des BGB. geschlossen, so bestimmt sich das gesetzliche Erbrecht des Ehegatten ausschließlich nach dem BGB. § 1931. Die Erbfolge des überlebenden Ehegatten setzt eine gültige, bis zum Tode des Erblassers fortbestehende Ehe voraus. Nichtigkeit der Ehe, Auflösung der Ehe infolge der Wiederverheiratung des anderen Teiles nach § 1348 BGB. und Scheidung der Ehe beseitigen das Erbrecht. Trotz Bestehens der Ehe bis zum Tode ist das Erbrecht des überlebenden Ehegatten ausgeschlossen im Falle des § 1933 BGB. (vgl. S. 911) und, wenn die Aufhebung der ehelichen Gemeinschaft durch rechtskräftiges Urteil ausgesprochen und diese später auch nicht mehr hergestellt worden ist (§§ 1575, 1586, 1587 BGB.). Der überlebende Ehegatte erhält neben Verwandten der ersten Ordnung $^1/_4$, neben Verwandten der zweiten Ordnung und neben Großeltern $^1/_2$ der Erbschaft. Würden nach § 1926 Abs. 3, 4 BGB. neben Großeltern Abkömmlinge von solchen miterben, so erhält der überlebende Ehegatte auch deren Anteile. Sind weder Verwandte der ersten oder der zweiten Ordnung noch Großeltern vorhanden, so erhält der überlebende Ehegatte die ganze Erbschaft. Der Erbteil des Ehegatten erhöht sich nicht, wenn von mehreren zu einer Ordnung gehörenden miterbenden Verwandten einer wegfällt, der Wegfall kommt vielmehr nur den Verwandten zugute. Das in § 1932 BGB. geregelte Recht auf den Voraus ist, da es die rechtliche Natur des Vermächtnisses hat, für das Erbscheinsverfahren ohne Bedeutung. Eine Erhöhung des Erbteils des Ehegatten kann eintreten, wenn er zugleich zu den erbberechtigten Verwandten gehört und als solcher miterbt (§ 1934 BGB.). Im Erbschein tritt dies nicht in Erscheinung.

Hat in einer Ehe kraft Ehevertrages allgemeine Gütergemeinschaft oder Fahrnisgemeinschaft bestanden und tritt fortgesetzte Gütergemeinschaft ein, so gehört der Anteil des verstorbenen Ehegatten am Gesamtgute nicht zum Nachlasse; im übrigen wird er nach den allgemeinen Vorschriften beerbt. Wegen Erteilung eines Erbscheins in diesem Falle bezw. eines Zeugnisses über die Fortsetzung der Gütergemeinschaft vgl. S. 953.

b) Ist die Ehe vor dem Inkrafttreten des BGB. geschlossen, stirbt ein Ehegatte aber nach diesem Zeitpunkte, so bestimmt sich das Erbrecht des überlebenden Ehegatten an sich auf Grund des Art. 213 EG.BGB. nach dem BGB. Von dieser Regel macht aber der Art. 200 EG.BGB. eine Ausnahme, nach ihm bleiben für den Güterstand einer zur Zeit des Inkrafttretens des BGB. bestehenden Ehe die bisherigen Gesetze maßgebend, und dies gilt insbesondere auch von den Vorschriften über die erbrechtlichen Wirkungen des Güterstandes. Hat der maßgebende Güterstand keine erbrechtlichen Wirkungen, so erbt auch der überlebende Ehegatte nur nach dem BGB. Sind aber nach dem bisherigen Rechte mit dem Güterstande erbrechtliche Wirkungen verknüpft, so sind diese ausschließlich für die Beerbung durch den überlebenden Ehegatten maßgebend, und es findet nicht noch daneben das Ehegattenerbrecht des BGB. Anwendung (KGJ. 30 A 72). Dagegen regelt sich die Erbfolge der Verwandten auch in einem solchen Falle lediglich nach dem BGB., allerdings modifiziert durch das nach dem früheren Rechte sich bestimmende Erbrecht des Ehegatten. Auf Grund des Art. 218 EG.BGB. haben die Landesgesetze eine Überleitung der bestehenden Güterstände in das neue Recht vorgenommen. Für Preußen ist diese Überleitung in umfassender Weise durch die Art. 44—67 Pr. AG.BGB. und die Verordnung betr. den Güterstand bestehender Ehen vom 20. Dez. 1899 geregelt, die erbrechtlichen Wirkungen der Güterstände sind hierbei unberührt gelassen worden. Es muß wegen der Einzelheiten auf die Kommentare zum AG.BGB. verwiesen werden, insbesondere auf den von Crusen-Müller.

Für die Tätigkeit des Nachlaßrichters ergibt sich aus dem Vorstehenden folgendes: In jedem Falle, wenn in einer Erbscheinssache ein Ehegatte des Erblassers als Erbe in Frage kommt, hat der Nachlaßrichter zunächst zu prüfen, ob die Ehe vor dem 1. Jan. 1900 geschlossen ist. Ist es der Fall, so muß er feststellen, unter welchem Güterrechte die Ehegatten gelebt haben. Zu diesem Behufe hat der Antragsteller anzugeben, wo die Eheleute ihren ersten ehelichen Wohnsitz gehabt haben (nicht: an welchem Orte sie die Ehe geschlossen haben), da nach den meisten Rechten, insbesondere nach ALR., dem gemeinen und dem französischen Rechte der erste eheliche Wohnsitz für das Güterrecht maßgebend ist. Ist das eheliche Güterrecht festgestellt, so sind die Bestimmungen des Pr. AG.BGB. und der erwähnten Verordnung wegen der erbrechtlichen Wirkungen des Güterstandes zu prüfen. Da die Möglichkeit besteht, daß die Ehegatten durch einen das Güterrecht regelnden Ehevertrag einen anderen Güterstand für sich eingeführt haben, ist der Nachlaßrichter berechtigt, von dem Antragsteller eine eidesstattliche Versicherung darüber zu verlangen, ob zwischen den Eheleuten ein das Güterrecht regelnder Ehevertrag geschlossen ist. Eine solche Erklärung ist in der Angabe, daß der Erblasser eine Verfügung von Todes wegen nicht hinterlassen habe, nicht enthalten (OLG. 11, 270). Ist ein Ehevertrag geschlossen, so ist er dem Nachlaßgericht zur Prüfung vorzulegen.

Im einzelnen sei nur folgendes hervorgehoben: Der gesetzliche Güterstand der Verwaltungsgemeinschaft des ALR. (Art. 45 Pr. AG.BGB.), des gemeinen Dotalrechts (Art. 49, Ausnahme in § 3) und des Rheinischen Bürgerlichen Gesetzbuches (Art. 56) haben keine erbrechtlichen Wirkungen. Dagegen ist dies u. a. der Fall bei dem Märkischen Provinzialrechte (Art. 46) und dem gesetzlichen Güterstande der allgemeinen Gütergemeinschaft des ALR., sofern durch Ehevertrag fortgesetzte Gütergemeinschaft vereinbart ist (Art. 47), bei dem gesetzlichen Güterstande der allgemeinen Gütergemeinschaft in Westfalen (Art. 48) und bei dem in der Provinz Pommern nach Lübischem Recht, nach den Bauernordnungen vom 16. Mai 1616 und 30. Dezember 1764 und einigen Statutarrechten geltenden Rechte (Art. 51). Für die Praxis ist besonders zu beachten, daß die landrechtliche Gütergemeinschaft, die insbesondere in Posen, Ost- und Westpreußen galt, sofern nicht durch Ehevertrag fortgesetzte Gütergemeinschaft vereinbart ist, mit dem Tode des Ehegatten endet und die Erbfolge in den Nachlaß des verstorbenen Ehegatten sich nach dem BGB. regelt, während bei der provinzialrechtlichen Gütergemeinschaft vielfach fortgesetzte Gütergemeinschaft eintritt.

Nur das

Märkische Provinzialrecht

soll hier eingehend behandelt werden. Das in der Constitutio Joachimica vom 9. Oktober 1527 und im Erbschaftsedikte vom 30. April 1765 geregelte Märkische Provinzialrecht galt bis zum 1. Januar 1900 in Berlin und im größten Teile der Provinz Brandenburg sowie in einzelnen kleineren Bezirken. In Art. 46 § 2 Pr. AG.BGB. werden die nach den bisherigen Gesetzen dem überlebenden Ehegatten an dem Vermögen des verstorbenen Ehegatten zustehenden Rechte für erbrechtliche Wirkungen des Güterstandes und die bisherigen Gesetze für sie mit den in den §§ 3—5 bestimmten Änderungen für maßgebend erklärt. Hiernach gestaltet sich die Erbfolge des märkischen Ehegatten unter dem BGB. wie folgt:

Ist eine Verfügung des Erblassers von Todes wegen nicht vorhanden, tritt also die gesetzliche Erbfolge ein, so hat der überlebende Ehegatte ein mehrfaches Wahlrecht:

a) Er kann nach dem BGB. (§§ 1942 f.) frist- und formgerecht die Erbschaft ausschlagen und ist dann weder nach dem BGB. noch nach dem Statut Erbe.

b) Er kann bis zum Ablaufe der im BGB. vorgeschriebenen Ausschlagungsfrist statt der Rechte, die ihm nach den bisherigen Gesetzen zustehen, die Erbfolge nach dem Bürgerlichen Gesetzbuche wählen.[1]) (Art. 46 § 3 Abs. 1.) Nach Abs. 2 erfolgt die Wahl durch Erklärung gegenüber dem Nachlaßgericht, die in öffentlich, also gerichtlich oder notariell, beglaubigter Form abzugeben ist. Die Wahlerklärung ist also nur wirksam, wenn sie in der vorgeschriebenen Form dem Nachlaßgericht innerhalb bestimmter Frist zugeht. Für den Beginn der Frist ist die Kenntnis von der Existenz des Wahlrechts nicht erforderlich (KGJ. 41 A 55). Ist die Erklärung wirksam, so ist der überlebende Ehegatte Erbe nach dem BGB. geworden, so daß §§ 1931 ff. anzuwenden sind. Ohne frist- und formgerechte Ausübung dieses Wahlrechts kann der Ehegatte das gesetzliche Erbrecht nach dem BGB. nicht in Anspruch nehmen, auch soweit es ihm günstiger ist (KGJ. 41 A 55). Im Erbscheinsverfahren muß die Rechtswirksamkeit der Wahlerklärung vom Nachlaßgericht festgestellt werden. Während der märkische Ehegatte nie mehr als höchstens die Hälfte des gemeinschaftlichen Vermögens erhalten kann, kann er durch die Wahl der Erbfolge nach dem BGB. erreichen, daß er die Hälfte des Nachlasses erbt, ohne sein Vermögen einwerfen zu müssen, oder daß er unter Umständen den ganzen Nachlaß erbt.

c) Hat der überlebende Ehegatte weder die Erbschaft ausgeschlagen noch die Erbfolge nach dem BGB. gewählt, so ist er, sofern nicht der Fall des § 1933 BGB. gegeben ist (Art. 59 § 7 Pr. AG.BGB.), Erbe nach dem Statut geworden. Als solcher hat er ein doppeltes Wahlrecht, das im Falle des Todes vor der Ausübung auf seine Erben übergeht: Er kann entweder die Rücknahme des eigenen Vermögens (nicht: des eingebrachten Vermögens) oder die statutarische Portion, d. i. die Hälfte der aus dem Nachlasse und dem eingeworfenen Vermögen des Überlebenden gebildeten Teilungsmasse, wählen. Im ersten Falle überläßt er den Miterben den ganzen Nachlaß, im letzteren

[1]) Dieses Wahlrecht geht auf die Erben über, von denen es nur einheitlich ausgeübt werden kann. Können sie sich nicht entschließen oder sich nicht einigen, wobei die §§ 741 ff. BGB. zu beachten sind, so ist die Rechtslage so, als wenn der Ehegatte die Frist ohne Erklärung hätte verstreichen lassen.

erhalten sie die andere Hälfte der Teilungsmasse. Dieses Wahlrecht ist an keine Frist und Form gebunden, braucht auch nicht dem Nachlaßgericht gegenüber ausgeübt zu werden. Geschieht es, so genügt einfache Schriftform. Wird ein Erbschein beantragt, so wird die Erklärung zweckmäßig in die Erbscheinsverhandlung aufgenommen.[1]) Behufs Erteilung des Erbscheins kann das Nachlaßgericht unzweideutige ausdrückliche Erklärungen des hinterbliebenen Ehegatten darüber verlangen, ob er die statutarische Portion oder die Rücknahme des eigenen Vermögens wählt (KGJ. 25 A 68). Vor Ausübung des Wahlrechts kann ein Erbschein nicht erteilt werden. Der märkische Ehegatte, der die Rücknahme seines Vermögens gewählt hat, bleibt Erbe und ist als solcher, wenn auch mit dem Zusatze „ohne Anteil am Nachlasse" im Erbschein aufzuführen. Hat der Ehegatte die statutarische Portion gewählt, so muß der gemeinschaftliche Erbschein angeben, daß der hinterbliebene Ehegatte zur Hälfte der unter Einwerfung seines Vermögens gebildeten Nachlaßmasse oder Teilungsmasse und die Miterben zur anderen Hälfte dieser Masse Erben geworden sind (KGJ. 25 A 68, 35 A 213). Die Personen der Miterben und ihre Erbteile bestimmen sich lediglich nach dem BGB. und zwar nach den für die Erbfolge der Verwandten geltenden Vorschriften. Ihr Erbrecht wird allerdings und zwar besonders hinsichtlich der Erbteile durch das märkische Ehegattenerbrecht modi-

---

[1]) In der Erbscheinsverhandlung ist die Erklärung etwa wie folgt zu fassen:

„Ich habe mich mit dem Erblasser im Jahre 1895 verheiratet. Den ersten ehelichen Wohnsitz haben wir in Berlin genommen. Ich übe das mir zustehende Wahlrecht dahin aus, daß ich die statutarische Portion wähle (daß ich mein eigenes Vermögen zurücknehme)."

Erbscheinsbeispiele: A. Gemeinschaftlicher Erbschein.

Erben des am 19. Jan. 1905 verstorbenen, in Potsdam wohnhaft gewesenen Tischlermeisters Johann Gottfried Karl Friese

sind

I. seine Witwe Amalie Auguste Friderike Friese geb. Hartung in Potsdam,

II. seine Kinder:

1. der Architekt Emil Karl Otto Friese in Kiel,
2. die verehelichte Frieda Karoline Berta Schäfer geb. Friese in Berlin,

zu I zur Hälfte,

zu II zu je einem Viertel

der aus dem Nachlasse und dem eingeworfenen Vermögen der Witwe gebildeten Teilungsmasse.

Potsdam, den 1. Mai 1905.

Königliches Amtsgericht. Abt. 10.

Richter.

B. Gemeinschaftlicher Erbschein.

Erben des ....

sind

I. seine Witwe Amalie Auguste Friderike Friese geb. Hartung in Potsdam,

II. seine Mutter Emilie Martha Pauline Friese geb. Hartung in Potsdam,

III. seine Brüder:

1. der Schlossermeister Wilhelm Otto Max Friese in Schöneberg,
2. der Kaufmann Georg Kurt Paul Friese in Nauen,

zu I ohne Anteil am Nachlasse,

zu II zur Hälfte,

zu III zu je einem Viertel.

Potsdam, den ....

fiziert, aber nicht durch die Bestimmungen des BGB. über das Ehegattenerbrecht. Der märkische Ehegatte schließt also auch noch so entfernte Verwandte nicht aus, und es kann sogar jetzt noch wie früher der Fall eintreten, daß der märkische Ehegatte, da er niemals mehr als die Hälfte des gemeinschaftlichen Vermögens erben kann, die andere Hälfte an den Fiskus als gesetzlichen Erben abgeben muß, ein höchst unerfreuliches Ergebnis, das ich leider mehrmals in meiner Praxis feststellen mußte.

Nach Art. 46 § 4 Pr. AG.BGB. hat das Nachlaßgericht dem überlebenden Ehegatten auf Antrag eines Miterben — nicht eines Gläubigers (E. d. KG. vom 16. Juli 1912, DJZ. 1912 S. 1300 — eine Frist zur Erklärung darüber zu bestimmen, ob er die stat. Portion oder die Rücknahme des eigenen Vermögens wähle.[1]) Die Frist soll mindestens 1 Monat, höchstens 3 Monate betragen. Sie beginnt mit der Zustellung des Beschlusses, durch den sie bestimmt wird, und endigt nicht vor dem Ablaufe der Ausschlagungsfrist. Die Wahl ist in öffentlich, also gerichtlich oder notariell, beglaubigter Form gegenüber dem Nachlaßgericht zu erklären. Erklärt sich der Ehegatte nicht vor dem Ablaufe der Frist, so geht das Wahlrecht auf die Miterben über. Auf diese Folge ist der Ehegatte in dem Beschlusse hinzuweisen. Mit frist- und formgerechter Wahl der Erbfolge nach dem BGB. wird die Fristbestimmung unwirksam. Der den Antrag aus Art. 46 § 4 stellende Miterbe hat zur Begründung die Sterbeurkunde und die Heiratsurkunde des Erblassers sowie die sein Verwandtschaftsverhältnis nachweisenden Urkunden einzureichen und den ersten ehelichen Wohnsitz des Erblassers und des überlebenden Ehegatten anzugeben. Die Frist ist ohne Rücksicht auf den Ablauf der Ausschlagungsfrist zu bestimmen. Ist das Wahlrecht übergegangen, so ist es in öffentlich beglaubigter Form und von sämtlichen Miterben auszuüben. Sind die Miterben uneinig, so sind die Vorschriften des BGB. über die Gemeinschaft (§§ 741 ff.) anzuwenden. Die Rechtswirksamkeit der von dem Ehegatten und den Miterben abgegebenen Erklärungen braucht das Nachlaßgericht erst bei Erteilung des Erbscheins zu prüfen.

Das Recht der Miterben, sich bei Überschuldung des Vermögens des überlebenden Ehegatten die Einwerfung des Vermögens zu verbitten, ist bestehen geblieben.

Hat der Erblasser eine Verfügung von Todes wegen hinterlassen, so gestaltet sich die Rechtslage verschieden, je nachdem diese Verfügung ein Erbvertrag oder ein Testament ist. Ersterenfalls ist das statutarische Erbrecht

---

[1]) B.

1. Beschluß.

Am 19. Jan. 1905 ist der in Potsdam wohnhaft gewesene Tischlermeister Johann Gottfried Karl Friese gestorben. Auf Antrag des Miterben, des Architekten Otto Friese in Kiel, wird der Witwe des Erblassers Friderike Friese geb. Hartung in Potsdam eine Frist von einem Monat zur Erklärung darüber bestimmt, ob sie die statutarische Portion oder die Rücknahme des eigenen Vermögens wähle. Sie wird darauf hingewiesen, daß das Wahlrecht auf die Miterben übergeht, wenn sie sich nicht vor dem Ablaufe der Frist erklärt.

Die Erklärung ist dem unterzeichneten Nachlaßgericht gegenüber in öffentlich (gerichtlich oder notariell) beglaubigter Form abzugeben.

Potsdam, den ....

2. Beschluß der Witwe zuzustellen.
3. Nachricht dem Antragsteller.
4. Akten weglegen.

des Überlebenden ausgeschlossen, und es kommt ausschließlich das BGB. zur Anwendung (vgl. Art. 214 EG.BGB.). Ist die Verfügung von Todes wegen ein Testament, auch ein gemeinschaftliches, so ist zu unterscheiden:

a) Wenn der Überlebende als Erbe eingesetzt ist und die Ausschlagung der testamentarischen Erbschaft die Eröffnung der gesetzlichen Erbfolge und die Berufung des Ausschlagenden als gesetzlichen Erben zur Folge hat, also in Ansehung des ausgeschlagenen Erbteils auf Grund des Testaments weder eine Anwachsung noch eine Ersatzerbfolge eintritt (vgl. KGJ. 38 A 107), so kann er gemäß § 1948 BGB. die Erbschaft als eingesetzter Erbe ausschlagen und als gesetzlicher Erbe annehmen. Hat er frist- und formgerecht ausgeschlagen, so kann er nicht nur die Rücknahme des eigenen Vermögens oder die statutarische Portion, sondern auch innerhalb der für ihn als gesetzlichen Erben laufenden Ausschlagungsfrist in der vorgeschriebenen Form (Art. 46 § 3 Abs. 2 Pr.AG. BGB.) die Erbfolge nach BGB. wählen (vgl. KGJ. 34 A 83).

b) Der Überlebende ist zwar als Erbe eingesetzt, aber die Ausschlagung der testamentarischen Erbschaft würde für den ausschlagenden Ehegatten nicht die Eröffnung der gesetzlichen Erbfolge zur Folge haben, sondern es würde Anwachsung oder Ersatzerbfolge eintreten. In diesem Falle kann er, wenn er die testamentarische Erbschaft frist- und formgerecht ausschlägt (vgl. E. d. RG. in JW. 1910 S. 745), die statutarische Portion oder die Rücknahme des eigenen Vermögens wählen, nicht aber die Erbfolge nach BGB.

c) Hat der Erblasser den Ehegatten in seinem Testamente übergangen so kann er sein statutarisches Recht, das zugleich die Natur eines Pflichtteilsrechts hat, trotz des Testaments geltend machen.

In den Fällen zu b und c kann es zweifelhaft erscheinen, ob die statutarischen Rechte des märkischen Ehegatten im Erbschein zu erwähnen sind. Man könnte daran denken, daß in diesen Fällen nur die Testamentserben als „Erben" des Erblassers anzusehen seien, der märkische Ehegatte aber nur als Pflichtteilsberechtigter zu behandeln und deshalb im Erbschein nicht zu berücksichtigen sei. Der märkische Ehegatte hat aber ein unentziehbares Recht auf „Erbesein", insbesondere ist der Anspruch auf die statutarische Portion nicht nur ein Recht auf Zahlung einer dem Werte des Erbteils entsprechenden Summe. Der märkische Ehegatte und seine Rechte sind daher auch in diesen Fällen im Erbschein zu erwähnen (vgl. auch KGJ. 22 A 65, 30 A 73).

In den Fällen a—c finden die Vorschriften des § 4 Abs. 1 bis 3 Art. 46 Pr. AG.-BGB. nach § 5 ebenda Anwendung.

Der Ausschluß des gesetzlichen Erbrechts nach § 1933 und die Entziehung des Pflichtteils nach §§ 2335—2337 BGB. gilt auch für die statutarischen Rechte des märkischen Ehegatten (Art. 59 § 7 Pr. AG.BGB.).

IV. Die gesetzliche Erbfolge des Fiskus.

Das gesetzliche Erbrecht des Fiskus auf Grund des § 1936 BGB. hat zur Voraussetzung, daß zur Zeit des Erbfalls weder ein Verwandter noch ein Ehegatte des Erblassers vorhanden ist. Dem Nichtvorhandensein steht es gleich, wenn die Genannten als Erben weggefallen sind (vgl. S. 917). Die Erbschaft fällt dem Fiskus des Bundesstaats zu, dem der Erblasser zur Zeit seines Todes angehört hat (vgl. im übrigen § 1936). Der Fiskus kann die ihm als gesetzlichem Erben angefallene Erbschaft nicht ausschlagen

(§ 1942 Abs. 2 BGB.). Die Versagung des Ausschlagungsrechts gilt aber nur für das durch das BGB. dem Fiskus gewährte Erbrecht, welches das Nichtvorhandensein eines Ehegatten und Verwandter voraussetzt. Erbt dagegen der Fiskus gleichzeitig mit dem überlebenden Ehegatten, z. B. dem märkischen Ehegatten, wenn Verwandte nicht vorhanden sind[1]), oder auf Grund des Vorbehalts in Art. 139 EG. BGB.[2]), so kann der Fiskus, da diese Erbrechte nicht auf dem BGB. beruhen, die Erbschaft wie früher (vgl. S. 864) ausschlagen. Nach § 1964 BGB. hat das Nachlaßgericht festzustellen, daß ein anderer Erbe als der Fiskus nicht vorhanden ist, wenn der Erbe nicht innerhalb einer den Umständen entsprechenden Frist ermittelt wird. Einen Anlaß zu dieser Feststellung hat es nur dann, wenn es in einer schwebenden Nachlaßsache, z. B. einer Ausschlagungs- oder Nachlaßpflegschaftssache, mit der Ermittelung der Erben befaßt ist. Es ist nicht etwa verpflichtet, bei jedem Todesfalle, der amtlich zu seiner Kenntnis kommt, die Erben zu ermitteln, weil vielleicht schließlich der Fiskus als Erbe in Betracht kommen könnte. Aber auch wenn Ermittelungen nach den Erben angestellt, aber ohne Erfolg gewesen sind, z. B. in einer Ausschlagungssache alle ermittelten Verwandten ausgeschlagen haben, braucht es nicht in jedem Falle die Feststellung aus § 1964 zu treffen, sondern nur dann, wenn für diese Feststellung irgend ein Bedürfnis vorliegt, wenn sie irgend einen Zweck hat. Letzteres ist insbesondere dann zu verneinen, wenn weder eine Aktiv- noch eine Passivmasse vorhanden ist. Der Entscheidung d. KG. in OLG. 9, 384, daß die Feststellung wegen mangelnden Bedürfnisses nicht unterbleiben dürfe, kann nicht beigetreten werden. Sie läßt sich aus dem Wortlaute des Gesetzes begründen, trägt aber den Bedürfnissen der Praxis in keiner Weise Rechnung. Wenn der Nachlaßrichter in der Großstadt in den zahlreichen Ausschlagungssachen, in denen keine Masse vorhanden ist und Nachlaßgläubiger sich nicht melden, stets das Feststellungsverfahren betreiben müßte, so würden hierdurch, ohne daß jemand Nutzen davon oder ein Interesse daran hätte, lediglich dem Nachlaßgericht und dem Fiskus Kosten und Arbeit verursacht. Eine so zwecklose und überflüssige Tätigkeit kann aber vom Gesetzgeber nicht gewollt sein. Der Nachweis, daß ein Verwandter des Erblassers vorhanden ist, schließt, auch wenn das Nichtvorhandensein von Verwandten einer vorhergehenden Ordnung nicht nachgewiesen wird, die Feststellung aus (KGJ. 32 A 83). Sind die Voraussetzungen für die Feststellung gegeben, so hat das Nachlaßgericht von Amts wegen die Staatsangehörigkeit des Erblassers zu ermitteln, weil dies zur Bestimmung des erbenden Fiskus erforderlich ist. In dem Feststellungsbeschlusse[3]) ist anzugeben, welcher Fiskus Erbe ist (KGJ. 31 A 64). Gegen die Feststellung steht dem Fiskus die Beschwerde zu (KGJ. 27 A 49). Es empfiehlt sich die förmliche Zustellung des Beschlusses. Der Fiskus kann auch die Erteilung des Erbscheins

---

[1]) Vgl. S. 922 oben. [2]) Vgl. S. 864.

[3]) B.

1. **Beschluß.**

In Sachen betr. den Nachlaß des .... wird festgestellt, daß ein anderer Erbe des .... nicht vorhanden ist als der Kgl. Preußische Fiskus.

Potsdam, den 1. April 1913.

Kgl. Amtsgericht.

2. Beschluß zustellen dem Fiskus, vertreten durch die Kgl. Regierung in Potsdam (in Berlin: durch den Polizeipräsidenten).
3. Nach 2 Wochen.

beantragen, wenn die Feststellung erfolgt ist; er muß die vorgeschriebenen Angaben machen, dagegen ist von der Abgabe der Versicherung an Eidesstatt abzusehen. Das Nachlaßgericht ist trotz formellen Fortbestandes der Feststellung berechtigt und verpflichtet, auf Antrag eines angeblich Erbberechtigten das Erbscheinerteilungsverfahren einzuleiten und dem sich als wahren Erben Ausweisenden den Erbschein zu erteilen (KGJ. 39 A 88). Der Feststellung hat eine öffentliche Aufforderung zur Anmeldung der Erbrechte vorauszugehen, die unterbleiben darf, wenn die Kosten dem Bestande des Nachlasses gegenüber unverhältnismäßig groß sind (§ 1965 Abs. 1 BGB.). Die Frist des Abs. 2 ist nur abzuwarten, wenn vor Erlaß des Feststellungsbeschlusses Anmeldungen erfolgt sind (KGJ. 36 A 67).

Nach Art. 138 EG.BGB. bleiben die landesgesetzlichen Vorschriften unberührt, nach welchen im Falle des § 1936 BGB. an Stelle des Fiskus eine Körperschaft, Stiftung oder Anstalt des öffentlichen Rechtes Erbe ist. Für Berlin ist der Rezeß Joachim I vom 27. Dezember 1508 in Kraft geblieben. Er bestimmt, daß die Nachlässe der in Berlin verstorbenen Personen an die Stadt Berlin fallen mit Ausnahme der Nachlässe der Unehelichen, Fremden, Juden und Adligen, die dem Polizeipräsidium (Fiskus) zufallen. Die Stadt Berlin tritt in jeder Beziehung an die Stelle des Fiskus. Sie kann die Erbschaft nicht ausschlagen und kann das Erbrecht erst nach Feststellung durch das Nachlaßgericht geltend machen (vgl. S. 864, auch KGJ. 24 A 58).

Nach Art. 139 EG.BGB. bleiben die landesgesetzlichen Vorschriften unberührt, nach welchen dem Fiskus oder einer anderen juristischen Person in Ansehung des Nachlasses einer verpflegten oder unterstützten Person ein Erbrecht, ein Pflichtteilsanspruch oder ein Recht auf bestimmte Sachen zusteht. Hiernach sind noch in Geltung die Vorschriften des ALR. (§§ 50—75 II 19) über das gesetzliche Erbrecht der öffentlichen Anstalten an dem Nachlasse solcher Personen, die in die Anstalt zur unentgeltlichen Verpflegung aufgenommen und in dieser Verpflegung gestorben sind. Auch milde Stiftungen Privater kommen hier unter Umständen in Betracht (KGJ. 21 A 230). Wenn die Anstalten nicht selbst juristische Persönlichkeit besitzen, steht das Erbrecht der Korporation zu, die die Anstalt errichtet hat und verwaltet (KGJ. 31 A 68). Diese Entscheidung spricht sich auch über den Begriff der Unentgeltlichkeit aus. Die Aufnahme in eine kommunale Anstalt im Wege der öffentlichen Armenpflege begründet das Erbrecht nicht.

In Kraft geblieben ist endlich auch noch das Reskript vom 2. Juli 1801, durch welches die Vorschrift des § 67 II 19 ALR. dahin deklariert wird, daß dem Armendirektorio nach wie vor ein Erbrecht auf den Nachlaß solcher Personen zustehen soll, welchen, ohne in eine Armenanstalt aufgenommen zu sein, bis zu ihrem Ableben aus der Armenkasse Almosen gereicht worden. Näheres hierüber vgl. in Berliner Gemeinderecht Bd. 8 S. 232 ff.

§ 10.

Der Erbschein auf Grund einer Verfügung von Todes wegen.

Wer die Erteilung eines Erbscheins auf Grund einer Verfügung von Todes wegen beantragt, hat gemäß § 2355 BGB.

1. die Verfügung zu bezeichnen, auf der sein Erbrecht beruht,

   und anzugeben:

2. ob und welche sonstigen Verfügungen des Erblassers von Todes wegen vorhanden sind,
3. die Zeit des Todes des Erblassers,
4. ob ein Rechtsstreit über sein Erbrecht anhängig ist,
5. wenn eine Person weggefallen ist, durch die der Antragsteller von der Erbfolge ausgeschlossen oder sein Erbteil gemindert werden würde: in welcher Weise die Person weggefallen ist.

Beim gemeinschaftlichen Erbschein ferner (§ 2357 BGB.):

6. die Erben und ihre Erbteile,
7. wenn der Antrag nicht von allen Erben gestellt wird: daß die übrigen Erben die Erbschaft angenommen haben,
8. wenn vom Vorerben ein Erbschein beantragt wird: die in § 2363 BGB. bezeichneten Tatsachen,
9. im Falle der Ernennung eines Testamentsvollstreckers: diese nach § 2364 BGB.

1. Die Verfügung von Todes wegen.

Der Antragsteller hat die Verfügung von Todes wegen, auf der sein Erbrecht beruht, zu bezeichnen und die die Verfügung enthaltende Urkunde vorzulegen. Die Bezeichnung der Verfügung kann in dem einer Form nicht bedürfenden Antrage erfolgen, wird aber meist in die Erbscheinsverhandlung aufgenommen. Wird die Verfügung von Todes wegen vom Antragsteller zugleich mit dem Erbscheinsantrage vorgelegt, so ist zunächst die Eröffnung zu veranlassen, denn die vorgängige Eröffnung der Verfügung ist die notwendige Voraussetzung für die Erteilung des Erbscheins (KGJ. 22 A 52). Befindet sich die Verfügung bereits beim Nachlaßgericht, so tritt an die Stelle der Vorlegung die Bezugnahme auf die Testamentsakten. Der Nachlaßrichter darf den Erbschein nicht auf Grund der oft mit der Erbscheinsverhandlung eingereichten Ausfertigungen und beglaubigten Abschriften der Verfügung erteilen, sondern muß die Urschrift einsehen (vgl. KGJ. 37 A 127). Hat der Testamentsrichter ein gemeinschaftliches Testament gemäß § 2273 Satz 3 BGB. wieder verschlossen und in die besondere amtliche Verwahrung zurückgebracht, so hat er es auf Verlangen des Erbscheinsrichters wieder zu öffnen, um ihm die Einsicht der Urschrift zu ermöglichen. Als Grundlage des Erbscheinsverfahrens genügt auch ein wirksam gebliebenes, aber verloren gegangenes Testament, wenn sein Inhalt durch andere Beweismittel festgestellt werden kann (KGJ. 41 A 94). Sind mehrere Verfügungen von Todes wegen vorhanden, so hat der Antragsteller anzugeben, auf welcher von ihnen sein Erbrecht beruht. Auch die anderen Verfügungen sind vorzulegen, damit der Nachlaßrichter sie prüfen kann.

Das Nachlaßgericht hat von Amts wegen die formelle und materielle Gültigkeit der Verfügung von Todes wegen zu prüfen sowie sich ihrer Auslegung zu unterziehen. Der Nachlaßrichter muß eine bestimmte Entscheidung treffen, ob das Testament gültig oder ungültig ist. Er darf den Erbschein nicht mit der Begründung versagen, daß die Gültigkeit des Testaments zweifelhaft sei (KGJ. 32 A 94). Über die Gültigkeit oder Ungültigkeit eines Testaments entscheidet der Nachlaßrichter lediglich auf Grund seiner pflichtgemäßen Prüfung, ohne Anerkenntnisse der gesetzlichen oder der in einem früheren aufgehobenen Testament eingesetzten Erben erfordern oder beachten zu müssen. Ein Anerkenntnis durch den Testamentserben in einem Rechtsstreite mit dem gesetzlichen Erben über die Gültigkeit des Testaments, daß das Testament nichtig und der Prozeßgegner gesetzlicher Erbe geworden sei, enthebt das Nachlaßgericht nicht der Pflicht zur Prüfung der Gültigkeit des Testaments; erachtet es das Testament für gültig, so kann es dem gesetzlichen Erben keinen Erbschein erteilen (KGJ. 34 A 112).

Die formelle Prüfung erstreckt sich zunächst auf die Echtheit der die Verfügung enthaltenden Urkunde. Da das in öffentlicher Form errichtete Testament ausscheidet, kommen für diese Prüfung nur das eigenhändige Testament, von dem hier allein die Rede sein soll, und die nach §§ 2250, 2251 BGB. errichteten Testamente in Frage.

Das Nachlaßgericht hat die Echtheit des eigenhändigen Testaments in jedem Falle festzustellen, auch wenn es keinen Anlaß zu Zweifeln hat; denn durch die Möglichkeit rein privater Errichtung ist den Fälschungen Tür und Tor geöffnet und deshalb stets ganz besondere Vorsicht am Platze. Die Praxis begnügt sich in der Regel mit einer eidesstattlichen Versicherung des Antragstellers über die eigenhändige Niederschrift des ganzen Testaments durch den Erblasser und die eigenhändige Unterschrift des Erblassers und der Vorlegung von Schriftproben des Erblassers. Hat der Nachlaßrichter doch noch Bedenken, so ist weiterer Beweis erforderlich, z. B. eidesstattliche Versicherungen unbeteiligter Personen, die bei der Niederschrift des Testaments zugegen waren, oder Vernehmung solcher Personen als Zeugen. Gemäß § 2360 Abs. 2 BGB. soll das Nachlaßgericht, wenn auf Grund eines eigenhändigen Testaments ein Erbschein beantragt wird,[1]) vor der Erteilung denjenigen über die Gültigkeit der Verfügung hören, der im Falle der Unwirksamkeit der Verfügung Erbe sein würde (KGJ. 38 A 152), in der Regel also die gesetzlichen Erben. Sind die eingesetzten Erben und die zu hörenden Personen identisch, so ist die Anhörung nicht erforderlich. Es bedarf ihrer auch dann nicht, wenn sie untunlich ist (§ 2360 Abs. 3 BGB.), z. B. wenn die Personen nicht bekannt sind oder im Auslande wohnen. Im allgemeinen genügt schriftliche Anhörung (Beispiel s. u.)[2]). Nur ausnahmsweise, wenn z. B. Bedenken gegen die Gültigkeit des Testaments beim Nachlaßgericht obwalten oder erhoben sind, ist die Anhörung zu Protokoll des Nachlaßrichters oder eines ersuchten Richters, möglichst unter Vorlegung des Testaments, am Platze. Eine Erklärung der Anzuhörenden über die Anerkennung des Testaments, wie sie in der Praxis zuweilen verlangt wird, hat das Nachlaßgericht nicht herbeizuführen. Zur Vermeidung einer Anfrage des Nachlaßrichters und damit einer Verzögerung empfiehlt es sich, in der Erbscheinsverhandlung oder dem Begleitschreiben die nach § 2360 Abs. 2 BGB. anzuhörenden Personen namhaft zu machen. Nimmt der Nachlaßrichter die Verhandlung auf, so hat er den Antragsteller zur Angabe der Personen zu veranlassen, unter besonderen Umständen, z. B. wenn in einem wenige Stunden vor dem Tode des Erblassers errichteten Testamente eine nichtverwandte Person als Erbe eingesetzt ist

[1]) Die Bestimmung des § 2360 Abs. 2 BGB. gilt ferner für den Fall, daß die Verf. v. T. w. in einer öffentlichen Urkunde enthalten ist, diese aber vernichtet oder abhanden gekommen ist.

[2]) Zu schreiben an ....: Der am 19. Jan. 1905 verstorbene, in Potsdam wohnhaft gewesene Tischlermeister Karl Friese hat ein eigenhändiges Testament vom 30. Dez. 1904 hinterlassen, in dem er seine Witwe als alleinige Erbin eingesetzt hat. Diese hat die Erteilung eines Erbscheins beantragt. Gemäß § 2360 BGB. wird Ihnen hiermit Gelegenheit gegeben, sich über die Gültigkeit des Testaments zu äußern. Geht binnen einer Woche keine Äußerung ein, so wird das Nachlaßgericht annehmen, daß Sie gegen die Gültigkeit des Testaments keine Einwendungen zu erheben haben.

und diese Verwandte nicht angeben kann, kann es geboten sein, daß das Nachlaßgericht lediglich zum Zwecke der Anhörung von Amts wegen die gesetzlichen Erben ermittelt.

Zur Feststellung der formellen Gültigkeit hat das Nachlaßgericht ferner zu prüfen, ob den für die betreffende Testamentsart (Erbvertrag) geltenden Formvorschriften[1]) genügt ist. Es hat Beweise über die Errichtung des Testaments zu erheben, wenn das Testament sich zwar äußerlich als formgültig darstellt, gleichwohl aber Bedenken über die vorschriftsmäßige Errichtung bestehen (KGJ. 23 A 66).

Die Gründe, aus denen eine formell gültige Verfügung von Todes wegen nichtig oder unwirksam sein kann, sind mannigfaltig. Nur die Nachstehenden seien besprochen.

a) Anfechtung. Eine letztwillige Verfügung kann aus den Gründen der §§ 2078, 2079 BGB. angefochten werden.[2]) Die Anfechtungsberechtigung, die Anfechtungserklärung und die Anfechtungsfrist sind in den §§ 2080—2082 geregelt. Die Anfechtung einer letztwilligen Verfügung, durch die ein Erbe eingesetzt ist, ist nur wirksam, wenn sie dem Nachlaßgericht gegenüber erfolgt. Eine besondere Form ist für die Erklärung nicht vorgeschrieben.[3]) Ist ein Testament angefochten, so kann das Nachlaßgericht die Beteiligten nicht auf den Prozeßweg verweisen, sondern muß eine bestimmte Entscheidung darüber treffen, ob die Anfechtung formell und materiell begründet ist oder nicht (KGJ. 35 A 110, 38 A 118). Ist die Anfechtung wirksam, so ist die angefochtene Verfügung gemäß § 142 BGB. als von Anfang an nichtig anzusehen. Die Anfechtbarkeit einer letztwilligen Verfügung hindert die Erteilung des Erbscheins nicht. Schwebt ein Prozeß über die Rechtswirsamkeit einer Anfechtung, so ist die Aussetzung des Erbscheinsverfahrens bis zur Entscheidung des Prozesses geboten (vgl. S. 908).

b) Testierunfähigkeit. Die §§ 2229, 2230, 2275 BGB. bestimmen, wer ein Testament errichten und einen Erbvertrag abschließen kann. Hierzu treten die Vorschriften über die Geschäftsunfähigkeit (§§ 104, 105 BGB.). Zu Nachforschungen wegen der Testierfähigkeit hat das Nachlaßgericht nur dann einen Anlaß, wenn es Zweifel hat. Solche werden durch den Inhalt anderer Akten (Vormundschafts-, Pflegschafts-, Entmündigungsakten), durch Angaben der Sterbeurkunde des Erblassers (Tod in einer Irrenanstalt kurze Zeit nach der Errichtung des Testaments) und Mitteilungen nach § 2360 Abs. 2 BGB. angehörter Personen hervorgerufen. Letztere sowie andere Erbbeteiligte erklären zuweilen dem Nachlaßgericht gegenüber, daß sie ein Testament wegen Geisteskrankheit des Erblassers zur Zeit der Errichtung anfechten. Eine Anfechtung im technischen Sinne ist dies nicht. Oft werden solche Erklärungen nur aus Ärger über Enterbung und zugleich, um dem eingesetzten Erben Schwierigkeiten zu machen, abgegeben.

---

[1]) Besprochen S. 939 fg.

[2]) Auch die Rücknahme eines öffentlichen Testaments aus der amtlichen Verwahrung kann von einem in diesem Testament eingesetzten Erben oder Nacherben angefochten werden, z. B. mit der Begründung, daß der Erblasser zur Rücknahme durch die irrige Annahme bestimmt worden sei, ein späteres Testament gültig errichtet zu haben (KGJ. 41 A 94).

[3]) Geht eine Anfechtungserklärung gemäß § 2081 BGB. ein, ohne daß ein Erbschein beantragt ist, so bedarf es keiner Prüfung ihrer Rechtswirksamkeit, das Nachlaßgericht soll aber die Erklärung demjenigen mitteilen, dem die angefochtene Verfügung unmittelbar zustatten kommt (§ 2081 Abs. 2). Eine solche Mitteilung einer Anfechtungserklärung durch das Nachlaßgericht ist auch in den Fällen der §§ 1342, 1597 BGB. (Anfechtung der Ehe und der Ehelichkeit eines Kindes durch öffentlich beglaubigte Erklärung gegenüber dem Nachlaßgericht) vorgeschrieben.

Ist dies ersichtlich oder fehlt jede substanziierte Angabe und wird sie trotz Aufforderung auch nicht nachgeholt, so kann das Nachlaßgericht diese „Anfechtung" entweder gänzlich unbeachtet lassen oder dem Erklärenden eine Frist zur Erhebung einer Klage gegen die eingesetzten Erben auf Feststellung der Ungültigkeit des Testaments setzen mit der Androhung, daß bei Unterlassung der Klageerhebung der beantragte Erbschein erteilt werden wird. Wird, wie es meist der Fall sein wird, die Klage nicht erhoben, so kann das Nachlaßgericht ohne Rücksicht auf die Anfechtung den Erbschein erteilen, im Falle der Klageerhebung ist dagegen die Aussetzung des Erbscheinsverfahrens geboten. Werden substanziierte Angaben über die Geisteskrankheit gemacht, so ersucht das Nachlaßgericht den Antragsteller um Beseitigung der hervorgerufenen Bedenken, insbesondere durch Vorlegung ärztlicher Atteste, und schreitet erforderlichenfalls selbst zur Vernehmung von Zeugen und Sachverständigen.

c) Ein Testament kann infolge der Bindung des Erblassers durch ein gemeinschaftliches Testament oder einen Ehe- oder Erbvertrag (§§ 2271, 2289 BGB.) unwirksam sein. Diese Frage ist vom Nachlaßgericht von Amts wegen zu prüfen (vgl. KGJ. 44 A 327).

d) Eine in einem Testamente ausgesprochene Erbeinsetzung kann dadurch wirkungslos sein, daß sich die Persönlichkeit des nach gewissen Merkmalen bezeichneten Erben nicht feststellen läßt. Das Testament ist zwar in diesem Falle gültig, es kann auch nicht ein Aufgebot zum Zwecke der Todeserklärung ergehen, das Nachlaßgericht hat aber nach fruchtloser Anstellung ausreichender Ermittelungen die Erbeinsetzung als wirkungslos anzusehen und dem gesetzlichen Erben auf Antrag den Erbschein zu erteilen (KGJ. 42 A 136).

Auch in der Auslegung der Verfügungen von Todes wegen ist das Nachlaßgericht selbständig und unabhängig von den Angaben der Beteiligten. Es hat an der Hand der gesetzlichen Auslegungsregeln eine bestimmte Entscheidung zu treffen, in welchem Sinne die Verfügung auszulegen ist, ohne die Beteiligten wegen Zweifelhaftigkeit der Auslegung auf den Prozeßweg verweisen zu können. Über Auslegung vgl. S. 937.

2. Der Antragsteller hat anzugeben, ob und welche sonstigen Verfügungen des Erblassers von Todes wegen vorhanden sind. Sind außer der Verfügung, auf der das Erbrecht beruht, keine Verfügungen vorhanden, so ist dies anzugeben, ist es der Fall, so sind sie genau zu bezeichnen und dem Nachlaßgericht vorzulegen. Die Richtigkeit dieser Angaben hat der Antragsteller an Eidesstatt zu versichern (§ 2356 Abs. 2 BGB.). Vgl. wegen der Versicherung § 8 unter 4 (S. 907).

Wegen der Angaben zu 3 und 4 wird auf die Ausführungen in § 8 unter 1 und 5 (S. 902, 908) und in diesem § unter 1 a, b verwiesen.

5. Der Antragsteller hat, wenn eine Person weggefallen ist, durch die er oder die als Erben Genannten von der Erbfolge ausgeschlossen oder ihre Erbteile gemindert werden würden, anzugeben, in welcher Weise die Person weggefallen ist. Die Angabe setzt voraus, daß eine Person der bezeichneten Art wirklich weggefallen ist. Ist es der Fall, so ist die Person und die Art ihres Wegfalls anzugeben. Trifft es nicht zu, so bedarf es abweichend vom Erbschein auf Grund der gesetzlichen Erbfolge überhaupt keiner Angabe. Als erbfolgeausschließende oder erbteilmindernde Personen kommen bei der Erteilung eines Erbscheins auf Grund einer Verfügung von Todes wegen nur in der Verfügung als Erben eingesetzte Personen in Frage, nicht etwa durch

die Verfügung ausgeschlossene gesetzliche Erben. Nur wenn eine als Erbe eingesetzte Person durch Tod, Ausschlagung oder in anderer Weise weggefallen ist, ist eine Angabe erforderlich. Während der Nachlaßrichter, wenn ein Erbschein auf Grund der gesetzlichen Erbfolge beantragt ist, feststellen muß, ob an die Stelle eines Weggefallenen dessen Abkömmlinge als Erben treten, und der Antragsteller dementsprechende Angaben zu machen hat, bedarf es dessen beim Erbschein auf Grund einer Verf. v. T. w. nicht. Es ist z. B. keine Angabe erforderlich, daß die Person, deren Abkömmlinge vor oder neben dem Antragsteller als Erben eingesetzt sind, keine Abkömmlinge gehabt hat (KGJ. 39 A 95). Hat das Nachlaßgericht Bedenken, z. B. ob nicht der Fall des § 2069 BGB. in Frage kommt, so muß es von Amts wegen Ermittelungen anstellen. Schlägt ein eingesetzter Erbe die Erbschaft aus, so ist darauf zu achten, ob er die Erbschaft aus allen Berufungsgründen ausschlägt oder nur, soweit er durch Testament berufen ist (vgl. hierzu KGJ. 38 A 107).

Wegen der Arten des Wegfalls und ihres Nachweises vgl. § 8 unter 6 (S. 908 fg.).

6. Angabe der Erben und der Erbteile beim gemeinschaftlichen Erbschein.

In Ergänzung der Darstellung in § 8 unter I 7 (S. 911) wird nur auf folgendes hingewiesen. Im Gegensatze zum Erbschein auf Grund gesetzlicher Erbfolge ergeben sich auf Grund der Verfügungen von Todes wegen oft Zweifel darüber, wer als Erbe eingesetzt ist und wie groß die Erbteile sind. In solchen Fällen erwächst dem Nachlaßrichter die verantwortungsvolle Aufgabe, an der Hand der gesetzlichen Auslegungsregeln den Willen des Erblassers zu ermitteln. Kommt er zu einem anderen Ergebnis als der Antragsteller, so ist der gestellte Antrag, wenn er nicht im Sinne des Nachlaßrichters abgeändert wird, abzulehnen. Der Nachlaßrichter muß eine bestimmte Entscheidung treffen, für die er die alleinige Verantwortung trägt, er kann sich seiner Verantwortung auch nicht dadurch entledigen, daß er an Stelle der gesetzlich als Erbscheinsinhalt vorgeschriebenen Angaben oder außer ihnen die Anordnungen des Erblassers ganz oder auszugsweise wörtlich in den Erbschein aufnimmt. Wenn bestimmte namentlich bezeichnete Personen ausdrücklich unter Beifügung von Bruchteilen der Erbschaft als Erben eingesetzt sind, ergeben sich keine Bedenken. Sonst aber entbindet die Bezeichnung einer Person als „Erbe" den Nachlaßrichter nicht von der Prüfung, ob diese Person auch wirklich im Sinne des Gesetzes als Erbe anzusehen ist und nicht vielmehr als bloßer Vermächtnisnehmer. (Vgl. S. 938.)

7. Die Annahme der Erbschaft durch die Miterben.

Es wird auf § 8 unter 8 (S. 912) verwiesen. Sofern ein Testament Erben einsetzt, die ohne das Testament als gesetzliche Erben berufen wären, müssen sich die Angabe und der Beweis, daß die übrigen Erben die Erbschaft angenommen haben, auch darauf erstrecken, ob die Erben die Erbschaft als eingesetzte Erben oder als gesetzliche Erben angenommen haben (KGJ. 30 A 98).

8. Der Erbschein für den Vorerben (§ 2363 BGB.).

Die Behandlung des Erbscheins für den Vorerben setzt die Erörterung der wichtigsten Bestimmungen des BGB. über den Vorerben, den Nacherben, den Ersatzerben und den Ersatznacherben voraus. Ersatzerbe ist nach § 2096 BGB., wer vom Erblasser für den Fall, daß ein Erbe vor oder nach dem Eintritte des Erbfalls wegfällt, als Erbe eingesetzt ist, und zwar gilt derjenige, der für den Fall, daß der zunächst berufene Erbe nicht Erbe sein kann oder für den Fall, daß er nicht Erbe sein will, als Ersatzerbe eingesetzt ist, nach § 2097 BGB. im Zweifel als für beide Fälle eingesetzt. Es können auch mehrere Personen hintereinander als Ersatzerben eingesetzt werden, sodaß jede spätere erst nach dem Wegfalle ihres Vordermannes berufen ist. Von besonderer Wichtigkeit für die Erbscheinspraxis ist die stillschweigende Ersatzberufung durch § 2069 BGB. Nacherbe ist nach § 2100 BGB. wer in der Weise als Erbe eingesetzt ist, daß er erst Erbe wird, nachdem zunächst ein anderer (der Vorerbe) Erbe geworden ist. Die Einsetzung als Nacherbe enthält im Zweifel auch die Einsetzung als Ersatzerbe; ist zweifelhaft, ob jemand als Nacherbe oder als Ersatzerbe eingesetzt ist, so gilt er als Ersatzerbe (§ 2102 BGB.).[1] Die §§ 2104, 2105 BGB. enthalten die Fälle der sogenannten konstruktiven Nacherbfolge. Die Nacherbschaft fällt dem Nacherben, wenn nicht der Erblasser einen anderen Zeitpunkt oder ein anderes Ereignis bestimmt hat, mit dem Tode des Vorerben an (§ 2106 BGB.). Es sind also zu unterscheiden der regelmäßig mit dem Erbfall eintretende sogenannte Voranfall und der Eintritt des Falles der Nacherbfolge. Der Erblasser kann mehrere Personen hintereinander als Nacherben in der Weise einsetzen, daß die Erbschaft dem späteren Nacherben erst anfällt, nachdem der Vordermann aufgehört hat Erbe zu sein. Man spricht dann von einer weiteren oder einer zweiten, dritten usw. Nacherbfolge. Hiermit ist nicht der Ersatznacherbe zu verwechseln, der für den Fall als Nacherbe eingesetzt ist, daß der zunächst berufene Nacherbe vor dem Eintritte des Falles der Nacherbfolge wegfällt. Der Nacherbe muß zur Zeit des Eintrittes der Nacherbfolge leben oder wenigstens erzeugt sein (§ 2108 Abs. 1 BGB.). Das Recht des Nacherben auf die Nacherbfolge geht nach § 2108 Abs. 2 BGB. auf seine Erben über, sofern nicht ein anderer Wille des Erblassers anzunehmen ist.[2] Letzteres ist insbesondere dann der Fall, wenn ausdrücklich oder stillschweigend (§ 2069) ein Ersatzerbe oder ein weiterer Nacherbe ernannt ist oder sich die Person des Nacherben erst im Zeitpunkte des Eintrittes der Nacherbfolge bestimmt. Der Nacherbe kann die Erbschaft ausschlagen und annehmen, sobald der Erbfall eingetreten ist (§ 2142 Abs. 1 BGB. und E. d. RG. v. 9. Nov. 1912 vgl. S. 869). Schlägt der Nacherbe die Erbschaft aus, so verbleibt sie nach § 2142 Abs. 2 BGB. dem Vorerben, soweit nicht der Erblasser ein anderes bestimmt hat. Eine solche Bestimmung ist gegeben, wenn ausdrücklich oder stillschweigend (§ 2069) Ersatzerben ernannt sind oder Personen als Nacherben eingesetzt sind, die unter einander anwachsungsberechtigt sind. Hat der Erblasser seine Frau als Vorerbin und seine 3 Kinder als Nacherben eingesetzt, so verbleibt, falls eines der Kinder die Erbschaft ausschlägt, diese nicht der Vorerbin; vielmehr ist im Zweifel anzunehmen, daß die beim Tode des Erblassers vorhandenen Kinder

[1]) Die Vorschrift, daß der Erblasser einen anderen als (Ersatz-)Erben für den Fall einsetzen kann, daß ein Erbe nach dem Eintritt des Erbfalls wegfällt, bezieht sich nur auf die im Gesetz geregelten bestimmten Fälle, in denen der Anfall an den Erstbedachten als nicht erfolgt und der Anfall an den Zweitbedachten als mit dem Erbfalle erfolgt gilt. Ist der Zweitbedachte nicht für den Fall des Wegfalls des Erstbedachten in diesem technischen Sinne, sondern in der Weise eingesetzt, daß er erst Erbe wird, nachdem zunächst der Erstbedachte Erbe geworden ist, so liegt nicht Ersatzberufung, sondern Nacherbeinsetzung vor (KGJ. 42 A 109).

[2]) Auch das Recht des Ersatznacherben geht, sofern nicht ein anderer Wille des Erblassers anzunehmen ist, auf die Erben des Berufenen über, wenn dieser vor dem Eintritt des Falles der Nacherbfolge und vor dem Wegfalle des zunächst berufenen Nacherben, aber nach dem Erbfalle, stirbt (KGJ. 42 A 104).

des ausschlagenden Kindes als Ersatzerben berufen sind; schlagen auch die Ersatzerben den Nacherbteil aus, so wächst dieser den beiden Kindern des Erblassers an (KGJ. 31 A 124).

Ob eine Nacherbfolge vom Erblasser angeordnet ist, ist oft recht zweifelhaft. Eine ausdrückliche Anordnung ist nicht erforderlich, wie die Vorschrift des § 2103 BGB. ergibt, wonach die Anordnung der Herausgabe der Erbschaft an einen anderen als Nacherbeinsetzung gelten soll. Die bloße Zuwendung des Nießbrauches oder des Zinsgenusses des Nachlasses ist in der Regel nicht als Anordnung einer Nacherbfolge aufzufassen, dagegen ist diese Auffassung dann unbedenklich, wenn gleichzeitig die Verwaltung und die freie Verfügung über den Nachlaß zugewendet wird. Hierbei ist es ohne Bedeutung, ob der in dieser Weise Bedachte und gleichzeitig bestimmte andere Personen als „Erben" bezeichnet sind oder nur letztere, nicht aber der Bedachte (vgl. KGJ. 38 A 124). Die Nacherbfolge kann sich auch nur auf einen Bruchteil der Erbschaft des alleinigen Vorerben oder den Erbteil eines Miterben oder einen Teil desselben erstrecken.[1])

Beantragt der Vorerbe die Erteilung des Erbscheins, so kann das Nachlaßgericht von ihm nicht die Beibringung einer eidesstattlichen Versicherung des Nacherben verlangen (KGJ. 33 A 98). Der dem Vorerben erteilte, die Personen der Nacherben angebende Erbschein ist kein gemeinschaftlicher Erbschein; es kann nicht der Nachweis verlangt werden, daß der Nacherbe die Erbschaft angenommen hat (KGJ. 37 A 133). In dem dem Vorerben zu erteilenden Erbscheine ist anzugeben:

a) daß eine Nacherbfolge angeordnet ist,
b) unter welchen Voraussetzungen sie eintritt,
c) wer der Nacherbe ist,
d) die etwa angeordnete Befreiung.

Alle diese Angaben muß auch der Erbscheinsantrag enthalten, da der Erbschein nur genau dem Antrage gemäß erteilt werden darf.

a) Die Angabe, daß eine Nacherbfolge angeordnet ist, folgt der Namhaftmachung des Vorerben und des Erblassers. Sind mehrere Vorerben vorhanden, so ist der Erbschein ein gemeinschaftlicher, und es sind dann auch die Erbteile der Vorerben anzugeben. Aus dem Erbschein muß zu ersehen sein, zu welchem Bruchteile des Nachlasses die Nacherbfolge eintritt (E. d. KG. vom 1. Febr. 1909 in Sachen 1. X 27/09). Soll die Nacherbfolge nur hinsichtlich eines Teiles der Erbschaft oder hinsichtlich des Erbteiles eines Vorerben eintreten, so ist dies in dem Erbscheine kenntlich zu machen, anderenfalls muß die Angabe, daß eine Nacherbfolge angeordnet ist, auf die ganze Erbschaft bezw. auf sämtliche Vorerben bezogen werden. Hat der Erblasser angeordnet, daß der überlebende Ehegatte im Falle der Wiederverheiratung sich mit den Kindern nach den Regeln der gesetzlichen Erbfolge auseinanderzusetzen oder gesetzliche Teilung zu halten hat oder daß im Falle der Wiederverheiratung des als alleinigen

[1]) Hat die Ehefrau letztwillig verfügt, daß ihr Nachlaß nach dem Tode des Mannes den gemeinschaftlichen 5 Kindern zu gleichen Teilen zufallen, bis dahin aber ungeteilt bleiben soll, und läßt sich nicht annehmen, daß sie den Mann zum alleinigen Vorerben ernennen wollte, so fällt der Nachlaß sogleich dem Manne zu ein Viertel und den 5 Kindern zu je drei Zwanzigstel zu. Der Mann ist hinsichtlich seines Erbteils Vorerbe, und die Kinder sind insoweit bei seinem Tode zu je ein Zwanzigstel Nacherben, der Nachlaß bleibt bis dahin ungeteilt (KGJ. 29 A 42).

Erben unbeschränkt eingesetzten Ehegatten die gesetzliche Erbfolge eintreten soll, so ist hierin, mag im ersten Falle gleichzeitig eine Nacherbfolge für den Fall des Todes angeordnet sein oder nicht, die Einsetzung der Kinder bezw. der übrigen gesetzlichen Erben als Nacherben zu erblicken. Steht der gesetzliche Erbteil des Ehegatten zur Zeit der Erteilung des Erbscheins schon fest, z. B. wenn die Ehe nach dem 31. Dez. 1899 geschlossen ist, so kann der Teil der Erbschaft, zu dem die Nacherbfolge eintritt, ohne Schwierigkeit angegeben werden, er beträgt, wenn der Ehegatte $^1/_4$ erbt, $^3/_4$ des Nachlasses. Steht er aber nicht fest, wie z. B. beim märkischen Ehegatten, der das ihm für den Fall der gesetzlichen Erbfolge zustehende Wahlrecht noch nicht ausgeübt hat, so muß der Teil der Erbschaft, hinsichtlich dessen die Nacherbfolge eintritt, wenigstens so genau als möglich angegeben werden, indem die verschiedenen, durch die Ausübung des Wahlrechts sich ergebenden Möglichkeiten berücksichtigt werden. U. E. genügt auch die Angabe, daß die Nacherbfolge hinsichtlich desjenigen Teiles des Nachlasses eintritt, der den Kindern usw. nach den Grundsätzen der gesetzlichen Erbfolge gebührt (vgl. Boschan Bd. I S. 260). Die Ausübung des Wahlrechts vor der Wiederverheiratung kann nicht verlangt werden, sie ist aber für diesen künftigen Fall schon im voraus zulässig. In den Erbschein sind auch weitere Nacherbfolgen und Ersatznacherbfolgen aufzunehmen.

Maßgebend für die Gestaltung des Erbscheins des Vorerben ist nicht der Zeitpunkt des Erbfalls, sondern der der Erteilung des Erbscheins (KGJ. 24 A 185). Ist inzwischen die Nacherbfolge eingetreten, so kann dem Vorerben ein Erbschein nicht mehr erteilt werden. Zu berücksichtigen sind auch Veränderungen in den Personen der Nacherben, die nach dem Erbfalle eingetreten sind. Ist der ernannte Nacherbe zur Zeit der Erteilung des Erbscheins schon gestorben, so sind an seiner Stelle die Ersatznacherben oder seine Erben (§ 2108 Abs. 2) im Erbschein aufzuführen. Sind Ersatznacherben nicht ernannt, soll das Recht auf die Nacherbfolge nach dem Willen des Erblassers nicht vererblich sein und kommt auch Anwachsung nicht in Betracht, so ist die Anordnung der Nacherbfolge gegenstandslos geworden, und der Erbschein dem Vorerben ohne Erwähnung der Nacherbfolge zu erteilen. Das Gleiche gilt in dem Falle, daß der Nacherbe die Erbschaft ausgeschlagen hat und weder Ersatzberufung noch Anwachsungsrecht Platz greifen. Der Wegfall eines Nacherben ist vom Antragsteller anzugeben und nachzuweisen. Auch bei der konstruktiven Nacherbfolge sind im Erbschein die Angaben gemäß § 2363 BGB. zu machen (KGJ. 30 A 101). Wegen der Berufung eines Vorerben durch ein gemeinschaftliches Testament vgl. S. 944 a.

b) Angabe der Voraussetzungen, unter denen die Nacherbfolge eintritt.

Die Voraussetzungen sind entsprechend der Anordnung des Erblassers anzugeben. Fehlt eine solche, so tritt die Nacherbfolge mit dem Tode des Vorerben ein (§ 2106 BGB.). Da der Erbschein dem Antrage entsprechen muß, sind auch die Voraussetzungen des Eintritts der Nacherbfolge vom Antragsteller im Antrage anzugeben. Dies gilt auch im Falle des § 2106 BGB.

c) Angabe der Nacherben.

Es sind nicht nur die zunächst berufenen Nacherben, sondern auch die weiteren Nacherben und die Ersatznacherben (Bayr. OLG. i. d. DJZ. 1906 S. 548) anzugeben. Da der Erbschein des Vorerben zugleich für die Legitimation der Nacherben von Erheblichkeit ist, sind die Nacherben, Ersatznacherben und weiteren Nacherben tunlichst genau zu bezeichnen (KGJ. 24 A 185, 37 A 135) und daher möglichst mit Namen anzugeben. Noch ungeborene Kinder, besonders in den Fällen des § 2106, sind als künftige Abkömmlinge einer bestimmten Person zu bezeichnen (OLG. 9, 438). Gehören zu den Nacherben bestimmte zur Zeit der Erteilung des Erbscheins lebende, aber in der Verfügung von Todes wegen nicht namentlich bezeichnete Personen, z. B. die Abkömmlinge des Erblassers oder einer anderen Person, so hat der Antragsteller diese namhaft zu machen und unter Überreichung der erforderlichen Personenstandsurkunden die zu ihrer Legitimation erforderlichen Angaben zu machen, wobei die §§ 2354, 2356 BGB. entsprechend anzuwenden sind. Kann die Person des Nacherben erst in einem der Erteilung des Erbscheins nachfolgenden Zeitpunkte bestimmt werden, sind z. B. die in einem bestimmten künftigen Zeitpunkte vorhandenen Abkömmlinge einer Person, insbesondere die zur Zeit des Todes des Vorerben vorhandenen Abkömmlinge desselben ohne nähere Bezeichnung als Nacherben eingesetzt (vgl. KGJ. 42 A 227), so ist eine Angabe des Namens nicht möglich und die Bezeichnung des Nacherben lediglich im Anschlusse an die Angaben der Verfügung von Todes wegen zu bewirken. Hat der Erblasser die Kinder einer bestimmten Person, die zur Zeit des Erbfalls noch lebt, als Nacherben eingesetzt, so sind, weil noch weitere Kinder geboren werden können, nicht nur die zur Zeit der Erteilung des Erbscheins lebenden Kinder — und zwar namentlich —, sondern auch „diejenigen Kinder, die der Person noch geboren werden könnten", als Nacherben aufzuführen. Kann der Antragsteller aber, z. B. durch ärztliche Atteste, nachweisen, daß eine Vermehrung der Zahl der Nacherben nicht mehr möglich ist, weil z. B. die Person nicht mehr empfangen kann, so sind nur die zur Zeit der Erteilung des Erbscheins vorhandenen Nacherben anzugeben.

d) Angabe der Befreiung des Vorerben.

Hat der Erblasser den Nacherben auf dasjenige eingesetzt, was von der Erbschaft bei dem Eintritte der Nacherbfolge übrig sein wird, oder hat er bestimmt, daß der Vorerbe zur freien Verfügung über die Erbschaft berechtigt sein soll, so ist dieses, vorkommendenfalls beides anzugeben (§ 2363 Abs. 1 Satz 2 BGB.). Die Fassung dieses Vermerks hat sich dem Gesetze anzuschließen. Die Bezeichnung des Vorerben als eines „befreiten" ersetzt die vorgeschriebene Angabe nicht, da „der befreite Vorerbe" nicht ein juristisch-technischer Ausdruck des BGB. ist. Die Befreiung von einzelnen Beschränkungen nach § 2136 BGB. gehört nicht in den Erbschein.[1]) Bei der Verbindung einer Erbeinsetzung nach § 2269 mit einer bedingten Nacherbeinsetzung der Kinder für den Fall der Wiederverheiratung des überlebenden Ehegatten ist, sofern nicht besondere Umstände dagegen sprechen, grundsätzlich davon auszugehen, daß die Eheleute einander als Vorerben im Rahmen der gesetzlichen Ermächtigung haben befreien wollen (KGJ. 42 A 109).

Beispiele für den Erbschein des Vorerben.

1. Erbschein.

Vorerbin des am 7. Sept. 1909 verstorbenen, in Templin wohnhaft gewesenen Lehrers Gottfried Gericke

ist

seine Witwe Helene Gericke geborene Koeppe in Templin.

Es ist eine Nacherbfolge angeordnet.

---

[1]) Entgegengesetzter Ansicht KG. in KGJ. 44 A 77, wie hier Planck und Staudinger zu §§ 2136, 2363.

Als Nacherbinnen sind seine Töchter:

a) die verehelichte Charlotte Neumann geb. Gericke in Leipzig,

b) die unverehelichte Susanna Gericke in Dahme (Mark)

eingesetzt, und zwar auf dasjenige, was von der Erbschaft bei dem Eintritte der Nacherbfolge übrig sein wird.

Die Nacherbfolge tritt im Falle des Todes der Vorerbin hinsichtlich des ganzen Nachlasses und im Falle ihrer Wiederverheiratung hinsichtlich desjenigen Teiles des Nachlasses ein, der den Kindern nach den Grundsätzen der gesetzlichen Erbfolge gebührt.

2. Erbschein.

Vorerbin des am 19. Jan. 1905 verstorbenen, in Potsdam wohnhaft gewesenen Tischlermeisters Karl Friese

ist

seine Witwe Friderike Friese geb. Hartung in Potsdam.

Es ist eine Nacherbfolge angeordnet.

Als Nacherben sind eingesetzt:

a) der Architekt Otto Friese in Kiel,

b) die verehelichte Berta Schäfer geb. Friese in Berlin.

Die Vorerbin ist zur freien Verfügung über die Erbschaft berechtigt. Die Nacherbfolge tritt im Falle des Todes der Vorerbin hinsichtlich des ganzen Nachlasses und im Falle ihrer Wiederverheiratung hinsichtlich der Hälfte der aus dem Nachlasse und dem einzuwerfenden Vermögen der Witwe gebildeten Nachlaßmasse ein.

Hinsichtlich des Erbteils des Otto Friese ist eine weitere Nacherbfolge angeordnet, die mit seinem Tode eintritt. Als weitere Nacherben sind seine ehelichen Kinder eingesetzt:

1. Herbert Friese, geboren am 8. Februar 1901,
2. Ekhard Friese, geboren am 31. Mai 1904,

beide in Kiel,

3. diejenigen ehelichen Kinder, die ihm noch geboren werden.

Es ist ferner eine Ersatznacherbfolge angeordnet, die mit dem Tode der Vorerbin eintritt, falls zu diesem Zeitpunkte die Kinder des Erblassers ohne Hinterlassung von Abkömmlingen verstorben sind. Als Ersatznacherben sind die gesetzlichen Erben der Vorerbin und diejenigen Personen eingesetzt, die die gesetzlichen Erben des Erblassers sein würden, wenn er zur Zeit des Todes der Vorerbin gestorben wäre.

9. Angabe der Ernennung eines Testamentsvollstreckers im Erbschein (§ 2364 Abs. 1 BGB.).

Hat der Erblasser einen Testamentsvollstrecker ernannt, so ist die Ernennung in dem Erbschein anzugeben. Auch in dieser Beziehung muß der Erbscheinsantrag einen bestimmten Vorschlag enthalten. Die so klar erscheinende Vorschrift des § 2364 Abs. 1 BGB. bereitet in der praktischen Anwendung erhebliche Schwierigkeiten, die freilich wegfallen, wenn man sich lediglich an den Wortlaut des Gesetzes hält und in jedem Falle der Ernennung eines Testamentsvollstreckers unterschiedslos den Vermerk: „Es ist ein Testamentsvollstrecker ernannt" in den Erbschein aufnimmt. Ein solches Verfahren wird aber den Bedürfnissen der Praxis und des Rechtsverkehrs nicht gerecht. Diese erfordern, daß der Vermerk gänzlich wegfällt, wenn die Testamentsvollstreckerernennung unwirksam oder hinfällig ist oder der Erbe durch sie nicht beschränkt wird, und daß er durch einen Zusatz ergänzt wird, wenn dem TV. ein von dem normalen abweichender Wirkungskreis zugewiesen ist. Eine eingehende Begründung dieser Ansicht, die sich mit dem Gesetz sehr wohl vereinen läßt, an anderer Stelle bleibt vorbehalten.

A. Fälle der Unwirksamkeit oder der Hinfälligkeit der Ernennung des TV.

1. Die nachträgliche Ernennung eines TV. durch einen Ehegatten enthält in der Regel einen Widerruf der in dem gemeinschaftlichen Testament getroffenen korrespektiven Erbeinsetzung und ist aus diesem Grunde unwirksam (KGJ. 42 A 123). Vgl. hierzu S. 945 b.

2. Der alleinige Erbe oder Vorerbe kann nicht gleichzeitig der einzige TV. sein (KGJ. 33 A 159, 38 A 129). Ist dies vom Erblasser angeordnet, so ist die Anordnung der Testamentsvollstreckung hinfällig.

3. Der TV. hat das Amt abgelehnt oder gekündigt.

4. Der TV. ist durch zugestellten rechtskräftigen Beschluß aus dem Amte entlassen.

Zu 3 und 4. Sind in diesen Fällen weder vom Erblasser noch von einem nach § 2199 Abs. 2 BGB. ermächtigten TV. Nachfolger ernannt, enthält das Testament auch kein Ersuchen an das Nachlaßgericht um Ernennung eines TV. oder will das Nachlaßgericht einem solchen nicht stattgeben, so ist die Anordnung der Testamentsvollstreckung endgültig hinfällig geworden.

5. Die Ernennung eines TV. ist ferner im Falle des § 2201 BGB. unwirksam (vgl. hierzu KGJ. 41 A 70).

6. Ist ein TV. nur zur Erfüllung einer bestimmten Aufgabe ernannt, z. B. zur Bezahlung bestimmter Schulden des Erben, und ist diese Aufgabe zur Zeit der Erteilung des Erbscheins vom TV. schon erledigt oder ihm überhaupt nicht möglich, weil z. B. der Erbe die Schulden schon vor dem Erbfalle selbst bezahlt hat, so ist die Anordnung der Testamentsvollstreckung gegenstandslos geworden.

7. Hat der TV. sämtliche ihm übertragenen Obliegenheiten erledigt, so ist sein Amt erloschen und damit die Testamentsvollstreckung beendet (vgl. RGZ. Bd. 81, 166).

Die Voraussetzungen der Unwirksamkeit oder Hinfälligkeit der Anordnung der Testamentsvollstreckung hat das Nachlaßgericht gemäß §§ 12 FGG., 2358, 2359 BGB. von Amts wegen festzustellen.

B. Abweichungen vom normalen Wirkungskreise.

Sind dem TV. die in den §§ 2203—2206 BGB. aufgeführten Aufgaben und Befugnisse übertragen, so hat der Erbschein lediglich den Vermerk: „Es ist ein Testamentsvollstrecker ernannt" zu enthalten. Ist der TV. nur zur Verwaltung des Erbteils eines Miterben oder bestimmter Nachlaßgegenstände oder nur zur Ausübung der Rechte des Nacherben bis zum Eintritte der Nacherbfolge gemäß § 2222 BGB. (vgl. KGJ. 43 A 92) ernannt, oder ist die Testamentsvollstreckung aufschiebend bedingt oder befristet angeordnet, so ist der obige Vermerk mit einem entsprechenden Zusatze zu versehen. Stehen dem TV. keinerlei Verwaltungsbefugnisse am Nachlasse zu, wie z. B. im Falle des § 2223 BGB., so ist die Ernennung im Erbschein nicht zu erwähnen.[1])

---

[1]) Im wesentlichen wie hier Staudinger, Planck und Reichsgerichtsrätekommentar zu § 2364, a. A. KG. im KGJ. 33 A 100.

Beispiele für die Fassung des Vermerks:

„Es ist ein TV. zur Verwaltung des Erbteils des Miterben Paul Kühne ernannt."

„Es ist ein TV. zur Ausübung der Rechte der Nacherben bis zum Eintritte der Nacherbfolge ernannt."

„Es ist ein TV. zur Verteilung der Juwelen des Erblassers unter die Miterben ernannt."

§ 11.

Auslegung der Testamente. Erbeinsetzung. Errichtung und Aufhebung der Testamente. (Gemeinschaftliches Testament.)

Die Prüfung der Testamente nach Form und Inhalt durch den Erbscheinsrichter setzt die Beherrschung der Vorschriften des BGB. über die in der Überschrift angegebenen Teile des Erbrechts voraus. Hier können aus Mangel an Raum nur die für die Praxis wichtigsten Vorschriften und dazu ergangenen Entscheidungen besprochen werden.

I. Auslegung der Testamente.

Auch für die Auslegung von Testamenten gilt der Grundsatz des § 133 BGB., daß der wirkliche Wille zu erforschen und nicht an dem buchstäblichen Sinne des Ausdrucks zu haften ist.

Der Nachlaßrichter kommt häufig in die Lage, ein vor dem 1. Jan. 1900 errichtetes Testament eines nach diesem Zeitpunkt verstorbenen Erblassers auslegen zu müssen. Der Inhalt eines solchen Testaments ist nach dem BGB. zu beurteilen, bei der Auslegung des letzten Willens ist jedoch grundsätzlich auf die tatsächlichen und rechtlichen Verhältnisse und auf die Ausdrucksweise der Errichtungszeit zurückzugehen (KGJ. 22 A 52, 26 A 202). Ist eine Willenserklärung vollkommen klar und unzweideutig, so ist für eine Auslegung überhaupt kein Raum. Zur Auslegung eines Testaments können auch anderweite, außerhalb des Testaments liegende Umstände herangezogen werden.[1]) Einer Auslegung ist nur der erklärte Wille zugänglich, ein Wille, der bei dem Erblasser mangels einer entsprechenden Vorstellung nicht wirklich vorhanden gewesen und daher auch in dem Testamente auch nicht andeutungsweise zum Ausdrucke gelangt ist, kann nicht durch Auslegung der Testamentsurkunde zur Geltung gebracht werden (KGJ. 39 A 61). Eine bloß unrichtige Bezeichnung einer Person oder Sache hindert nicht die Anerkennung des wirklichen Willens, wenn dieser zweifelsfrei festgestellt werden kann. Sind verschiedene Auslegungen möglich, so ist nach § 2084 BGB. diejenige vorzuziehen, bei der die Verfügung Erfolg, d. h. rechtliche und praktische Wirksamkeit, haben kann.

Die §§ 2066, 2067 BGB. bestimmen, wer als bedacht anzusehen ist, wenn der Erblasser „seine gesetzlichen Erben" oder „seine Verwandten" oder „seine nächsten Verwandten" ohne nähere Bestimmung bedacht hat. Die Erben sind in diesen Fällen als eingesetzte Erben anzusehen. Ihre Feststellung hat nach allgemeinen Rechtsgrundsätzen zu erfolgen, der Nachlaßrichter wird aber mindestens die Erfüllung der Anforderungen der §§ 2354, 2356 BGB., deren entsprechende Anwendung geboten ist, vom Antragsteller verlangen müssen. In den Erbschein sind lediglich die festgestellten Personen aufzunehmen, die von Boschan Bd. I S. 232 empfohlene Angabe, daß der Erblasser in seinem Testament seine gesetzlichen Erben als Erben eingesetzt habe und daß als solche ermittelt seien usw., ist überflüssig. Die vom Nachlaßrichter oft anzuwendende Vorschrift

---

[1]) Für die Auslegung des Testaments ist lediglich die Willensmeinung des Erblassers zur Zeit der Testamentserrichtung von Bedeutung. Es kann zwar unter Umständen aus späteren Äußerungen oder Erklärungen des Erblassers ein Rückschluß auf diese Willensmeinung gezogen werden, auf zeitlich später liegende Vorgänge, die vielleicht nach der Errichtung des Testaments dem Willen des Erblassers eine andere Richtung gegeben haben, kann es aber nicht ankommen (E. d. KG. v. 8. Sept. 1913 in Sachen 1 X 285/13.)

des § 2069 BGB. enthält eine stillschweigende Ersatzberufung der Abkömmlinge eines von dem Erblasser bedachten Abkömmlinges. Bei einem gemeinschaftlichen Testamente, in dem für die Zeit nach dem Tode des überlebenden Ehegatten der beiderseitige Nachlaß einem einseitigen Abkömmlinge eines von ihnen zugewendet ist, gilt der § 2069 BGB. auch dann, wenn der andere Ehegatte der Überlebende ist (RJA. 4, 17). Sonst findet er auf Stiefkinder keine Anwendung (OLG. 16, 75). Für Zuwendungen an Seitenverwandte gilt die Bestimmung nicht. Für die Annahme einer stillschweigenden Ersatzberufung der Abkömmlinge eines bedachten Seitenverwandten bedarf es besonderer tatsächlicher Anhaltspunkte, die auf den Willen des Erblassers schließen lassen, es solle der Bedachte nur als Erster seines Stammes benannt sein und die Zuwendung für den ganzen Stamm gelten. Dieser Schluß wird bei Erbeinsetzungen in der Regel gerechtfertigt sein, wenn der Erblasser seine sämtlichen lebenden Geschwister sowie die Abkömmlinge der zur Zeit der Testamentserrichtung schon verstorbenen Geschwister als Erben eingesetzt und zugleich die Teilung des Nachlasses unter sie nach den Regeln der gesetzlichen Erbfolge angeordnet hat (KGJ. 39 A 65).

Hat der Erblasser den Bedachten in einer Weise bezeichnet, die auf mehrere Personen paßt, und läßt sich nicht ermitteln, wer von ihnen bedacht werden sollte, so gelten sie als zu gleichen Teilen bedacht (§ 2073 BGB.). Hierher gehört z. B. der Fall, daß diejenige Person, die den Erblasser in seiner letzten Krankheit gepflegt hat, als Erbe eingesetzt ist. In solchen Fällen hat das Nachlaßgericht die in Betracht kommenden Personen durch von Amts wegen anzustellende Ermittelungen festzustellen. § 2073 BGB. ist nur anzuwenden, wenn der Kreis der möglicherweise in Frage kommenden Personen ein umgrenzter ist. Es scheiden deshalb u. a. die Fälle aus, in denen der Bedachte nur mit einem vielfach vorkommenden Familiennamen bezeichnet ist, ohne daß sich Anhaltspunkte für eine nähere Bestimmung bieten. In solchen Fällen und ebenso in anderen Fällen, in denen die Persönlichkeit des nur nach gewissen Merkmalen bezeichneten eingesetzten Erben sich nicht feststellen läßt, ist das Testament zwar gültig, aber vom Nachlaßgericht nach fruchtloser Anstellung ausreichender Ermittelungen schließlich als wirkungslos zu behandeln, sodaß dem gesetzlichen Erben ein Erbschein zu erteilen ist (vgl. KGJ. 42 A 136).

II. Erbeinsetzung.

§ 2087 BGB. stellt den Grundsatz auf, daß es bei der Entscheidung der Frage, ob jemand als Erbe eingesetzt ist, nicht darauf ankommt, ob er im Testament als „Erbe" bezeichnet ist, indem er bestimmt: „Hat der Erblasser sein Vermögen oder einen Bruchteil seines Vermögens dem Bedachten zugewendet, so ist die Verfügung als Erbeinsetzung anzusehen, auch wenn der Bedachte nicht als Erbe bezeichnet ist. Sind dem Bedachten nur einzelne Gegenstände zugewendet, so ist im Zweifel nicht anzunehmen, daß er Erbe sein soll, auch wenn er als Erbe bezeichnet ist." Hat der Erblasser dem Bedachten einen größeren Gegenstand, aus dem im wesentlichen sein Vermögen besteht, zugewendet, z. B. seinen Bauernhof, so ist der Bedachte als alleiniger Erbe anzusehen. Eine Erbeinsetzung ist auch dann als gewollt anzunehmen, wenn der Erblasser durch die Zuwendung einzelner zu seinem Vermögen gehörenden Gegenstände im wesentlichen über seinen ganzen Nachlaß verfügt hat oder wenigstens zu verfügen geglaubt hat, wenn er z. B. einem sein bewegliches, dem anderen sein unbewegliches Vermögen zugewendet hat (vgl. Oberstes Landesgericht München in DJZ. 1911 S. 478). In solchen Fällen sind die Erbteile nach dem Verhältnisse der Werte der zugewendeten Gegenstände festzusetzen. Wendet der Erblasser einzelne Gegenstände bestimmten Personen zu und verfügt er, daß den Rest des Nachlasses eine andere Person erhalten soll, so wird diese in der Regel als alleiniger Erbe anzusehen sein. In der Zuwendung einer Geldsumme ist im allgemeinen ein Vermächtnis zu erblicken, sie kann aber unter besonderen Umständen auch eine Erbeinsetzung bedeuten, wofür insbesondere der Gesamtinhalt der letztwilligen Verfügung und die tatsächliche Zusammensetzung des Nachlasses sowie das Vorhandensein einer solchen Summe im Nachlasse sprechen können. Die Zuwendung des Pflichtteils ist im Zweifel nicht als Erbeinsetzung anzusehen (§ 2304 BGB.). Dies kann auch in dem Falle gelten, daß jemand mit Rücksicht auf das frühere Noterbenrecht ausdrücklich als Erbe auf den Pflichtteil eingesetzt ist, z. B. wenn ihm als Pflichtteil eine bestimmte Geldsumme zugewendet wird. Hat der Erblasser im Testamente seine sämtlichen Kinder als Erben eingesetzt und weiter verordnet, daß sein Nachlaß nach näher angegebenen Grundsätzen unter seine Söhne verteilt werden solle, während die Töchter im Hinblick auf die ihnen bei Lebzeiten des Erblassers gemachten Zuwendungen zur Ergänzung ihrer Erbteile bestimmte Geldsummen von den Söhnen ausbezahlt erhalten sollen, so sind nur die Söhne als Erben, die Töchter dagegen als bloße Vermächtnisnehmerinnen anzusehen (KGJ. 35 A 78).

Sind mehrere Erben eingesetzt, ohne daß die Erbteile bestimmt sind, so sind sie nach § 2091 BGB. zu gleichen Teilen eingesetzt, soweit sich nicht aus den §§ 2066—2069, nach denen in gewissen Fällen die Grundsätze der gesetzlichen Erbfolgeordnung maßgebend sind, ein Anderes ergibt. Diese Grundsätze werden auch dann anzuwenden sein, wenn der Erblasser „seine Frau und seine Kinder" als Erben eingesetzt hat. Hat er aber die gesetzlichen Erben einzeln nach einander aufgeführt, und zwar ohne jede Gruppenbildung, so muß Kopfteilung eintreten, denn einen allgemeinen Rechtssatz des Inhalts, daß Verfügungen von Todes wegen im Anschluß an das gesetzliche Erbrecht auszulegen seien, kennt das BGB. nicht (KGJ. 39 A 61).

§ 2094 BGB. regelt die Anwachsung unter den Miterben. Sind mehrere Erben in der Weise eingesetzt, daß sie die gesetzliche Erbfolge ausschließen, und fällt einer der Erben vor oder nach dem Eintritte des Erbfalls weg, so wächst der Erbteil des Wegfallenden den übrigen Erben nach dem Verhältnisse ihrer Erbteile an; bei Einsetzung einiger Erben auf einen gemeinschaftlichen Erbteil tritt die Anwachsung zunächst unter ihnen ein. Der Erblasser kann die Anwachsung ausschließen. Die Ausschließung braucht nicht ausdrücklich angeordnet zu werden, sie ist z. B. darin zu finden, daß ein Erbe ausdrücklich auf seinen Pflichtteil als Erbe eingesetzt ist. Auch in der Berufung eines Ersatzerben ist eine solche Ausschließung zu erblicken, da nach § 2099 BGB. das Recht des Ersatzerben dem Anwachsungsrechte vorgeht.

III. Errichtung der Testamente.

1. Das eigenhändige Testament wird nach § 2231 Nr. 2 BGB. durch eine von dem Erblasser unter Angabe des Ortes und Tages eigenhändig geschriebene und unterschriebene Erklärung errichtet. Als Grundsatz muß die genaue Einhaltung der Formvorschriften gelten, jedoch ohne Übertreibung des Formalismus. Die Grundsätze der Auslegung, z. B. der § 2084 BGB., finden auf die Beachtung der Formalien keine Anwendung, sondern nur auf den Willensinhalt.[1]

---

[1]) Vgl. RJA. 6, 177.

a) Eigenhändige Niederschrift der Erklärung.

Die Schrift muß durch eigene Schreibtätigkeit des Erblassers hergestellt sein, er muß also des Schreibens kundig sein. Vollständige Führung der Hand macht das Testament ungültig, dagegen nicht bloße Unterstützung. Mit der Schreibmaschine kann ein eigenhändiges Testament nicht errichtet werden. Verwendung der Stenographie und der Schriftzeichen einer fremden Sprache ist zulässig. Der Erblasser kann sich auch einer fremden Sprache bedienen.[1]) Ist ein Teil der Erklärung mit Willen des Erblassers von einem anderen geschrieben, so ist das Testament nur unter der Voraussetzung des § 2085 BGB. ganz nichtig, anderenfalls ist nur jener Teil des Testaments unwirksam.[2]) Ohne Wissen und Willen des Erblassers gemachte Zusätze schaden der Gültigkeit nicht. In der Wahl des Stoffes der Testamentsurkunde und des Schreibmittels ist der Erblasser frei, nur darf durch die getroffene Wahl die Ernstlichkeit der Willenserklärung nicht zweifelhaft werden, was z. B. bei der Benutzung rasch vergänglicher Stoffe zu erwägen ist. Auch in Briefform[3]) oder durch Eintragung in ein Buch oder auf mehrere nicht mit einander verbundene Bogen niedergeschriebene Testamente sind gültig, letztgenannte, sofern nur die Zusammengehörigkeit der Bogen feststeht; in solchem Falle braucht nicht jeder einzelne Bogen vom Erblasser unter Angabe des Ortes und Tages unterschrieben zu sein.[4])

b) Die Unterschrift des Erblassers.

Das eigenhändige Testament ist entweder mit dem Familiennamen oder mit dem Namen, den der Erblasser an dessen Stelle im Verkehr führt, zu unterzeichnen. Die Unterschrift nur mit dem Vornamen genügt nicht.[5]) Die Unterschrift ist an den Schluß der Erklärung zu setzen, wenn sie auch nicht gerade räumlich tiefer als jedes andere Wort stehen muß. Die Aufnahme des Namens in den Text ersetzt die Unterschrift nicht, dagegen ist die Einschaltung des Namens in den Schlußsatz ausreichend. Die Namenszeichnung auf dem Umschlage kann unter Umständen genügen.[6]) Das Datum (Angabe des Ortes und Tages) braucht durch die Unterschrift nicht gedeckt zu werden, es ist nur erforderlich, daß das Datum mit der unterschriebenen letztwilligen Erklärung in einen derartigen räumlichen Zusammenhang gebracht ist, daß seine Bedeutung als Datum dieser Erklärung daraus ersichtlich wird.[7]) Eine hinter der Unterschrift stehende, besonders unterschriebene, aber nicht besonders datierte „Nachschrift" wird durch das am Kopfe des Testaments befindliche Datum nicht gedeckt und ist daher ungültig.[8])

c) Angabe des Ortes und Tages.

Es sind Ort und Tag der Testamentserrichtung anzugeben, nicht etwa der Wohnort des Erblassers. Auch diese Angaben sind eigenhändig vom Erblasser zu schreiben.[9]) Ein auf der Testamentsurkunde befindlicher Vordruck darf nicht zur Herstellung der Orts- und Zeitangabe benutzt werden. Der Ort ist in der gebräuchlichen Weise, der Tag im allgemeinen nach dem Kalender anzugeben; die Verwendung üblicher Abkürzungen ist zulässig. Die Angabe zwei verschiedener Tage ist unschädlich, wenn zu erkennen ist, daß das zeitlich frühere Datum den Tag des Beginns, das zeitlich spätere den des Abschlusses der Testamentserrichtung bezeichnet.[10]) Die auf dem Umschlage befindliche Angabe des

[1]) KGJ. 22 A 49. [2]) RG. 63, 23. [3]) KGJ. 26 A 199. [4]) KGJ. 29 A 65. [5]) KGJ. 31 A 109. [6]) RG. 61 S. 7. [7]) RG. 52 S. 277. [8]) KGJ. 40 A 58. [9]) KGJ. 21 A 222. [10]) KGJ. 37 A 119.

Ortes und Tages ist als Datum der Testamentserrichtung aufzufassen, wenn die auf dem Umschlage enthaltene datierte Aufschrift mit der Testamentserklärung dergestalt in einem inneren Zusammenhang steht, daß sie nach dem Willen des Erblassers lediglich eine Fortsetzung der Testamentsurkunde selbst bildet.[1]) Eine Undeutlichkeit der Angaben hat die Nichtigkeit des Testaments nicht zur Folge, wenn es gelingt, die Orts- und Zeitangabe aus der Testamentsurkunde selbst heraus klarzustellen. Dabei kann auch ein auf der Testamentsurkunde befindlicher Vordruck zur Erläuterung der unklaren handschriftlichen Datierung herangezogen werden. Die Ortsangabe durch Bezeichnung eines Straßennamens genügt, wenn sich aus der Testamentsurkunde in sonstiger Weise der Name der Stadt ergibt, in der das Testament errichtet ist.[2]) Niederschrift des Textes, Datierung und Unterschrift brauchen nicht gleichzeitig zu geschehen, das eigenhändige Testament kann vielmehr stückweise in beliebiger Reihenfolge errichtet werden. Es ist zulässig, daß dem niedergeschriebenen und unterschriebenen Text erst nach einiger Zeit das Datum hinzugefügt wird oder daß der mit Orts- und Zeitangabe versehene Text erst an einem späteren Tage unterschrieben wird. Die Orts- und Zeitangabe muß richtig sein. Eine unrichtige Angabe hat die Nichtigkeit des Testaments zur Folge. Eine falsche Datierung ist aber unschädlich, wenn die gewollte richtige ohne weitere Beweise aus dem übrigen Inhalte des Testaments oder durch Offenkundigkeit festzustellen ist.[3]) Das Datum gilt bei äußerlich fehlerfreiem Testament als wahr, bis der Beweis des Gegenteils erbracht ist.[4]) Spätere eigenhändige Zusätze und Änderungen in dem abgeschlossenen Testamente erfordern, auch wenn sie durch die frühere Unterschrift gedeckt werden, eine neue Datierung und nochmalige Unterschrift.[5])

2. Das gemeinschaftliche eigenhändige Testament (§ 2267 BGB.).

Ein gemeinschaftliches Testament kann nach § 2265 BGB. nur[6]) von Ehegatten errichtet werden. Zur Errichtung eines gemeinschaftlichen eigenhändigen Testaments genügt es, wenn einer der Ehegatten das Testament in der in § 2231 Nr. 2 BGB. vorgeschriebenen Form errichtet und der andere Ehegatte die unter Angabe des Ortes und Tages eigenhändig zu schreibende und unterschreibende Erklärung beifügt, daß das Testament auch als sein Testament gelten solle. Die Beitrittserklärung braucht sich nicht wörtlich dem Gesetze anzuschließen, die Erklärung „gelesen, genehmigt, unterschrieben" kann genügen.[7]) Die Unterschrift des Beitretenden muß dem Texte der Beitrittserklärung räumlich nachfolgen.[8]) Die Aufnahme des Namens in den Text der Beitrittserklärung reicht nicht aus.[9]) Nach dem Tode des einen Ehegatten kann die Erklärung des anderen nicht mehr nachgeholt oder ergänzt werden.[10]) Ein der Vorschrift des § 2267 entsprechendes Testament ist darin zu finden, wenn ein Ehegatte schreibt „Wir setzen uns gegenseitig als Erben ein", beide Ehegatten unterschreiben und dann jeder in einer besonderen datierten und unterschriebenen Nachschrift erklärt, daß dies Testament sein sei. Nichtig ist dagegen ein Testament, wenn es zwar von dem einen Ehegatten eigenhändig geschrieben, aber nicht durch Unterschrift vollzogen ist, darauf die Erklärung des anderen Ehegatten, daß er das Testament als das seinige anerkenne, folgt und sich hieran wiederum

---

[1]) KGJ. 38 A 137. [2]) KGJ. 39 A 69. [3]) u. [4]) RG. 64 S. 423. [5]) KGJ. 40 A 58, RG. 71 S. 302. [6]) Vgl. KGJ. 35 A 93. [7]) KGJ. 28 A 20. [8]) KGJ. 26 A 48. [9]) KGJ. 24 A 180. [10]) Vgl. KGJ. 35 A 100, OLG. 14, 307.

eine Erklärung des ersten Ehegatten anschließt, daß das Testament auch als sein Wille gelten solle.[1]) Es genügt, wenn der letzte Wille aus dem Gesamtinhalte des Testaments — Haupterklärung und Beitrittserklärung — zu entnehmen ist, wenn z. B. folgende Fassung gewählt ist:

„Für den Fall meines Todes vor meiner Ehefrau setze ich sie zu meiner alleinigen Erbin ein. Datum. Unterschrift.

Vorstehendes Testament soll auch als mein Testament gelten. Datum. Unterschrift.“[2])

Für die Errichtung eines gemeinschaftlichen eigenhändigen Testaments sind die Ehegatten nicht auf die Form des § 2267 BGB. beschränkt. Er enthält nur das Mindestmaß der Formvorschriften. Das gemeinschaftliche eigenhändige Testament kann auch in der Weise errichtet werden, daß jeder Ehegatte für seine Verfügungen die Vorschriften des § 2231 Nr. 2 BGB. erfüllt, sofern nur die Gemeinschaftlichkeit der Testamentserrichtung, die vor allem Vereinigung des Ganzen in einer Urkunde voraussetzt, gegeben ist.[3])

3. Das in ordentlicher Form errichtete öffentliche Testament (§§ 2231—2246 BGB.).

Es sollen hier nur einige Gesichtspunkte und Entscheidungen, die der Nachlaßrichter besonders häufig zu beachten hat, hervorgehoben werden, während im übrigen auf die Vorschriften des BGB. verwiesen wird.

Das in § 2238 BGB. aufgestellte Erfordernis der Übergabe der Schrift setzt voraus, daß das Schriftstück selbst bei dem Übergabeakte zur Stelle ist und sich im Besitze des Erblassers befindet und daß sich der Besitzwechsel vor den Urkundspersonen und den Zeugen in äußerlich erkennbarer Weise vollzieht (RGZ. Bd. 81, 34).

Die Vorschrift des § 2239 BGB., wonach die bei der Testamenserrichtung mitwirkenden Personen während der ganzen Verhandlung zugegen sein müssen, bezieht sich nicht auf die Niederschrift des Protokolls (KGJ. 29 A 49).

In zahlreichen Fällen beruht die Ungültigkeit öffentlicher Testamente auf Verletzung der Vorschriften der §§ 2241, 2242 BGB. über das aufzunehmende Protokoll. Ort und Tag der Verhandlung müssen zur Vermeidung der Nichtigkeit des Testaments richtig angegeben werden. Eine auf bloßem Versehen beruhende unrichtige Datierung ist aber dann für unschädlich zu erachten, wenn das richtige Datum in anderer Weise festgestellt werden kann.[4]) Der Tag der Verhandlung darf nicht durch Bezugnahme auf ein Ereignis bezeichnet werden, dessen Zeitpunkt sich nur aus anderen, außerhalb des Protokolls liegenden Erkenntnisquellen ergibt.[5]) Die bei der Verhandlung mitwirkenden Personen brauchen nicht als „bei der Verhandlung mitwirkend“ bezeichnet zu werden, wenn sich nur ihre Mitwirkung aus dem Protokoll ergibt. Es genügt z. B., wenn das gerichtliche Protokoll mit „A. Amtsrichter, B. Referendar als Gerichtsschreiber“ unterzeichnet wird.[6]) Daß der Erblasser seinen letzten Willen „mündlich“ erklärt oder eine Schrift mit der „mündlichen“ Erklärung gemäß § 2238 BGB. übergibt, braucht im Protokoll nicht festgestellt zu werden.[7]) Zwecks Feststellung, daß das Protokoll vor-

[1]) KGJ. 26 A 44. [2]) Vgl. KGJ. 42 A 116. [3]) Vgl. RG. 50 S. 309, 72 S. 204, KGJ. 29 A 53, 57. [4]) RG. 74, 421, vgl. E. d. RG. v. 12. Dez. 1912, JW. 1913 S. 270 und RG. 81, 95, a. A. KGJ. 31 A 103. [5]) KGJ. 41 A 86. [6]) KGJ. 41 A 81. [7]) OLG. 10, 309.

gelesen, von dem Erblasser genehmigt und von ihm eigenhändig unterschrieben ist, genügen die Worte „vorgelesen, genehmigt, unterschrieben" oder die Abkürzungen „v. g. u.", sofern diese Formeln nach den Umständen des Falles keinen Zweifel darüber lassen, daß die Vorlesung, Genehmigung und eigenhändige Unterzeichnung wirklich erfolgt sind.[1]) Der Feststellungsvermerk bedarf nicht der Vorlesung und Genehmigung durch den Erblasser und kann daher seiner Unterschrift auch nachfolgen.[2]) Nach § 2242 BGB. wird, wenn der Erblasser erklärt, daß er nicht schreiben könne, seine Unterschrift durch die Feststellung dieser Erklärung im Protokoll ersetzt. Gegen diese Vorschrift wird oft gefehlt. Die Feststellung der Erklärung kann dem Inhalte des Protokolls entnommen werden, insbesondere der Feststellung, daß der Erblasser nicht unterschrieben habe, weil er schreibensunkundig „sei", daß der Erblasser ein unter dem vorgelesenen Teile des Protokolls befindliches Handzeichen unter das Protokoll gesetzt habe, daß er die objektive Feststellung der Schreibunfähigkeit genehmigt habe. Die rein objektive Feststellung der Schreibunfähigkeit genügt nicht.[3]) In welcher Reihenfolge der Erblasser und die mitwirkenden Personen unterschreiben, ist unerheblich.[4]) Die Unterschriften der Urkundspersonen können nach der Eröffnung des Testaments nicht mehr nachgeholt werden.[5])

IV. Aufhebung der Testamente (§§ 2253—2258 BGB.).

Der Erblasser kann das Testament sowie eine einzelne in einem Testament enthaltene Verfügung jederzeit widerrufen. Der Widerruf erfolgt durch Testament (§ 2254) oder dadurch, daß der Erblasser in der Absicht, das Testament aufzuheben, die Testamentsurkunde vernichtet oder an ihr Veränderungen vornimmt, durch die der Wille, eine schriftliche Willenserklärung aufzuheben, ausgedrückt zu werden pflegt (§ 2255). Als solche Veränderungen kommen Zerreißen, Zerschneiden, Verbrennen, Unleserlichmachen in Betracht. Dagegen genügt es nicht, wenn der Erblasser auf die Testamentsurkunde neben den Text den Vermerk „Veraltet" setzt und die Außenseite der zusammengefalteten Urkunde mit der Aufschrift „Verbrennen" versieht (KGJ. 36 A 77) oder die Tagesangabe eines eigenhändigen Testaments bleischriftlich durchstreicht (E. d. RG. vom 10. Okt. 1912, JW. 1913 S. 42). Auch einzelne in dem Testament enthaltene Verfügungen können in der Form des § 2255 BGB. widerrufen werden (RG. 71, 302). Bei Vernichtung der Testamentsurkunde oder Veränderung in der bezeichneten Weise wird die Aufhebungsabsicht vermutet, wodurch die Beweislast zugunsten des den Widerruf Behauptenden umgekehrt wird. Als Widerruf gilt auch die Rückgabe eines vor einem Richter oder Notar errichteten Testaments aus der amtlichen Verwahrung an den Erblasser (§ 2256). Der in solcher Rücknahme liegende Widerruf kann angefochten werden (KGJ. 41 A 94). Ein Testament kann ferner durch den Inhalt eines späteren Testaments aufgehoben werden. Soweit zwischen den Anordnungen eines früheren und eines späteren Testaments Widersprüche bestehen, hebt das spätere das frühere auf (§ 2258). Die frühere Verfügung gilt aber nicht nur dann als aufgehoben, wenn die Testamente sachlich unvereinbar sind, sondern auch dann, wenn die im Wege der Auslegung festzustellende Absicht des Erblassers dahin geht, das jüngere Testament an die Stelle des alten treten zu lassen (RJA. 9, 87).

---

1) KGJ. 25 A 53, RG. 53, 150. 2) KGJ. 43 A 97, RG. 62, 1; 63, 31. 3) Vgl. RG. 75, 374; 65, 375; KGJ. 37 A 124. 4) KGJ. 32 A 94. 5) KGJ. 38 A 141.

V. Das gemeinschaftliche Testament (§§ 2265—2272 BGB.).

Ein gemeinschaftliches Testament kann von Ehegatten eigenhändig oder in öffentlicher Form errichtet werden (vgl. III. 2). Die gemeinschaftlichen Testamente spielen in der Praxis des Nachlaßgerichts eine wichtige Rolle. Von den gesetzlichen Vorschriften bieten insbesondere die §§ 2269 und 2271 vielfach zu Zweifeln Anlaß.

a) § 2269 BGB.

Wenn Ehegatten sich in einem gemeinschaftlichen Testament gegenseitig als Erben einsetzen, bestimmen sie häufig, daß ihr beiderseitiger Nachlaß nach dem Tode des Überlebenden an einen Dritten fallen soll. Der Erbscheinsrichter muß in einem solchen Falle entscheiden, ob der Überlebende Vorerbe und der Dritte Nacherbe des Erstversterbenden sein soll oder ob der Überlebende Vollerbe sein und der Dritte nur als Erbe des Überlebenden eingesetzt sein soll. Im ersteren Falle ist der Erbschein gemäß § 2363 BGB. zu erteilen, im letzteren ist nur der Überlebende als Alleinerbe ohne jede Beschränkung in den Erbschein aufzunehmen. § 2269 gibt für zweifelhafte Fälle die Auslegungsregel, daß der Dritte für den gesamten Nachlaß als Erbe des zuletzt versterbenden Ehegatten eingesetzt ist. Es ist also zunächst zu prüfen, ob ein auf Anordnung einer Vor- und Nacherbschaft gerichteter Wille des Erblassers in einer jeden Zweifel ausschließenden Weise festzustellen ist.[1]) Dieser Wille ist insbesondere dann anzunehmen, wenn der Erblasser die Worte „Vorerbe" und „Nacherbe" gebraucht hat oder seinen Ehegatten und den Dritten gleichzeitig zu „seinen Erben" ernannt hat. Ist es zweifelhaft, ob eine Nacherbfolge angeordnet werden sollte, so greift die Auslegungsregel des § 2269 BGB. Platz, die auch für ältere Testamente anzuwenden ist.[2]) Daß der Überlebende als Alleinerbe eingesetzt ist, ist Voraussetzung, nicht Inhalt der Vermutung des § 2269. Häufig treffen Ehegatten, die sich gegenseitig und für den Fall des Todes des Überlebenden ihre Kinder als Erben einsetzen, für den Fall der Wiederverheiratung des Überlebenden die Bestimmung, daß der Überlebende mit den Kindern sich nach den Regeln der gesetzlichen Erbfolge auseinanderzusetzen habe oder einen Bruchteil des Nachlasses an die Kinder herauszugeben habe. In einer solchen Anordnung ist, mag auch für den Fall des Todes des Überlebenden gemäß § 2269 eine Nacherbfolge nicht als angeordnet gelten müssen, jedenfalls für den Fall der Wiederverheiratung eine Nacherbfolge verfügt, die in den Erbschein aufgenommen werden muß. Der überlebende Ehegatte ist also trotz Anwendung des § 2269 im Erbschein als Vorerbe aufzuführen. Als den Dritten, an den der Nachlaß nach dem Tode des Überlebenden fallen soll, bestimmen die Ehegatten zuweilen ihre gesetzlichen Erben oder ihre nächsten Verwandten. Sowohl im Falle des § 2269 als auch, wenn der Dritte als Nacherbe gilt, entscheidet sich erst im Zeitpunkte des Todes des zweitversterbenden Ehegatten, wer zu diesen Personen gehört. Sofern sie als Nacherben anzusehen sind, können sie in den Erbschein des Vorerben nicht namentlich aufgenommen werden.[3]) Haben Ehegatten in einem gemeinschaftlichen Testament sich gegenseitig als Erben und ihre Kinder als Nacherben des Erstversterbenden eingesetzt, so sind drei Erbscheine denkbar: 1. Der Erbschein, in dem der Überlebende als Vorerbe und die Kinder als Nacherben aufgeführt sind; 2. Der Erbschein, in dem die Kinder infolge des Eintrittes der Nacherbfolge als unmittelbare Erben des Erstverstorbenen aufgeführt werden, ohne daß der Überlebende erwähnt wird; 3. der Erbschein, in dem

[1]) Vgl. KGJ. 39 A 80. [2]) Vgl. RG. 59, 84. [3]) Vgl. das Beispiel S. 935.

die Kinder als unmittelbare Erben des Überlebenden aufgeführt werden. Der erste Erbschein kann nur erteilt werden, solange der überlebende Ehegatte am Leben ist, und ist nach seinem Tode als unrichtig einzuziehen, die beiden anderen können erst nach dem Tode des Überlebenden erteilt werden.[1])

b) Der Widerruf von Verfügungen eines gemeinschaftlichen Testaments (§ 2271 BGB.).

Das Recht des jederzeitigen Widerrufs letztwilliger Verfügungen nach § 2253 BGB. ist für korrespektive Verfügungen eines gemeinschaftlichen Testaments besonders geregelt. Korrespektive Verfügungen sind solche, von denen anzunehmen ist, daß die Verfügung des einen nicht ohne die Verfügung des anderen getroffen sein würde (§ 2270 Abs. 1 BGB.). Abs. 2 enthält eine gesetzliche Vermutung für die Korrespektivität von Verfügungen. Diese Vermutung kann nach den allgemeinen Beweisregeln durch den Nachweis eines abweichenden Willens des Erblassers entkräftet werden, der außer aus dem Testament selbst aus den besonderen Umständen des Falles und den persönlichen Anschauungen des Erblassers gefolgert werden kann; auch die Verschiedenheit der Vermögensverhältnisse kann in Betracht kommen (KGJ. 42 A 119; vgl. auch RG. 79, 34). Das Gesetz kennt die Korrespektivität nur für die Erbeinsetzung, die Vermächtnisse und Auflagen (§ 2270 Abs. 3 BGB.). Jeder Ehegatte ist, solange der andere Ehegatte lebt, zum Widerrufe korrespektiver Verfügungen befugt. Für den Widerruf ist eine besondere Form vorgeschrieben, gerichtlich oder notariell beurkundete Erklärung gegenüber dem anderen Ehegatten (§§ 2271, 2296). Das gilt auch für landrechtliche korrespektive Testamente (vgl. DJZ. 1912 S. 564). Dagegen kann ein Ehegatte seine Verfügung nicht einseitig durch eine neue Verfügung von Todes wegen aufheben. Die in der neuen Verfügung ausgesprochene Aufhebung der früheren und die neuen Anordnungen, soweit sie Erbeinsetzungen, Vermächtnisse und Auflagen betreffen, sind unwirksam. Als mindestens teilweiser Widerruf sind auch mittelbare Änderungen korrespektiver Anordnungen, insbesondere Beschränkungen und Beschwerungen des Bedachten, z. B. durch Ernennung eines Nacherben, aufzufassen. Auch die nachträgliche Ernennung eines Testamentsvollstreckers enthält in der Regel einen teilweisen Widerruf der Erbeinsetzung (KGJ. 42 A 123). Nach dem Tode des Ehegatten ist der Widerruf ausgeschlossen. Eine Ausnahme gilt aber für den Fall, daß der Überlebende das ihm Zugewendete ausschlägt, und für die Fälle des § 2271 Abs. 2 Satz 2 und Abs. 3 BGB.

Gemäß Art. 214 EG.BGB. wird die Bindung des Erblassers bei einem gemeinschaftlichen Testament, sofern es vor dem Inkrafttreten des BGB. errichtet worden ist, nach den bisherigen Gesetzen beurteilt.

---

[1]) Die Bestimmung eines gemeinschaftlichen Testaments, daß der überlebende Ehegatte bis an sein Lebensende den vollen Besitz und Genuß des gesamten gemeinschaftlichen Vermögens behalten und zur freien und unbeschränkten Verfügung unter Lebenden befugt sein solle, ohne zur Aufstellung eines Inventars, zur Bestellung einer Sicherheit oder zur Rechnungslegung verpflichtet zu sein, und daß bei dem Tode des Längstlebenden der dann noch vorhandene beiderseitige Nachlaß an die Kinder fallen solle, enthält die Einsetzung des überlebenden Ehegatten als Vollerben des Erstverstorbenen und die Einsetzung der Kinder als Erben des zuletzt versterbenden Ehegatten (KGJ. 39 A 78).

§ 12.
Die Einziehung des Erbscheins.

Nach § 2361 BGB. hat das Nachlaßgericht, wenn sich ergibt, daß der erteilte Erbschein unrichtig ist, den Erbschein einzuziehen.[1]) Der Erbschein ist unrichtig, wenn er der wirklichen Rechtslage nicht entspricht oder wenn er unvollständig ist. Ersteres ist der Fall, wenn das bezeugte Erbrecht den genannten Personen nicht oder nicht in dem bezeugten Umfange zusteht oder die Personen des Erblassers oder der Erben falsch bezeichnet sind, der zweite, wenn der Erbschein die gesetzlich vorgeschriebenen Angaben nicht enthält. Als Fälle der Unrichtigkeit seien erwähnt die Angabe eines falschen Erbteils, die unrichtige Angabe der Voraussetzungen für den Eintritt der Nacherbfolge (KGJ. 24 D 10), die Nichtangabe der Erbteile beim gemeinschaftlichen Erbschein, das Fehlen der nach den §§ 2363, 2364 BGB. zu machenden Angaben, die Nichtbezeichnung der Teilungsmasse, wenn der märkische Ehegatte die statutarische Portion gewählt hat.[2]) Soweit es sich um die Bezeichnung der Personen des Erblassers und der Erben handelt, hat das Nachlaßgericht nicht jede falsche Angabe als eine den Erbschein unrichtig machende zu behandeln. Unbedeutende Abweichungen von der richtigen Schreibweise eines Namens, falsche Angabe des Standes des Erblassers oder der Erben oder der Geburtsdaten der Erben oder des Familienstandes einer weiblichen Person oder des Wohnortes eines Erben können ohne Einziehung im Wege eines Berichtigungsbeschlusses[3]) berichtigt werden, wobei vorausgesetzt wird, daß die Erbscheinsverhandlung oder die Urkunden, auf Grund deren der Erbschein erteilt ist, die richtigen Angaben enthalten, also ein Schreibfehler oder eine sonstige Flüchtigkeit des Nachlaßrichters vorliegt. Trifft dies nicht zu, ist also die Unrichtigkeit auf fehlerhafte Angaben des Antragstellers in der Erbscheinsverhandlung oder der Urkunden zurückzuführen, so ist die hier in sinngemäßer Anwendung des § 319 ZPO. für zulässig erachtete Berichtigung im allgemeinen nicht statthaft, aber auch in Fällen dieser Art ist ausnahmsweise und, wenn der Sachverhalt ganz klar liegt, mit Rücksicht auf die Bedürfnisse der Praxis eine einfache Berichtigung zuzulassen. Die Unrichtigkeit des Erbscheins kann auch auf Umständen beruhen,

---

[1]) Eine Aufhebung des Erbscheins kennt das BGB. nicht. Solange aber die Erteilung des Erbscheins lediglich eine innere Angelegenheit des Gerichts ist, also Ausfertigungen oder Abschriften noch nicht erteilt, auch die Akten nicht eingesehen sind, kann der Nachlaßrichter die Erbscheinsverfügung unbedenklich durch einfache Verfügung wieder aufheben.

[2]) Enthält ein Erbschein Überflüssiges, so ist er im allgemeinen nicht als unrichtig anzusehen. Wird aber durch den überflüssigen Inhalt das Recht eines Erben beeinträchtigt, so kann dieser Erbe die Einziehung verlangen (vgl. KGJ. 29 A 65).

[3]) Beispiel. B.

1. Beschluß.
Auf sämtliche Ausfertigungen des Erbscheins vom .... ist folgender Vermerk zu setzen:
a) Der Name des Erblassers ist Schultze, nicht Schulze.
b) die Erbin zu 2 Amalie Krause geb. Lehmann ist nicht Ehefrau, sondern verwitwet.
Berlin usw.
2. Der Beschluß ist auf der Urschrift des Erbscheins zu vermerken.
3. Ausfertigungen an Antragsteller zurück.

die erst nach Erteilung des Erbscheins eingetreten sind, z. B. auf der nachträglichen Geburt eines Erben, auf der Anfechtung einer eine Erbeinsetzung enthaltenden letztwilligen Verfügung, auf einem die Erbunwürdigkeit eines Erben aussprechenden Urteile, auf dem Eintritte einer Nacherbfolge, auf der Ausschlagung der Erbschaft durch einen Nacherben, auf der nachträglichen Auffindung eines Testaments. Wie S. 935 ausgeführt, ist eine unwirksame Anordnung einer Testamentsvollstreckung im Erbschein nicht zu erwähnen. Ist die Unwirksamkeit erst nach der Erteilung des Erbscheins eingetreten, so ist der Erbschein, da er eine tatsächlich nicht vorhandene Beschränkung des Erben bezeugt, unrichtig geworden und einzuziehen.[1]) Der Verkauf des Anteils eines Miterben macht den Erbschein nicht unrichtig (RG. 64, 173). Ein den Erbschein ergänzendes Zeugnis oder ein Nachtragszeugnis kennt das BGB. nicht. Es kommen jedoch Fälle vor, in denen die Voraussetzungen für die Einziehung zwar nicht gegeben sind, eine Ergänzung des Erbscheins aber im Interesse seiner praktischen Verwendung dringend notwendig erscheint. Wenn z. B. eine Bank den Erben die Aushändigung zum Nachlasse gehöriger Wertpapiere verweigert, weil sie Zweifel an der Identität des einen Sammelnamen tragenden Erblassers mit dem Hinterleger der Wertpapiere hat, so ist es unbedenklich, wenn das Nachlaßgericht auf Grund der Erbscheinsverhandlung und der überreichten Personenstandsurkunden auf den Erbschein einen ergänzenden Vermerk setzt, in dem es sämtliche Vornamen des Erblassers oder seine letzte Wohnung oder seine Geburtsdaten angibt.

Das Nachlaßgericht verfügt die Einziehung des Erbscheins von Amts wegen oder auf Antrag[2]). Zur Stellung des Antrages ist jeder, dessen Recht durch den unrichtigen

---

[1]) Vgl. E. d. LG. I Berlin in Bl. f. Rechtspflege i. B. d. KG. 1909 S. 28, a. A. KGJ. 33 A 100. Unseres Erachtens kann in solchem Falle der umständliche und mit erheblichen Kosten verbundene Weg der Einziehung und Neuerteilung eines Erbscheins vermieden werden, indem ein berichtigender Vermerk auf den Erbschein gesetzt wird.

Beispiel: V.

1. Beschluß.
Auf sämtliche Ausfertigungen des Erbscheins vom .... ist folgender Vermerk zu setzen:
Die in vorstehendem Erbschein enthaltenen Worte:
„Es ist ein Testamentsvollstrecker ernannt"
kommen in Wegfall.
Berlin usw.
2. Der Beschluß ist auf der Urschrift des Erbscheins zu vermerken.
3. Sämtliche Ausfertigungen an Antragsteller zurück.

[2]) V.

1. Beschluß.
Die Einziehung des am 5. Jan. 1913 erteilten Erbscheins nach dem am 1. Okt. 1912 verstorbenen Schlossermeister Heinrich Gottfried Ladewig wird angeordnet.
Berlin usw.
2. Der Beschluß zu 1 ist dem .... (Erben, denen Ausfertigungen ausgehändigt sind) zuzustellen mit der Aufforderung, die übersandten Ausfertigungen des Erbscheins binnen 2 Tagen zur Vermeidung von Ordnungsstrafen und zwangsweiser Wegnahme zurückzureichen.
3. Nach 2 Tagen.

Inhalt des Erbscheins beeinträchtigt wird, befugt, also auch ein Nacherbe. Die an sich unzulässige Beschwerde gegen die Erteilung des Erbscheins kann als Antrag auf Einziehung des Erbscheins und Erteilung eines dem Antrage der Beschwerde entsprechenden Erbscheins umgedeutet und behandelt werden (OLG. 18, 370). Nach § 2361 Abs. 3 BGB. kann das Nachlaßgericht von Amts wegen über die Richtigkeit eines erteilten Erbscheins Ermittelungen veranstalten. Diese Befugnis wird für das Nachlaßgericht zur Pflicht, sobald bei ihm Zweifel an der Richtigkeit des Erbscheins entstehen oder ein Antrag auf Einziehung gestellt wird. Nachträglich auftauchende Zweifel rechtfertigen die Einziehung des Erbscheins noch nicht, dagegen genügt es, wenn die Ermittelungen zwar nicht die Unrichtigkeit klar erwiesen, sondern nur zu einem non liquet, zu der Feststellung, daß das bezeugte Erbrecht nicht mehr als nachgewiesen anzusehen ist, geführt haben, weil damit die Voraussetzung des § 2359 BGB. weggefallen ist (RJA. 2, 67). Bei der Entscheidung über den Antrag auf Einziehung darf das Nachlaßgericht die von dem Antragsteller zur Begründung angeführten Tatsachen nicht lediglich auf Grund der ihm glaubhaft erscheinenden Erklärungen des Antragstellers als erwiesen zugrunde legen, sondern es muß die Tatsachen auf Grund objektiver Beweismittel feststellen (KGJ. 36 A 115). Die Einziehung ordnet das Nachlaßgericht, d. h. dasjenige Gericht, das den Erbschein erteilt hat,[1] durch Beschluß an, der dem Besitzer der Erbscheinsausfertigungen zuzustellen ist, und zwar mit der Aufforderung, die Ausfertigungen binnen einer kurz zu bemessenden Frist zur Vermeidung von Ordnungsstrafen oder zwangsweiser Wegnahme an das Nachlaßgericht abzuliefern. Wird die Ausfertigung nicht abgeliefert, so ist der Besitzer durch Ordnungsstrafen oder durch unmittelbaren Zwang (Gerichtsvollzieher) zur Ablieferung anzuhalten (Art. 15—17 Pr. FGG.). Die Einziehung ist erst mit der Ablieferung des Erbscheins oder der Wegnahme durch einen Vollstreckungsbeamten bewirkt. Es empfiehlt sich, die Einziehung auf der Urschrift des Erbscheins und den zurückgereichten Ausfertigungen zu vermerken, letztere auch durch Einschneiden unbrauchbar zu machen. Gegen den Beschluß, durch den die Einziehung angeordnet oder abgelehnt wird, ist die Beschwerde zulässig (vgl. KGJ. 22 D 12, 31 A 124, 36 A 116). Mit der Einziehung wird der Erbschein kraftlos (§ 2361 Abs. 1 Satz 2). Kann der Erbschein nicht sofort erlangt werden, so hat ihn das Nachlaßgericht durch Beschluß für kraftlos zu erklären (vgl. § 2361 Abs. 2). Gegen den Beschluß, durch den der Erbschein für kraftlos erklärt wird, findet nach § 84 FGG. die Beschwerde nicht statt. Ist ein Erbschein eingezogen oder für kraftlos erklärt, so ist ein neuer Erbschein vom Nachlaßgericht nur auf Antrag zu erteilen.[2] An sich sind die gesetzlichen Anforderungen nochmals in vollem Umfange zu erfüllen, es wird jedoch häufig eine Bezugnahme auf die frühere Versicherung an Eidesstatt für zulässig und ausreichend angesehen werden können. Wird ein Erbschein eingezogen oder nach Einziehung ein neuer erteilt, so ist stets zu prüfen, ob nicht die Niederschlagung der Kosten oder eines Teiles der Kosten auf Grund des § 10 Pr. GKG. geboten ist.

---

[1]) Auch wenn noch ein anderes Gericht als Nachlaßgericht zuständig oder der Erbschein von einem örtlich unzuständigen Gericht erteilt ist (KGJ. 44 A 104).

[2]) Erteilung eines neuen Erbscheins ist im allgemeinen schon vor durchgeführter Einziehung oder Kraftloserklärung zulässig (KGJ. 39 A 92, 44 A 104).

§ 13.
Das Testamentsvollstreckerzeugnis. Das Zeugnis über die Fortsetzung der Gütergemeinschaft. Die Schuldbuchbescheinigungen.

I. Das Testamentsvollstreckerzeugnis.

Das Nachlaßgericht hat einem Testamentsvollstrecker auf Antrag ein Zeugnis über die Ernennung zu erteilen. Die Vorschriften über den Erbschein finden auf das Zeugnis entsprechende Anwendung (§ 2368 BGB.). Der Antragsteller — der alleinige TV. oder jeder der mehreren TV. — hat gemäß §§ 2354, 2355 BGB. anzugeben: 1. die Zeit des Todes des Erblassers, 2. die Verfügung von Todes wegen, auf der die Ernennung beruht, 3. ob und welche sonstigen Verfügungen des Erblassers von Todes wegen vorhanden sind, 4. die Art des Wegfalls von Personen, durch die er von dem Testamentsvollstreckeramt ausgeschlossen oder durch die der Umfang seiner Befugnisse gemindert werden würde, 5. ob ein Rechtsstreit über die Anordnung der Testamentsvollstreckung anhängig ist. Die die Ernennung enthaltende Verfügung ist vorzulegen, ebenso sonst etwa vorhandene Verfügungen. Die Richtigkeit der Angaben zu 1 und 4 ist in Gemäßheit des § 2356 Abs. 1 BGB. nachzuweisen; in Ansehung der übrigen Angaben ist die Versicherung an Eidesstatt nach § 2356 Abs. 2 BGB. abzugeben. Es wird auf die Darstellung in §§ 8 und 10 verwiesen. Für das Testamentsvollstreckerzeugnis (abgekürzt: TVZ.) gilt aber in verschiedenen Beziehungen besonderes.

Das Nachlaßgericht hat abgesehen von der Gültigkeit der Verfügung v. T. w. zu prüfen, ob sie eine wirksame Ernennung des TV. enthält. Der Gebrauch des Wortes „Testamentsvollstrecker" ist nicht erforderlich; die Ernennung eines TV. kann auch aus dem Inhalte des Testaments entnommen werden (KGJ. 25 A 279). Es genügt, daß der Erblasser zum Ausdrucke bringt, daß der Ernannte seinen letzten Willen nach irgend einer Richtung und in irgend einer Art verwirklichen solle. Ein Mindestumfang der Rechte des TV. ist im BGB. nicht vorgeschrieben. Der Erblasser kann daher die gesetzlichen Befugnisse des TV. beliebig schmälern, sofern nur irgend etwas übrig bleibt, was den Namen eines TV. zu rechtfertigen vermag. Demgemäß kann ein TV. auch mit der Bestimmung ernannt werden, daß lediglich seine Zustimmung zur Wirksamkeit der von dem Erben getroffenen Verfügungen über Nachlaßgegenstände erforderlich sein soll (KGJ. 44 A 81). Hat der Erblasser seine Witwe und seine Kinder zu Erben eingesetzt und seiner Witwe bis zu einem gewissen Zeitpunkte den Nießbrauch und die Verwaltung des Nachlasses eingeräumt, so kann hierin die Ernennung der Witwe zum TV. gefunden werden (KGJ. 32 A 87, vgl. KGJ. 30 A 92). Ist der TV. nicht vom Erblasser, sondern gemäß §§ 2198, 2199 BGB. ernannt (vgl. S. 888), so ist die Gültigkeit dieser Ernennung zu prüfen. Hat das Nachlaßgericht gemäß § 2200 BGB. die Ernennung vorgenommen (vgl. S. 889), so ist es, wenn es über den Antrag auf Erteilung eines Testamentsvollstreckerzeugnisses zu befinden hat, an seinen Beschluß nicht gebunden, es kann vielmehr, wenn es zu der Überzeugung kommt, daß die Ernennung unwirksam ist, weil es sie nicht hätte vornehmen dürfen, die Erteilung des Zeugnisses aus diesem Grunde ablehnen. Ist die Anordnung der Testamentsvollstreckung unwirksam (hinfällig, gegenstandslos), sei es von Anfang an, sei es nachträglich geworden, so ist ein TVZ. nicht zu erteilen. Vgl. wegen der Gründe der Unwirksamkeit § 10 unter 9 (S. 936).

Nur wenn ein TV. wirklich weggefallen ist, sind der Weggefallene und die Art seines Wegfalls anzugeben, anderenfalls bedarf es keiner Angabe. Als die Arten des Wegfalls kommen insbesondere Tod, Ablehnung, Kündigung des Amtes und Entlassung aus dem Amte in Frage (vgl. hierzu die Darstellung in § 6). Der Tod ist durch Vorlegung der Sterbeurkunde nachzuweisen, die Entlassung ist, wenn sie ausgesprochen ist, bei dem Nachlaßgericht offenkundig. Ist der TV. durch Ablehnung oder Kündigung des Amtes weggefallen, so kann der Antragsteller nur auf die Akten des Nachlaßgerichts, dem die Erklärungen, um wirksam zu sein, zugegangen sein müssen, Bezug nehmen. Hier ergeben sich in der Praxis oft daraus Schwierigkeiten, daß die Ablehnungs- und Kündigungserklärungen dem Nachlaßgericht in privatschriftlicher Form vorliegen. Da diese Form dem Gesetze entspricht, kann das Nachlaßgericht nicht vom Antragsteller den Nachweis des Wegfalls durch Ablehnung oder Kündigung durch öffentliche Urkunden verlangen. Das Nachlaßgericht ist deshalb verpflichtet, von Amts wegen die Echtheit der Unterschriften der Erklärungen festzustellen (§§ 12 FGG., 2358, 2359 BGB.). Im Interesse des Antragstellers liegt es, dem Nachlaßgericht die Unterlagen für diese Feststellung durch eidesstattliche Versicherungen oder beglaubigte Schriftproben zu beschaffen. Als letztes Mittel bleibt die Vernehmung von Zeugen und Sachverständigen. Das Nachlaßgericht kann auch den TV., der das Amt abgelehnt oder gekündigt hat, schriftlich oder mündlich über die Echtheit seiner Unterschrift anhören.

Sind mehrere TV. ernannt, so ist auf Antrag ein gemeinschaftliches Testamentsvollstreckerzeugnis, in dem sämtliche im Amte befindlichen TV. aufzuführen sind, zu erteilen. [1]) Die Erteilung eines Zeugnisses für einen der mehreren TV. ist zwar zulässig, kommt aber in der Praxis kaum vor, da es nur Unklarheiten im Rechtsverkehr hervorrufen kann, überdies auch zur Vermeidung von Mißbrauch die Beschränkung durch Mitvollstrecker erkennen lassen muß, sodaß es sich schließlich vom gemeinschaftlichen TVZ. kaum noch unterscheidet. In der Beantragung des Zeugnisses durch den TV. ist die Annahme des Amtes zu erblicken, sofern nicht schon vorher die Annahme dem Nachlaßgericht gegenüber erklärt ist. Beantragt nur einer der mehreren TV. das Zeugnis, so muß er die Annahme des Amtes durch die anderen behaupten. Eines Nachweises bedarf es hier im Gegensatze zum Erbschein nicht, da die Annahme dem Nachlaßgericht gegenüber erklärt sein muß. Liegen die Annahmeerklärungen nicht vor, so kann das Zeugnis nicht erteilt werden. Ist die Ernennung nicht in einer dem Nachlaßgericht vorliegenden öffentlichen Urkunde enthalten, so soll vor der Erteilung des Zeugnisses der Erbe, wenn tunlich, über die Gültigkeit der Ernennung gehört werden (§ 2368 Abs. 2 BGB., vgl. hierzu S. 927 und Anm. 2 ebenda).

Der Inhalt des TVZ. Das TVZ. ist ein Zeugnis über die Ernennung des TV. Da es vor der Feststellung der Annahme des Amtes nicht erteilt werden darf, bezeugt es zugleich die Annahme des Amtes. Da dies von den Grundbuchämtern vielfach verkannt wird, die trotz Vorlegung eines Testamentsvollstreckerzeugnisses den besonderen Nachweis der Annahme des Amtes verlangen, empfiehlt es sich, in geeigneten Fällen die Annahme des Amtes im Zeugnisse besonders zu bescheinigen. Es kann auch ein Zeugnis bloß über die Annahme ausgestellt werden, das dem TVZ. völlig gleichsteht, da seine Erteilung die gültige Ernennung voraussetzt (KGJ. 38 A 136). Das TVZ. kann auch

[1]) Hat der Erblasser mehrere TV. ernannt und angeordnet, daß der eine zu völlig selbständigem Handeln nach außen ermächtigt und nur dem Erben gegenüber verpflichtet sein soll, die Verwaltung des Nachlasses im Einverständnisse mit den anderen zu führen, so sind in dem Zeugnis über seine Ernennung die Mitvollstrecker nicht zu erwähnen (KGJ. 31 A 94).

so gefaßt werden, daß in ihm ohne Erwähnung der Ernennung oder Amtsannahme lediglich angegeben wird, daß jemand TV. ist.[1]) Das TVZ. gibt den Erblasser und den oder die TV. an. Werden die TV. im TVZ. in anderer Reihenfolge als in der Verf. v. T. w. aufgeführt, so wird dadurch das TVZ. nicht unrichtig. § 2368 Abs. 2 BGB. bestimmt, daß, wenn der TV. in der Verwaltung des Nachlasses beschränkt ist oder der Erblasser angeordnet hat, daß der TV. in der Eingehung von Verbindlichkeiten für den Nachlaß nicht beschränkt sein soll, auch dies in dem Zeugnis anzugeben ist. Diese Bestimmung ist als Ausdruck eines allgemeinen Grundsatzes dahin auszulegen, daß jede von der gesetzlichen Ordnung der Machtbefugnisse des TV. abweichende Regelung in dem Zeugnis angegeben werden muß; demgemäß müssen auch sonstige vom Erblasser in wirksamer Weise angeordnete Abweichungen von der gesetzlichen Regel, insbesondere von den in den §§ 2203, 2204 bestimmten Aufgaben des TV., mindestens insoweit in das Zeugnis aufgenommen werden, als sie für den rechtsgeschäftlichen Verkehr des TV. mit Dritten von Erheblichkeit sind (KGJ. 31 A 94). So ist in dem Zeugnis anzugeben, wenn der TV. die Verwaltung des Nachlasses nach der Erledigung der ihm sonst zugewiesenen Aufgaben fortzuführen hat oder wenn der Erblasser die Dauer der Verwaltung abweichend von der Vorschrift des § 2210 Satz 1 gültig bestimmt hat (KGJ. 31 A 94) oder wenn er hinsichtlich der Führung des Amtes durch mehrere TV. von § 2224 abweichende Anordnungen getroffen hat (KGJ. 22 A 269) oder wenn dem TV. nicht der normale Wirkungskreis, sondern andere Aufgaben, z. B. die aus §§ 2222, 2223 BGB. ersichtlichen, zugewiesen sind oder der TV. unter Beifügung einer auflösenden Bedingung oder Befristung ernannt ist (Beispiele s. u.)[2]).

---

[1]) Wegen der Bescheinigung über den Eingang der Annahmeerklärung vgl. S. 888.

[2]) Testamentsvollstreckerzeugnis.

Testamentsvollstrecker des am 19. Jan. 1905 verstorbenen, in Potsdam wohnhaft gewesenen Tischlermeisters Karl Friese

ist

der Architekt Otto Friese in Kiel.

Der Testamentsvollstrecker ist in der Eingehung von Verbindlichkeiten für den Nachlaß nicht beschränkt.

Potsdam, den 1. März 1905.

Königliches Amtsgericht. Abt. 10.

Oder:

Der .... Friese hat in seinem Testamente vom .... den .... zu seinem Testamentsvollstrecker ernannt.

(Der Testamentsvollstrecker hat das Amt angenommen.)

Testamentsvollstreckerzeugnis.

Testamentsvollstrecker des ....

sind

a) der Rechtsanwalt Karl Hartwig in Potsdam,

b) der Bankier Otto Meyer in Potsdam,

c) der Architekt Karl Friese in Kiel.

Die Testamentsvollstrecker haben die Verwaltung des Nachlasses bis zur Verheiratung der jüngsten Tochter des Erblassers: Amalie Friese fortzuführen. Zur Vertretung des Nachlasses Dritten gegenüber genügt die Mitwirkung zweier Testamentsvollstrecker.

Bei Meinungsverschiedenheiten entscheidet Stimmenmehrheit.

Potsdam usw.

Ein unrichtiges TVZ.[1]) kann in gleicher Weise wie der Erbschein eingezogen und für kraftlos erklärt werden (vgl. § 12). Ein TVZ. ist insbesondere auch dann unrichtig, wenn es die nach vorstehendem Absatz aufzunehmenden Anordnungen über die Machtbefugnisse des TV. nicht oder nicht vollständig oder unrichtig wiedergibt. Besonderes gilt für den Fall der Beendigung des Amtes. Nach § 2368 Abs. 3, 2. Halbs. wird das Zeugnis mit der Beendigung des Amtes kraftlos, ohne daß es einer Einziehung oder Kraftloserklärung bedarf. Wenngleich auch in diesem Falle Einziehung und Kraftloserklärung zulässig und oft sehr angebracht sind, ist in der Regel eine andere Behandlung am Platze. Die Kraftlosigkeit des infolge der Beendigung des Amtes kraftlos gewordenen Zeugnisses erstreckt sich nicht auf die Vergangenheit. Damit es für die Vergangenheit seiner Bestimmung erhalten bleibt, aber zugleich einer mißbräuchlichen Benutzung vorgebeugt wird, ist auf die Ausfertigung des Zeugnisses lediglich ein Vermerk zu setzen, daß und in welchem Zeitpunkte das Amt des TV. beendigt worden ist (KGJ. 28 A 200). Handelt es sich um ein gemeinschaftliches TVZ., so ist, wenn nur das Amt eines von ihnen beendigt ist und ein vom Erblasser oder gemäß §§ 2198—2200 BGB. ernannter Nachfolger an seine Stelle tritt, auf Antrag auf dem bisherigen Zeugnisse nur zu vermerken, daß und wann das Amt des bisherigen TV. beendigt worden ist und daß an seine Stelle der neue TV. getreten ist, wobei noch der Tag der Amtsannahme hinzugefügt werden kann.[2]) Wird nur ein solcher ergänzender Vermerk beantragt, so kann die nochmalige Abgabe einer Versicherung an Eidesstatt nicht verlangt werden.[3])

II. Das Zeugnis über die Fortsetzung der Gütergemeinschaft.

Das Nachlaßgericht hat dem überlebenden Ehegatten auf Antrag ein Zeugnis über die Fortsetzung der Gütergemeinschaft zu erteilen (§ 1507 BGB.). Die Vorschriften über den Erbschein finden entsprechende Anwendung. Antragsberechtigt sind nur der überlebende Ehegatte und dessen Gläubiger unter den Voraussetzungen des § 792 ZPO., nicht die Abkömmlinge. Der Antragsteller hat anzugeben: 1. die Zeit des Todes des Ehegatten, 2. den Ehevertrag, auf dem die Fortsetzung der Gütergemeinschaft beruht, oder, falls sie — bei einer älteren Ehe — ihren Grund in einer Kraft Gesetzes begründeten Gütergemeinschaft hat, den ersten ehelichen Wohnsitz, 3. ob und welche gemeinschaftlichen Abkömmlinge vorhanden sind und gewesen sind, 4. ob und welche sonstigen Eheverträge oder Verfügungen des verstorbenen Ehegatten von Todes wegen vorhanden sind, 5. ob

---

[1]) Vgl. KGJ. 38 A 129.

[2]) V.

1. Beschluß.
   Auf sämtliche Ausfertigungen des TVZ. ist folgender Vermerk zu setzen:
   Vorstehendes Zeugnis wird dahin berichtigt:

   Der Testamentsvollstrecker zu 3: der Kaufmann Emil Schulz ist am 10. Jan. 1906 gestorben.

   An seine Stelle ist als Testamentsvollstrecker der Rentner Karl Lehmann getreten, der das Amt durch Erklärung vom 30. Jan. 1906 — eingegangen am 31. Jan. 1906 — angenommen hat.

   Berlin usw.
2. Der Beschluß zu 1 ist auf der Urschrift des Zeugnisses zu vermerken.
3. Sämtliche Ausfertigungen an Antragsteller zurück.

[3]) Wegen der Legitimierung des TV. nach altem Rechte vgl. S. 965.

ein Rechtsstreit über die Fortsetzung der Gütergemeinschaft anhängig ist. Soweit die Angaben nicht durch öffentliche Urkunden nachzuweisen sind, hat der Antragsteller ihre Richtigkeit gemäß § 2356 Abs. 2 BGB. an Eidesstatt zu versichern; die Versicherung an Eidesstatt hat sich insbesondere auch auf den ersten ehelichen Wohnsitz und auf das Vorhandensein von Eheverträgen und Verfügungen von Todes wegen zu erstrecken (vgl. KGJ. 36 A 124). Das Zeugnis über die Fortsetzung der Gütergemeinschaft bezieht sich nur auf das Gesamtgut. Über die Erbfolge in das Vorbehaltsgut und in das Sondergut wird ein Erbschein erteilt und zwar ohne Nachweis, ob Vorbehaltsgut oder Sondergut des verstorbenen Ehegatten vorhanden ist (KGJ. 41 A 52). In dem Zeugnisse sind der Ehegatte und die Abkömmlinge namentlich aufzuführen. Der überlebende Ehegatte kann die Fortsetzung der Gütergemeinschaft ablehnen; wird die Ablehnung, für die die Vorschriften über die Erbschaftsausschlagung für anwendbar erklärt sind, frist- und formgerecht erklärt, so tritt keine Fortsetzung der Gütergemeinschaft ein (vgl. § 1484). Wohl zu unterscheiden hiervon ist die Aufhebung der Gütergemeinschaft, die der überlebende Ehegatte jederzeit durch öffentlich beglaubigte Erklärung gegenüber dem Nachlaßgericht herbeiführen kann; sie beendet die fortgesetzte Gütergemeinschaft nur für die Zukunft (vgl. § 1492 BGB.). Ein Zeugnis über die Fortsetzung der Gütergemeinschaft ist auch dann zu erteilen, wenn sie durch den Tod des überlebenden Ehegatten aufgehoben ist und vor der Auseinandersetzung über einen zum Gesamtgute gehörenden Gegenstand verfügt werden soll. Das Antragsrecht steht in diesem Falle der Gesamtheit der beteiligten Personen, also den Erben des überlebenden Ehegatten und den anteilsberechtigten Abkömmlingen, gemeinschaftlich zu (KGJ. 41 A 52).[1] [2])

III. Die Schuldbuchbescheinigungen.

Die Ausstellung der Bescheinigungen ist in § 16 des Reichsschuldbuchgesetzes (Fassung vom 23. Mai 1910) und in § 16 des Pr. Staatsschuldbuchgesetzes (Fassung vom 27. Mai 1910) geregelt. Das Nachlaßgericht stellt die Bescheinigung nur aus, wenn die Voraussetzungen für die Erteilung des Erbscheins gegeben sind, wenn auch die Vorschriften über den Erbschein nicht ausdrücklich für anwendbar erklärt sind. Wird der Erblasser nach ausländischem Rechte beerbt, so muß die Rechtsnachfolge auf Grund des ausländischen Rechtes festgestellt werden. Ob dem Erblasser tatsächlich eine Forderung an das Schuld-

---

[1]) Beispiel: Zeugnis über die Fortsetzung der Gütergemeinschaft.

Nachdem der in Guben wohnhaft gewesene Kaufmann Gottfried Wilhelm Hartwig am 10. Jan. 1910 gestorben ist, setzen

I. seine Witwe Amalie Hartwig geb. Krause in Guben,

II. seine Kinder

1. Max Friedrich Hartwig, geboren am 4. Aug. 1904,
2. Ilse Klara Hartwig, geboren am 2. Sept. 1906,

beide in Guben,

die allgemeine Gütergemeinschaft fort.

Guben usw.

Ist die Gütergemeinschaft eine provinzialrechtliche, so empfiehlt es sich wegen der Verschiedenheit der Regelung der Befugnisse des überlebenden Ehegatten das maßgebende Provinzialgesetz im Zeugnisse zu erwähnen.

[2]) Das Nachlaßgericht hat auf Antrag auch ein Negativzeugnis dahin, daß die Fortsetzung der GG. nicht eingetreten ist, auszustellen. Vgl. E. d. KG. v. 14. 6. 13. JurW. 1913, 756, DJZtg 1914, 441.

buch zusteht und unter welcher Nummer sie eingetragen ist, hat das Nachlaßgericht nicht zu prüfen oder festzustellen, es genügt die Angabe des Antragstellers, daß für den Erblasser eine Forderung im Schuldbuche eingetragen ist.[1] [2]

§ 14.
Die Testamentseröffnung.

Wer ein Testament, das nicht in amtliche Verwahrung gebracht ist, in Besitz hat, hat es unverzüglich nach Erlangung der Kenntnis vom Tode des Erblassers an das Nachlaßgericht abzuliefern (§ 2259 Abs. 1 BGB.). Abs. 1 betrifft alle nicht in besonderer amtlicher Verwahrung befindlichen Testamente, gleichviel ob sie sich im Besitze einer Privatperson oder der gewöhnlichen amtlichen Verwahrung eines Gerichts, einer anderen Behörde oder eines Notars befinden (KGJ. 36 A 94). Das Nachlaßgericht kann den Besitzer durch Ordnungsstrafen zur Ablieferung des Testaments anhalten und, wenn Grund zu der Annahme besteht, daß jemand ein abzulieferndes Testament in Verwahrung hat, die Leistung des Offenbarungseides verlangen (§ 83 FGG.). Auch andere Behörden als Gerichte oder ein Notar, bei dem sich ein Testament in besonderer amtlicher Verwahrung befindet, sind zur Ablieferung verpflichtet, die vom Nachlaßgericht zu veranlassen ist (§ 2259 Abs. 2 BGB.). Auch Testamente aus der Zeit vor dem 1. Jan. 1900 sind und zwar auch von einem sie verwahrenden Notar abzuliefern (KGJ. 21 A 61). Die Ablieferungspflicht kann durch eine Anordnung des Erblassers nicht ausgeschlossen werden (KGJ. 36 A 79). Das Nachlaßgericht hat, sobald es von dem Tode des Erblassers Kenntnis erlangt, zur Eröffnung eines in seiner Verwahrung befindlichen Testaments von Amts wegen einen Termin zur Eröffnung zu bestimmen; ein Antrag eines Beteiligten ist nicht Voraussetzung der Terminsanberaumung. Die Kenntnis vom Tode des Erblassers muß überzeugend sein; mit der bloßen Angabe der Beteiligten darf sich das Nachlaßgericht nicht begnügen. Es wird deshalb, wenn nicht Anzeigen des Standesamts oder des Erbschaftssteueramts vorliegen, in der Regel die Beibringung einer Sterbeurkunde verlangen. Das Nachlaßgericht hat jedes in seiner Verwahrung befindliche oder ihm überreichte Testament zu eröffnen, auch ein unverschlossenes Privattestament

---

[1] Die Absätze 1 und 4 des § 16 der Schuldbuchgesetze lauten:

Abs. 1: Rechtsnachfolger von Todes wegen haben sich durch einen Erbschein oder durch eine Bescheinigung darüber, daß sie über die eingetragene Forderung zu verfügen befugt sind, auszuweisen.

Abs. 4: Zur Ausstellung der in ...... Abs. 1 ...... erwähnten Bescheinigung ist das Nachlaßgericht und, falls der Erblasser zur Zeit des Erbfalls im Inland weder Wohnsitz noch Aufenthalt hatte, auch derjenige Konsul des Reichs zuständig, in dessen Amtsbezirk der Erblasser zur Zeit des Erbfalls seinen Wohnsitz oder gewöhnlichen Aufenthalt hatte ....

[2] Beispiel:

Bescheinigung.

1. Der Kaufmann Hermann Friedrich Schäfer in Berlin, Koppenstraße 24,
2. der Schlossermeister Wilhelm August Schäfer in Berlin, Linienstraße 104,

sind als Erben des am 5. März 1908 verstorbenen, in Berlin, Koppenstraße 24 wohnhaft gewesenen Rentners Friedrich Wilhelm Schäfet befugt, über die auf den Namen des Erblassers im Preußischen Staatsschuldbuche eingetragene Forderung zu verfügen.

Berlin usw.

(KGJ. 26 A 199) und nach §§ 2254 und 2258 BGB. aufgehobene Testamente (KGJ. 31 B 15, 36 A 83). Jedes sich als letztwillige Verfügung darstellende Schriftstück ist ohne Rücksicht auf die materielle oder formelle Gültigkeit zu eröffnen (KGJ. 22 A 261, 27 A 38). Die Eröffnung hat aber zu unterbleiben, wenn es sich um ein Schriftstück handelt, das offenbar keine letztwillige Verfügung im Sinne des Gesetzes ist, wenn sich ohne Erforschung weiterer Tatsachen und ohne Entscheidung zweifelhafter Rechtsfragen, also „ohne weiteres" für jeden des Gesetzes Kundigen ergibt, daß es kein Testament ist; dies trifft insbesondere zu, wenn der Text eines privatschriftlichen Testaments offensichtlich von anderer Hand als die Unterschrift herrührt. Bloße Zweifel berechtigen nicht zur Ablehnung der Eröffnung (KGJ. 26 A 199, 30 A 302). Ein Eröffnungsverbot des Erblassers ist nach § 2263 BGB. nichtig. Zu dem Eröffnungstermin sollen die gesetzlichen Erben und die sonstigen Beteiligten soweit tunlich geladen werden (§ 2260 Abs. 1 Satz 2). Die Ladung ist u. a. nicht tunlich, wenn die Adressen dem Gericht nicht bekannt sind oder wenn die zu ladenden Personen im Auslande wohnen oder wenn zur Ermöglichung einer dringenden Verfügung über den Nachlaß auf Grund einer Ausfertigung des Testaments die sofortige Eröffnung geboten ist. Im Termin ist das Testament, wenn es verschlossen ist, zu öffnen und in jedem Falle den Beteiligten zu verkünden. Auf Verlangen ist es den Beteiligten vorzulegen, in welchem Falle die Verkündung unterbleiben darf (§ 2260 Abs. 2). Auch wenn im Termin Beteiligte nicht erschienen sind, ist das Testament zu verkünden und zwar in einer von dem Richter nach seinem Ermessen zu bestimmenden Weise, wörtliche Vorlesung ist nicht erforderlich (KGJ. 25 A 217). Über die Eröffnung ist vom Richter ein Protokoll aufzunehmen, in dem die Unversehrtheit des Verschlusses eines verschlossen gewesenen Testaments festzustellen ist (§ 2260 Abs. 3). Die eröffneten Testamente, eigenhändige wie öffentliche, bleiben dauernd beim Nachlaßgericht und dürfen auch auf Antrag nicht herausgegeben werden (vgl. KGJ. 31 A 363, 38 A 145). Hat ein anderes Gericht als das Nachlaßgericht das Testament in besonderer amtlicher Verwahrung (KGJ. 36 A 91), so liegt dem anderen Gericht die Eröffnung ob. Nach der Eröffnung hat es unter Zurückbehaltung einer beglaubigten Abschrift des Testaments das Testament nebst einer beglaubigten Abschrift des Eröffnungsprotokolls dem Nachlaßgericht zu übersenden (§ 2261). Zu dem Testament gehört auch das Protokoll über die Entgegennahme eines schriftlich übergebenen Testaments (KGJ. 32 A 105). Nach § 2262 BGB. hat das Nachlaßgericht die Beteiligten, die bei der Eröffnung des Testaments nicht zugegen gewesen sind, von dem sie betreffenden Inhalte des Testaments in Kenntnis zu setzen.[1]) Als Beteiligte kommen die mit einer Zuwendung Bedachten, Testamentsvollstrecker, zum Verlangen der Erfüllung einer Auflage nach § 2194 BGB. berechtigte Personen in Betracht. Die gesetzlichen Erben sind nur zu benachrichtigen, soweit durch ihre Erwähnung im Testament hierzu ein Anlaß gegeben ist. Die Beteiligten können auf die Mitteilung verzichten. Die Bekanntgabepflicht des § 2262 BGB. schließt die Pflicht des Nachlaßgerichts in sich, den Aufenthaltsort von Beteiligten zu ermitteln, soweit er nicht im Testament angegeben oder dem Nachlaßgericht sonst bekannt ist (RG. 69, 274). Anfragen bei Privatpersonen und Behörden genügen im allgemeinen. Eine Bestimmung des Erblassers, den Testamentsinhalt den Beteiligten erst zu einem späteren Zeitpunkte mitzuteilen, ist vom Nachlaßgericht nicht zu beachten (KGJ. 30 A 305).

[1]) Das Erbschaftssteueramt ist nach § 40 Reichserbschaftssteuergesetzes v. 3. Juni 1906 zu benachrichtigen.

Sind unter Vormundschaft oder Pflegschaft stehende Personen bedacht oder ist Personen dieser Art oder Minderjährigen ihr Erbrecht entzogen oder verkürzt, so empfiehlt es sich, dem Vormundschaftsgericht Mitteilung zu machen oder ihm die Testamentsakten vorlegen zu lassen. Über das Recht zur Einsicht von Testamenten und auf Abschrifterteilung vgl. § 2264 BGB. Von eigenhändigen Testamenten werden in Preußen nur beglaubigte Abschriften, keine Ausfertigungen erteilt (KGJ. 30 A 90). Jeder, der ein rechtliches Interesse an einem Testament hat, z. B. der Vermächtnisnehmer, ist berechtigt, auf seine Kosten die Erteilung einer Abschrift des ganzen Testaments zu fordern; die Abschrift einzelner Teile kann nicht mit der Begründung verweigert werden, daß diese Teile für den Antragsteller ohne Interesse seien, daß sie insbesondere nur an einzelne Familienglieder des Erblassers gerichtete höchst vertrauliche Mitteilungen enthielten (KGJ. 35 A 86).

Gemeinschaftliches Testament. Die allgemeinen Vorschriften über die Eröffnung der Testamente sind für das gemeinschaftliche Testament durch die Vorschrift des § 2273 BGB. abgeändert. Hiernach gilt Folgendes: Es ist zu unterscheiden, ob sich die Verfügungen des Verstorbenen und die des Überlebenden sondern assen oder nicht. Lassen sie sich nicht sondern, so sind sie mitzuverkünden, und der § 2273 BGB. findet keine Anwendung. Ist dagegen die Sonderung möglich, so sind bei der Eröffnung die Verfügungen des Überlebenden, soweit sie sich sondern lassen, weder zu verkünden noch sonst zur Kenntnis der Beteiligten zu bringen (§ 2273 Satz 1). Hat der Verstorbene Verfügungen für den Fall, daß er der Überlebende ist, getroffen, so sind diese Verfügungen, wenn sie sich von seinen übrigen Verfügungen trennen lassen, mögen sie auch von denen des Überlebenden nicht zu sondern sein, von der Verkündung auszuschließen und zwar auch dann, wenn der Überlebende auf die Geheimhaltung verzichtet und selbst die Verkündung beantragt (KGJ. 24 A 183, 34 A 102, 35 A 103). Im Falle des § 2273 Abs. 1 Satz 1 ist von den Verfügungen des verstorbenen Ehegatten eine beglaubigte Abschrift anzufertigen, worauf das Testament wieder zu verschließen und in die besondere amtliche Verwahrung zurückzubringen ist (§ 2273 Abs. 1 Satz 2 u. 3). Hat eine Teileröffnung stattgefunden, so ist bei Anfertigung der beglaubigten Abschrift der Verfügungen des verstorbenen Ehegatten im Beglaubigungsvermerk zu bezeugen, daß das Testament weitere Verfügungen des Verstorbenen nicht enthält; beglaubigt der Gerichtsschreiber die Abschrift, so hat der Richter deren Umfang und den Inhalt des Beglaubigungsvermerkes anzuordnen und der Gerichtsschreiber diese Anordnung im Beglaubigungsvermerke zu erwähnen (KGJ. 32 A 100). Nach dem Tode des Überlebenden ist das Testament zu eröffnen, soweit es nicht eröffnet ist. Ist der ganze Inhalt des Testaments bereits nach dem Tode des erstverstorbenen Ehegatten verkündet worden, so ist die nochmalige Eröffnung nach dem Tode des Überlebenden unzulässig (KGJ. 21 D 7). Vgl. aber für den Fall des Todes des Erstverstorbenen vor dem 1. Jan. 1900 KGJ. 33 A 102. Im Falle des § 2261 BGB. hat das andere Gericht allein über die Ausschließung von Verfügungen des Überlebenden von der Verkündung zu befinden (KGJ. 32 A 100). Wenn sich das gemeinschaftliche Testament bei einem anderen Gericht als dem Nachlaßgericht in besonderer amtlicher Verwahrung befindet, so ist lediglich nach § 2261 zu ververfahren, sofern das ganze Testament verkündet wird. Ist das Testament aber nur zum Teil verkündet, so bleibt die Urschrift des Testaments bei dem verwahrenden Gericht, nachdem es gemäß § 2273 verfahren hat. Die beglaubigte Abschrift ist dem Nachlaßgericht zu übersenden, das die Beteiligten zu benachrichtigen hat. Nach dem Tode des Überlebenden ist die Urschrift des Testaments dem für dessen Nachlaß zuständigen Nachlaßgericht zu übersenden (vgl. KGJ. 20 A 262, 21 A 225).

Die für die Testamentseröffnung geltenden Vorschriften der §§ 2259 bis 2263, 2273 BGB. finden auf den Erbvertrag entsprechende Anwendung, § 2273 Satz 2, 3 jedoch nur dann, wenn sich der Erbvertrag in besonderer amtlicher Verwahrung befindet (§ 2300 BGB.). Befindet sich ein Erbvertrag in der gewöhnlichen amtlichen Verwahrung eines anderen Gerichts, so hat dieses Gericht nach dem Tode des Erblassers die Urschrift des Erbvertrages zwecks dessen Eröffnung auf Grund des § 2259 Abs. 1 BGB. an das zuständige Nachlaßgericht zu übersenden (KGJ. 36 A 91). Ein von einem Notar aufgenommener Erbvertrag, der nicht in die besondere amtliche Verwahrung zu bringen war und der bei dem Tode eines der Vertragschließenden zum Zwecke der Eröffnung an das Nachlaßgericht abgeliefert ist, muß nach der Eröffnung dem Notar zurückgegeben werden (KGJ. 27 A 41).

Die besondere amtliche Verwahrung der Testamente und Erbverträge und die Eröffnung seit langer Zeit hinterlegter Testamente oder Erbverträge ist für Preußen in Art. 81, 82 Pr. AG.BGB. geregelt.

§ 15.
Erbauseinandersetzung.

Die Vermittelung der Auseinandersetzung unter den Miterben ist in den §§ 86 bis 99 FGG. geregelt. Diese Vorschriften kommen nicht zur Anwendung, wenn sämtliche Miterben, mag auch ein Antrag auf Vermittelung der Auseinandersetzung vorangegangen sein, vor dem Nachlaßgericht in voller Übereinstimmung einen Vertrag zum Zwecke der Auseinandersetzung schließen. In solchem Falle handelt der Nachlaßrichter nicht als solcher, sondern als Urkundsrichter (§ 167 FGG.), sodaß es einer Bestätigung des beurkundeten Vertrages durch das Nachlaßgericht nicht bedarf.

Die Vermittelung der Auseinandersetzung setzt voraus, 1. daß ein Erblasser mehrere Erben hinterlassen hat, 2. daß ein Antrag auf Vermittelung gestellt ist, 3. daß nicht ein zur Bewirkung der Auseinandersetzung berechtigter Testamentsvollstrecker vorhanden ist.[1]) Zu 1: Hat der Erblasser einen Vorerben ernannt und mehrere Nacherben eingesetzt, so sind nicht mehrere Erben im Sinne des § 86 FGG. vorhanden. Ein Antrag eines Nacherben auf Vermittelung der Auseinandersetzung ist also abzulehnen. Zu 2: Antragsberechtigt ist nach § 86 Abs. 2 FGG. jeder Miterbe, der Erwerber eines Erbteils sowie derjenige, welchem ein Pfandrecht oder ein Nießbrauch an einem Erbteile zusteht. Auch dem Testamentsvollstrecker, dem nur die Verwaltung des Erbteils eines Miterben übertragen ist, ist das Recht zuzusprechen (vgl. KGJ. 28 A 17), dagegen nicht einem bloßen Vermächtnisnehmer oder Pflichtteilsberechtigten oder einem Erben, der seinen Anteil veräußert hat. Zu 3: Die Bewirkung der Auseinandersetzung unter den Miterben gehört nach § 2204 BGB. zu den

[1]) Es ist auch eine teilweise Auseinandersetzung möglich. Sie kann nur mit einem oder mehreren Miterben stattfinden, während die übrigen Miterben die Erbengemeinschaft fortsetzen (KGJ. 23 A 74). Die A. kann ferner auf Grund einer Vereinbarung aller Miterben auf einzelne Nachlaßgegenstände beschränkt werden.

gesetzlichen Aufgaben des Testamentsvollstreckers, kann ihm aber durch Anordnung des Erblassers entzogen sein. Dem Vorhandensein eines Testamentsvollstreckers ist eine Anordnung gemäß § 2048 Satz 2 BGB. gleichzustellen. Das Vermächtnis des Nießbrauchs an der Erbschaft steht der gerichtlichen Vermittelung der Auseinandersetzung nicht entgegen (KGJ. 44 A 120).

Das Nachlaßgericht hat sich der Vermittelung auch dann zu unterziehen, wenn ein Beteiligter im voraus gegen die Einleitung des Verfahrens Widerspruch erhebt oder eine gütliche Auseinandersetzung ablehnt (vgl. KGJ. 44 A 121).

In dem einer besonderen Form nicht bedürfenden Antrage sollen nach § 87 Abs. 1 FGG. die Beteiligten und die Teilungsmasse bezeichnet werden. Zur Förderung des Verfahrens ist es zweckmäßig und üblich, in dem Antrage die Antragsberechtigung und das Recht zur Beteiligung darzulegen, insbesondere auch anzugeben, ob der Erblasser auf Grund einer Verfügung von Todes wegen oder auf Grund des Gesetzes beerbt wird, und dem Antrage eine zur Prüfung der Zuständigkeit erforderliche Sterbeurkunde des Erblassers, ein Verzeichnis der Aktiva und Passiva des Nachlasses sowie die zum Nachweise der Antragsberechtigung und des Beteiligungsrechtes erforderlichen Urkunden, auch die zur Legitimierung der Erben erforderlichen Personenstandsurkunden, sofern nicht schon ein Erbschein erteilt ist, beizufügen.

Behandlung des Antrages.

Das Gericht kann den Antrag auf Vermittelung der Auseinandersetzung in verschiedener Weise behandeln. Es kann, ohne die zur Begründung des Antrages gemachten Angaben zu prüfen, sofort nach Eingang des Antrages das Verfahren einleiten, d. h. Termin anberaumen[1]) (vgl. KGJ. 33 A 104). Die Regel ist aber, daß das Nachlaßgericht den Antrag prüft. Hält es auf Grund dieser Prüfung vor der Verhandlung mit den Beteiligten eine weitere Aufklärung für angemessen, so kann es den Antragsteller zur Ergänzung des Antrages, insbesondere zur Angabe der den einzelnen Beteiligten in Ansehung des Nachlasses zustehenden Ansprüche, veranlassen, ihm auch die Beschaffung der Unterlagen, d. h. der urkundlichen Nachweisungen der Tatsachen, welche als Grundlage der Auseinandersetzung festzustellen sind, insbesondere also der Personen der Beteiligten und ihres Rechtes zur Beteiligung, aufgeben (vgl. § 87 Abs. 2 FGG.). Kommt der Antragsteller einer solchen Zwischenverfügung nicht nach, so beraumt das Nachlaßgericht entweder, ohne auf Erledigung seiner Verfügung zu bestehen, Termin an oder lehnt den Antrag, sofern dem Antragsteller die Erledigung der Auflage möglich ist, ab (vgl. KGJ. 31 A 134). Ist der Antragsteller nicht in der Lage, der Verfügung des Nachlaßrichters nachzukommen, kann er z. B. ein Nachlaßverzeichnis nicht beschaffen, weil er sich nicht im Besitze des Nachlasses befindet, so versucht das Nachlaßgericht in geeigneten Fällen selbst, das Fehlende zu beschaffen (§ 12 FGG.), indem es z. B. einen ihm vom Antragsteller namhaft gemachten Beteiligten zur Einreichung des Nachlaßverzeichnisses auffordert.[2]) Diese

[1]) Eine förmliche Einleitung durch besonderen Beschluß ist im FGG. nicht vorgeschrieben und auch nicht üblich. Das FGG. spricht nicht von einer Einleitung des Verfahrens, dieser Ausdruck findet sich nur im Pr. GKG. Die Einleitung des Verfahrens geschieht durch Anberaumung des Termins.

[2]) Das Nachlaßgericht ist nicht berechtigt, auf Antrag eines Erben die Einreichung eines Nachlaßinventars von den übrigen Erben zu erzwingen oder gegen deren Willen ein Inventar von Amts wegen aufzunehmen (KGJ. 23 A 197).

Grundsätze gelten für alle dem Verfahren entgegenstehenden Hindernisse, welche durch Vermittelung beseitigt werden können (vgl. KGJ. 31 A 135). Handelt es sich dagegen um durch Vermittelung nicht zu beseitigende Hindernisse, wie die Verneinung des Antragsrechts oder des Rechts zur Beteiligung oder das Vorhandensein eines zur Bewirkung der Auseinandersetzung berechtigten Testamentsvollstreckers, so kann das Nachlaßgericht, wenn es die Hinderungsgründe, erforderlichenfalls nach Beweisaufnahme, festgestellt hat, den Antrag sofort ablehnen, es kann aber auch, sofern es sich um einen Streit der Beteiligten über einen solchen Punkt, insbesondere um einen Widerspruch eines der Beteiligten handelt, dem Antragsteller aufgeben, den Widerspruch des Bestreitenden im Prozeßwege zu beseitigen (vgl. KGJ. 33 A 104). Die Beschaffung der Urkunden, auf denen das Antragsrecht oder das Recht zur Beteiligung beruht, insbesondere der zur Erbeslegitimation erforderlichen Personenstandsurkunden, fällt nicht unter die dem Nachlaßgericht durch § 12 FGG. auferlegte, auch im Auseinandersetzungsverfahren zu entfaltende Amtstätigkeit.

B e t e i l i g t am Verfahren sind sämtliche Miterben mit Ausnahme derjenigen, die ihr Erbteil veräußert haben, sowie die sonst in § 86 Abs. 2 FGG. bezeichneten Personen. Gehört der Anteil einer miterbenden Ehefrau zu ihrem eingebrachten Gut, so ist auch der Ehemann beteiligt. Der Nacherbe ist nur zuzuziehen, wenn im Auseinandersetzungsverfahren seiner Zustimmung bedürfende Verfügungen getroffen werden. Einem abwesenden Beteiligten kann nach § 88 FGG. vom Nachlaßgericht an Stelle des Vormundschaftsgerichts für das Auseinandersetzungsverfahren ein Pfleger bestellt werden.

Zum V e r h a n d l u n g s t e r m i n e hat das Nachlaßgericht den Antragsteller und die übrigen Beteiligten, diese unter Mitteilung des Antrages, zu laden. Die Ladung durch öffentliche Zustellung ist unzulässig. Wegen des Inhalts der Ladung und der Ladungsfrist vgl. §§ 89, 90 FGG. Im Termin hat das Nachlaßgericht die Auseinandersetzung zu vermitteln, es hat nicht nur eine beurkundende, sondern eine „schaffende“ Tätigkeit zu entwickeln (Josef, FGG. Anm. 2 zu § 89). Festzustellen sind vor allem die Erbberechtigung, wozu die Aufnahme einer Erbscheinsverhandlung nicht immer, besonders wenn eine Verfügung von Todes wegen vorliegt, erforderlich ist, und der Umfang des Nachlasses, die Aktiva und Passiva. Ein bei den Akten befindliches Nachlaßverzeichnis ist, wenn es nicht von allen Beteiligten ohne weiteres als richtig anerkannt wird, in allen Punkten, auch hinsichtlich der Wertangaben, mit den Beteiligten durchzugehen. Auch auf die Angabe ausgleichungspflichtiger Zuwendungen hat das Nachlaßgericht hinzuwirken.

Ergeben sich bei den Verhandlungen S t r e i t p u n k t e , so ist ein Protokoll darüber aufzunehmen und das Verfahren bis zur Erledigung der Streitpunkte auszusetzen (§ 95 FGG.). Das Nachlaßgericht ist zu einer Entscheidung der Streitpunkte nicht berufen. Streitpunkte, die eine Aussetzung des Verfahrens erforderlich machen, haben sich nicht schon dann ergeben, wenn bei den Terminsverhandlungen im allgemeinen Meinungsverschiedenheiten hervorgetreten sind, sondern erst, wenn die Klarstellung bestimmter streitiger Punkte als Terminsergebnis und ihre Feststellung zu Protokoll erfolgt ist, damit so eine Grundlage für ihre Erledigung im Prozesse gewonnen wird (KGJ. 32 A 114). Das Protokoll muß auch angeben, unter welchen Beteiligten Streitigkeiten bestehen und welche Stellung die bei ihnen nicht unmittelbar Beteiligten zu den Streitpunkten einnehmen. Soweit die Auseinandersetzung durch die Streitpunkte nicht betroffen wird, kann sie ihren Fortgang nehmen (§ 95 Satz 2 FGG.).

Ergeben sich keine Streitpunkte, so wird die Auseinandersetzung schon im ersten Termin beurkundet, oder es wird, wie es bei nicht ganz einfachen Sachen die Regel ist, nach Feststellung der Erbberechtigung und der Teilungsmasse und Besprechung der Art der Teilung beschlossen, einen neuen Termin anzuberaumen, zu welchem das Gericht einen Auseinandersetzungsplan anzufertigen hat. Dieser wird in dem neuen Termin verlesen, falls nicht die Beteiligten schon vorher von ihm Kenntnis genommen haben und auf seine Verlesung verzichten. Sind die erschienenen Beteiligten mit dem Plan einverstanden, so hat das Nachlaßgericht die Auseinandersetzung zu beurkunden (vgl. § 93 Abs. 1 Satz 1 u. 2 FGG.).[1] Die Beurkundung erfolgt, da die Auseinandersetzung ein Rechtsgeschäft ist, gemäß §§ 168 ff. FGG. durch Unterzeichnung eines Protokolls, in dem festzustellen ist, daß die Beteiligten mit dem Inhalte des Plans einverstanden sind. Üblich ist auch die Unterzeichnung des Planes selbst.

Sind die Beteiligten sämtlich erschienen oder haben die nicht erschienenen Beteiligten ihre Zustimmung zu gerichtlichem Protokoll, sei es des Nachlaßgerichts, sei es eines ersuchten Amtsgerichts, oder in einer öffentlich beglaubigten Urkunde erklärt, so hat das Nachlaßgericht die Auseinandersetzung zu bestätigen (§ 93 Abs. 1 Satz 3 FGG.). Ist ein Beteiligter nicht erschienen und hat er auch seine Zustimmung nicht in der angegebenen Weise erklärt, so kommt das in § 91 Abs. 3 FGG. geregelte Versäumnisverfahren zur Anwendung (§ 93 Abs. 2). Beantragt der nicht erschienene Beteiligte nicht innerhalb der ihm bestimmten Frist die Anberaumung eines neuen Termins oder erscheint er auch in diesem Termin nicht, so ist sein Einverständnis mit dem Inhalt des Plans anzunehmen und dieser zu bestätigen (vgl. im übrigen §§ 91 Abs. 3, 92 FGG.).

Das Nachlaßgericht hat, wenn es sich über die Frage der Bestätigung schlüssig macht, nicht nur zu prüfen, ob die Vorschriften über das Verfahren beobachtet sind, sondern auch die Erklärungen der Beteiligten auf ihre verbindliche Kraft entsprechend den Vorschriften des BGB. zu untersuchen. Sind am Verfahren Personen beteiligt, die in der Geschäftsfähigkeit beschränkt sind, so darf die Auseinandersetzung nur bestätigt werden, wenn die Erklärungen die erforderliche vormundschaftsgerichtliche Genehmigung erhalten haben. Ist die Genehmigung erst nach Abschluß des Erbteilungsvertrages erteilt worden, so muß dem Gericht insbesondere nachgewiesen werden, nicht nur, daß die Genehmigung erteilt und dem Vormund bezw. Pfleger gegenüber erklärt ist (§ 1828 BGB.), sondern auch, daß die erfolgte Genehmigung den übrigen Beteiligten durch den Vormund bezw. Pfleger mitgeteilt worden ist (§ 1829 BGB., OLG. Colmar v. 14. 2. 1912 in DJZ. 1912 S. 1360, KGJ. 44 A 329).

Der Bestätigungsbeschluß wird entweder im Termin verkündet oder den Beteiligten zugestellt. Gegen ihn ist nach § 96 FGG. die sofortige Beschwerde zulässig, die nur auf Nichtbeobachtung der Verfahrensvorschriften gegründet werden kann. Nach dem Eintritte der Rechtskraft (vgl. § 22 FGG.) ist die Auseinandersetzung für alle Beteiligten in gleicher Weise verbindlich wie eine vertragsmäßige Auseinandersetzung. Sie bildet auch einen Titel zur Zwangsvollstreckung (§ 98 FGG.).

Nach Art. 21 ff. Pr. FGG. kann die Auseinandersetzung auf Antrag einem Notar übertragen werden.

---

[1]) Die §§ 91, 92 FGG., die die Vereinbarungen über vorbereitende Maßregeln behandeln, kommen in der Praxis nur selten zur Anwendung.

§ 16.
Zur Behandlung ausländischer Nachlässe. Der gegenständlich beschränkte Erbschein.

Ein Ausländer, der zur Zeit seines Todes seinen Wohnsitz im Inlande hatte, wird nach den Gesetzen des Staates beerbt, dem er zur Zeit seines Todes angehörte, es sei denn, daß nach dem hiernach anzuwendenden ausländischen Rechte die deutschen Gesetze für maßgebend erklärt sind (Art. 25, 27 EG.BGB.). Soweit die Beerbung eines Ausländers, der zur Zeit seines Todes seinen Wohnsitz im Deutschen Reiche hatte, nach ausländischem Rechte erfolgt, bestimmen sich der Regel nach die sachliche Zuständigkeit des Nachlaßgerichts und die diesem obliegenden Verrichtungen ebenfalls nach dem ausländischen Rechte. Aber auch in diesen Fällen entspricht es den internationalen Gebräuchen, daß die inländischen Gerichte bei der Sicherung des im Inlande befindlichen Nachlasses mitwirken, falls hierfür ein Bedürfnis besteht.[1]) Zuständig für die zur Sicherung des Nachlasses erforderlichen Maßregeln ist nach § 73 FGG. das Amtsgericht, in dessen Bezirk der Ausländer zur Zeit seines Todes seinen Wohnsitz gehabt hat, nach § 74 FGG. auch jedes Amtsgericht, in dessen Bezirk das Bedürfnis der Fürsorge hervortritt. Ob ein Bedürfnis zur Fürsorge für den Nachlaß besteht, welche Sicherungsmaßregeln anzuwenden sind und welches Verfahren stattzufinden hat, ist mangels besonderer Vorschriften der Staatsverträge[2]) nach dem inländischen Rechte zu beurteilen. Die erste Aufgabe des Nachlaßrichters, der einen ausländischen Nachlaß zu behandeln hat, ist also zu prüfen, ob ein Staatsvertrag[3]) vorhanden ist und ob er für den jeweils zu behandelnden Fall Bestimmungen trifft. Diese Prüfung setzt die Feststellung der Staatsangehörigkeit des Erblassers voraus, die nur, wenn mit dem Aufschube der Erledigung

[1]) Vgl. KGJ. 36 A 86, 25 A 241.

[2]) Die geltenden Staatsverträge sind in den meisten Kommentaren zum BGB. bei Art. 25 EG.BGB. angegeben.

[3]) Einzelheiten können hier nicht gegeben werden. Nur über die besondere Behandlung russischer Nachlässe sei das Wichtigste mitgeteilt. Sie ist in der Konvention über die Regulierung von Hinterlassenschaften zwischen dem Deutschen Reiche und Rußland vom 12. Nov. (31. Okt.) 1874 geregelt. Nach diesem Staatsvertrage richtet sich die Erbfolge in unbewegliche Güter nach den Gesetzen des Landes, in dem das Immobile liegt, und die Gerichte dieses Staats sind ausschließlich zur Entscheidung zuständig. Dagegen sind für Ansprüche auf Teilung des beweglichen Nachlasses und auf Erbfolge in den beweglichen Nachlaß die Gerichte des Staates, dem der Verstorbene angehörte, ausschließlich zur Entscheidung zuständig und die Gesetze dieses Staates maßgebend. Hiernach darf das deutsche Nachlaßgericht, wenn der Erblasser ein Russe ist, weder einen Erbschein noch ein Testamentsvollstreckerzeugnis, auch nicht nach § 2369 BGB., soweit bewegliches Vermögen in Frage kommt, erteilen. Dagegen ist das deutsche Nachlaßgericht zu Sicherungsmaßregeln auch bei russischen Nachlässen zuständig. In Preußen haben die Ortspolizeibehörden dem Amtsgericht sofort vom Ableben eines russischen Staatsangehörigen Kenntnis zu geben und zwar unter Übersendung eines etwa vorhandenen Passes. Das Nachlaßgericht benachrichtigt hierauf unverzüglich die russische Konsularbehörde und zwar unter Beifügung des Passes. Ergibt die Anzeige der Polizei, daß Sicherungsmaßregeln nicht erforderlich sind, so teilt das Amtsgericht der Konsularbehörde mit, daß das Amtsgericht nichts veranlaßt hat. Anderenfalls setzt es sich mit der Konsularbehörde in Verbindung wegen der Siegelung und Inventarisierung des Nachlasses, die nach der Konvention vom Amtsgericht und der Konsularbehörde gemeinschaftlich vorzunehmen ist.

der Sache Gefahr für den Nachlaß verbunden ist, unterbleiben darf. Bestehen auf Grund des Staatsvertrages keine Bedenken gegen die Fürsorgetätigkeit des Nachlaßgerichts, so ist diese in der gleichen Weise auszuüben wie bei dem Nachlasse eines Inländers, also durch Anordnung einer der Maßnahmen des § 1960 BGB. Das inländische Gericht ist auch befugt, die Sicherstellung des im Inlande befindlichen Testaments eines verstorbenen Ausländers zu übernehmen und zu diesem Zwecke die Auslieferung des Testaments von dessen Besitzer, nötigenfalls unter Anwendung von Zwangsmaßregeln, zu verlangen (KGJ. 36 A 85). Eine Pflegschaft aus § 1960 für die ausländischen unbenannten Erben ist nach Art. 23 EG.BGB. nicht einzuleiten, wenn der ausländische Staat bereits die Fürsorge für seine fürsorgebedürftigen Staatsangehörigen übernommen hat (KGJ. 25 A 246). In zweifelhaften und besonderer Beschleunigung nicht bedürfenden Fällen empfiehlt es sich, daß sich das inländische Gericht des Einverständnisses der Konsularbehörden des Heimatsstaats mit seinen Maßnahmen versichert, was besonders für den Fall der Einleitung einer Nachlaßpflegschaft gilt.

Eine besondere Bestimmung für die Behandlung eines ausländischen Nachlasses enthält der die Erteilung des gegenständlich beschränkten Erbscheins regelnde § 2369 BGB. Die Erteilung des gegenständlich beschränkten Erbscheins setzt voraus, 1. daß es für die Erbschaft an einem zur Erteilung des Erbscheins, d. h. des allgemeinen Erbscheins, des Erbscheins für den ganzen Nachlaß, zuständigen deutschen Nachlaßgerichte fehlt, 2. daß zu der Erbschaft im Inlande befindliche Gegenstände gehören. Zu 1.: Die Frage, ob für die Behandlung eines Nachlasses ein deutsches Nachlaßgericht zuständig ist, ist nicht auf Grund des § 73 FGG., sondern nur auf Grund der Vorschriften des materiellen Rechts zu entscheiden. Unter dem in dem Erbschein des BGB. zu bezeugenden Erbrecht ist nur das Erbrecht des BGB. zu verstehen. Ein solcher allgemeiner Erbschein kann deshalb für den Nachlaß eines Ausländers nur erteilt werden, wenn er auf Grund der Staatsverträge oder der Rückverweisung des Art. 27 EG.BGB. nach deutschem Rechte beerbt wird. Dagegen kann, wenn der Erblasser nach ausländischem Rechte beerbt wird, ein allgemeiner Erbschein niemals erteilt werden, sondern es ist in diesem Falle, in dem es an einem zur Erteilung eines allgemeinen Erbscheins zuständigen deutschen Nachlaßgericht fehlt, nur die Erteilung eines gegenständlich beschränkten Erbscheins nach § 2369 BGB. zulässig, mag der Erblasser seinen Wohnsitz oder Aufenthalt im Inlande oder Auslande gehabt haben (vgl. KGJ. 36 A 102). Hat der Nachlaßrichter, nachdem er die Staatsangehörigkeit des Erblassers festgestellt hat, wobei er sich auf die bloßen Angaben der Beteiligten nicht verlassen darf, ausländisches Recht anzuwenden, so muß er sich dessen Kenntnis selbst verschaffen, soweit er dazu in der Lage ist; wenn es in anderer Weise nicht möglich ist, bleibt schließlich, soweit das Recht eines mit dem Deutschen Reiche in diplomatischen Beziehungen stehenden Kulturstaates in Frage steht, als äußerstes Mittel der Weg der Berichterstattung an den Herrn Justizminister zum Zwecke der Heranziehung eines Gutachtens durch Vermittelung der deutschen Vertretung im Auslande übrig (vgl. KGJ. 21 A 5, 27 A 250). Das in der Praxis vielfach geübte Verfahren, dem Antragsteller die Beschaffung einer autoritativen Auskunft über das ausländische Recht aufzugeben, ist nicht zu beanstanden, da es im Interesse der Beteiligten liegt, deren Antrag auf diese Weise weit schneller erledigt wird, als wenn der langwierige Weg der Berichterstattung an den Justizminister gewählt werden müßte. Zu 2.: Es bedarf weder der Angabe noch des Nachweises, daß bestimmte im Inlande befindliche Gegenstände zur Erbschaft gehören. Denn der gegenständlich beschränkte Erbschein wird zweckmäßig für sämtliche im Inlande befindlichen Nachlaßgegenstände ausgestellt. Dementsprechend ist auch der Antrag zu fassen, worauf der Nachlaßrichter hinzuwirken hat. § 2369 Abs. 2 BGB. bezweckt Zweifel abzuschneiden, ob bestimmte Gegenstände als im Inlande befindlich anzusehen sind.

Hinsichtlich der formellen Voraussetzungen für die Erteilung des gegenständlich beschränkten Erbscheins sind die §§ 2353 ff. BGB. maßgebend. Diese Vorschriften gelten auch für den Inhalt des Erbscheins nach § 2369. Soweit sich aber nach dem anzuwendenden ausländischen Rechte die Erbfolge in verschiedene Vermögensarten verschieden gestaltet oder der Umfang der Erbberechtigung nicht oder nicht allein durch die Angabe von Bruchteilen der Erbschaft ausgedrückt werden kann, sondern in anderer Weise bestimmt wird, ist bei der Fassung des gegenständlich beschränkten Erbscheins den besonderen Verhältnissen des ausländischen Rechts Rechnung zu tragen. Stets ist die Beschränkung auf das inländische Vermögen kenntlich zu machen, z. B. durch den Satz: „Dieser Erbschein gilt nur für das im Inlande befindliche Vermögen des Erblassers."

Gemäß §§ 2368 Abs. 3, 2369 BGB. kann das Nachlaßgericht auch ein gegenständlich beschränktes Testamentsvollstreckerzeugnis ausstellen. In dem Zeugnis ist zum Ausdruck zu bringen, daß der TV. die Befugnisse hat, die ihm nach dem maßgebenden ausländischen Rechte zustehen (KGJ. 36 A 109).

§ 17.

Die Legitimation der Erben nach altem Recht.

Gemäß Art. 213 EG.BGB. richtet sich die Legitimation der Erben, wenn der Erblasser vor dem 1. Januar 1900 gestorben ist, nach dem bisherigen Rechte. Da den Nachlaßrichter solche Fälle noch häufig beschäftigen, ist eine kurze Behandlung der Legitimation der Erben nach altem Rechte geboten. Für Preußen ist das Gesetz vom 12. März 1869 betr. die Ausstellung gerichtlicher Erbbescheinigungen[1]) maßgebend. Nur der Intestaterbe kann auf Ausstellung einer Erbbescheinigung antragen; wer auf Grund einer letztwilligen Verfügung erbt, muß sich durch deren Vorlegung legitimieren. Das Vorhandensein einer offenbar ungültigen letztwilligen Verfügung schließt die Erteilung einer Erbbescheinigung nicht aus. Der Nachlaßrichter darf daher nicht die Erteilung einer solchen ohne jede Prüfung der Rechtsgültigkeit einer vorhandenen letztwilligen Verfügung ablehnen. Wenn allerdings diese Prüfung nicht ohne weiteres

---

[1]) Die jetzt noch in Betracht kommenden §§ des Ges. v. 12. März 1869 lauten:

§ 1. Jeder gesetzliche Erbe (Intestaterbe) ist befugt, auf Ausstellung einer Erbbescheinigung bei dem zuständigen Gerichte anzutragen.

§ 2. Zuständig ist dasjenige zur Ausübung der freiwilligen Gerichtsbarkeit berufene Gericht, in dessen Bezirk der Erblasser zur Zeit seines Todes seinen ordentlichen Gerichtsstand gehabt hat.

§ 3. Der Antragsteller hat den Tod des Erblassers und das persönliche Verhältnis zu demselben, auf welchem sein Erbrecht beruht, soweit die Tatsachen nicht notorisch sind, durch öffentliche Urkunden oder, wo solche gar nicht oder schwer zu beschaffen sind, durch Zeugen, wohin auch Notorietätszeugen zu rechnen, überzeugend nachzuweisen.

Der Erbe hat dem Gericht eine eidesstattliche Versicherung, daß ihm andere gleich nahe oder nähere Erben nicht bekannt seien, er auch nicht wisse, daß der Erblasser eine letztwillige Verfügung hinterlassen habe,

dahin führt, daß die Ungültigkeit völlig liquide erscheint, so kann der Nachlaßrichter mit Rücksicht auf das Testament den Nachweis des gesetzlichen Erbrechts so lange beanstanden, bis die Ungültigkeit der letztwilligen Verfügung durch Anerkenntnis oder rechtskräftiges Urteil festgestellt ist (KGJ. 14, 59 [61]). Die Gläubiger des Erblassers oder des Erben sind als solche nicht berechtigt, die Ausstellung einer Erbbescheinigung zu beantragen (KGJ. 14, 246; 3, 33); seit dem 1. Jan. 1900 steht ihnen das Recht aber unter den Voraussetzungen des § 792 ZPO. zu. Die vorgeschriebene eidesstattliche Versicherung hat einen anderen Wortlaut als nach dem BGB. Er ist aber nicht sakramental, es genügt, daß die abgegebene eidesstattliche Versicherung denselben Inhalt hat wie die vorgeschriebene (KGJ. 23 A 71). Entspricht die Erbeslegitimationsverhandlung dem BGB., so hat sich der Nachlaßrichter hiermit zu begnügen, da das BGB. strengere Anforderungen stellt. Die eidesstattliche Versicherung kann durch einen Spezialbevollmächtigten abgegeben werden (KGJ. 6, 15). Eine dem § 2354 Abs. 1 Nr. 3 und Abs. 2 BGB. entsprechende Erklärung und den Nachweis des Wegfalls gleich oder näher berechtigter Erben verlangt das Gesetz nicht. Steht jedoch urkundlich und aktenmäßig fest, daß außer den jetzt als Erben auftretenden noch andere gleich nahe Berechtigte vorhanden waren, so muß auch deren Tod nachgewiesen werden, dagegen bedarf es von Personen, deren Existenz nicht in den Akten nachgewiesen ist, auch keines Nachweises des Todes (Maercker, Nachlaßbehandlung, 12. Aufl., S. 11). Werden Entsagungserklärungen als Erben berufener Personen vorgelegt, so muß der Nachlaßrichter deren Gültigkeit feststellen, denn die Aufgabe des Nachlaßrichters bei Ausstellung einer Erbbescheinigung beschränkt sich nicht auf die Namhaftmachung der zur Erbschaft „Berufenen", vielmehr hat er eine Entscheidung darüber zu treffen, wessen Erbrecht für nachgewiesen zu erachten ist (KGJ. 4, 53). Inhaltlich unterscheidet sich die Erbbescheinigung vom Erbschein nur dadurch, daß in der Erbbescheinigung die Erbteile nicht angegeben werden,[1]) im übrigen ist sie ebenso zu fassen wie der Erbschein. Die früher üblich gewesene umständliche Formulierung

---

abzugeben. Diese Erklärung muß zu gerichtlichem oder notariellem Protokoll aufgenommen sein.

Sind mehrere Erben vorhanden, so bleibt es dem Ermessen des Gerichts überlassen, diese Versicherung von allen oder nur von einem oder mehreren Miterben zu verlangen.

Es folgen noch Abs. 4 und 5.

§ 5. Das Gericht hat, wenn es das Erbrecht für nachgewiesen erachtet, eine urkundliche Bescheinigung darüber auszustellen.

Liegt eine letztwillige Anordnung vor, welche, ohne Erben einzusetzen, über den Nachlaß oder einen Teil desselben Verfügung trifft, so hat der Richter die betreffende Urkunde in der Erbbescheinigung deutlich zu bezeichnen.

§ 9. Wenn in einer letztwilligen Verfügung die Erben oder sonstige Berechtigte nicht mit derjenigen Bestimmtheit, welche zur Beschaffung der Legitimation erforderlich ist, bezeichnet worden sind, so können dieselben bei dem zuständigen Gericht (§ 2) auf Ausstellung einer ergänzenden Bescheinigung antragen.

In derselben ist nur zu bezeugen, daß die Antragsteller ihre Identität mit den in der betreffenden letztwilligen Bestimmung bezeichneten Personen nachgewiesen haben.

Es folgt noch Abs. 3.

§ 10. Das Verfahren richtet sich auch in den Fällen der §§ 8 und 9 nach den Vorschriften der §§ 3 und 4.

[1]) Im Falle der Beerbung des Erblassers nach gemeinem Recht sind auf Antrag die Erbquoten in der Erbbescheinigung anzugeben (KGJ. 35 A 119).

war durch das Gesetz nicht vorgeschrieben. Auch die Erbbescheinigung ist, wenn sie sich als unrichtig erweist, vom Nachlaßgericht einzuziehen (KGJ. 25 A 237).

Das nach § 9 des Gesetzes auszustellende Ergänzungszeugnis (Ergänzungsattest, ergänzende Bescheinigung)[1]) darf nur eine Bescheinigung über die Tatsache der Identität des Antragstellers mit den in dem Testament bezeichneten Personen enthalten; eine Prüfung der Gültigkeit und des Inhalts des Testaments, insbesondere dessen Auslegung zwecks Feststellung, welche Personen der Erblasser mit der von ihm gewählten Bezeichnung gemeint hat, steht dem Nachlaßgericht nicht zu (KGJ. 36 A 119). Das Ergänzungszeugnis wird auf Antrag des Erben oder sonstigen Berechtigten, der nicht mit der genügenden Bestimmtheit bezeichnet ist, erteilt. Der Antragsteller hat unter Überreichung der etwa erforderlichen Personenstandsurkunden vor Gericht oder Notar eine eidesstattliche Versicherung abzugeben, die sich nur auf die die Identität des Antragstellers und der in der letztwilligen Verfügung bezeichneten Personen ergebenden Tatsachen zu erstrecken hat, nicht auch darauf, daß eine andere letztwillige Verfügung nicht vorhanden ist.

Der Testamentsvollstrecker eines vor dem 1. Januar 1900 verstorbenen Erblassers erhält nach dem bisherigen preußischen Rechte (§§ 557 ff. I 12 ALR.) kein Testamentsvollstreckerzeugnis, muß sich vielmehr durch die ihn zum Testamentsvollstrecker berufende letztwillige Verfügung legitimieren.

---

[1]) Beispiele für Ergänzungsatteste:

In Ergänzung des Testaments vom 1. März 1889 des am 10. April 1899 verstorbenen, in Berlin wohnhaft gewesenen Rentners August Friedrich Emil Schäfer wird bescheinigt:

a) daß zur Zeit des Todes des Erblassers folgende Personen: .... seine alleinigen Kinder waren,

oder

b) daß dem Erblasser nach Errichtung des Testaments Kinder nicht mehr geboren sind,

oder

c) daß der Sohn des Erblassers A. vor dem Erblasser ohne Hinterlassung von Deszendenz verstorben ist.

FSC
www.fsc.org
MIX
Papier | Fördert
gute Waldnutzung
FSC® C083411

Kolibri 360 GmbH
Ferdinand-Jühlke-Straße 7
99095 Erfurt, Deutschland
produktsicherheit@kolibri360.de